外向型企业
知识产权典型案例评析

主　编　谢维雁　冯　雷
副主编　李　旭

知识产权出版社
全国百佳图书出版单位
—北京—

图书在版编目（CIP）数据

外向型企业知识产权典型案例评析／谢维雁，冯雷
主编；李旭副主编． —— 北京：知识产权出版社，2025.
7. —— ISBN 978-7-5130-9985-1

Ⅰ．D923.404

中国国家版本馆 CIP 数据核字第 2025DJ1569 号

内容提要

本书以服务外向型企业为主要目标，聚焦知识产权领域，涉及著作权、专利、商标、商业秘密以及其他等方面的典型案例，基于法理和司法实践，结合案例判决内容和依据的法律、法规、司法解释具体条款进行了详细评析，并给出了具体启示，希望能够帮助外向型企业解决在海外从事商业活动中可能面临的知识产权风险，并采取有效措施积极进行维权。

| 责任编辑：王玉茂 周 也 | 责任校对：潘凤越 |
| 封面设计：任志霞 | 责任印制：刘译文 |

外向型企业知识产权典型案例评析

主 编 谢维雁 冯 雷
副主编 李 旭

出版发行：知识产权出版社 有限责任公司	网 址：http://www.ipph.cn
社 址：北京市海淀区气象路 50 号院	邮 编：100081
责编电话：010 - 82000860 转 8541	责编邮箱：wangyumao@ cnipr.com
发行电话：010 - 82000860 转 8101/8102	发行传真：010 - 82000893/82005070/82000270
印 刷：天津嘉恒印务有限公司	经 销：新华书店、各大网上书店及相关专业书店
开 本：787mm×1092mm 1/16	印 张：12.25
版 次：2025 年 7 月第 1 版	印 次：2025 年 7 月第 1 次印刷
字 数：256 千字	定 价：100.00 元

ISBN 978 - 7 - 5130 - 9985 - 1

出版权专有 侵权必究

如有印装质量问题，本社负责调换。

目　录

著作权篇

1　企业参加展会等商业性使用作品行为的注意事项／3

2　行业惯例在查明作品权属中的辅助作用／16

3　网络内容提供商侵犯著作权时不适用"避风港原则"／22

专利权篇

4　专利侵权纠纷中制造者和销售者的认定／35

5　专利侵权纠纷中网络服务商共同侵权的判定标准／50

6　如何计算专利侵权产品的利润率／56

7　专利侵权纠纷中惩罚性赔偿如何适用／65

8　专利侵权纠纷中请求停止侵害后的诉中保全申请／72

9　行政投诉能否作为侵权警告的一种形式／78

10　我国知识产权领域禁诉令裁定的适用／86

商标权篇

11　规范使用注册商标，避免"撤三"风险／101

12　注册商标损害在先姓名权应予宣告无效／106

13　网店评论数可作为确定侵权商品销售量之参考／112

14　平行进口应注意保持商标原貌／118

15　在先作品的"商品化"权（益）保护／124

16　地理标志的保护不以在我国取得商标注册为前提／135

商业秘密篇

17 单一潜在客户的采购意向是否构成商业秘密／145

18 企业如何维护商业秘密／150

其他知识产权篇

19 蹭"网红零食"热度是否构成不正当竞争／165

20 混淆行为的认定／169

21 知识产权侵权警告及投诉行为是否构成商业诋毁

  ——企业自力救济行为与不正当竞争行为的边界／173

22 注册商标专用权和企业名称权的冲突／177

23 大量使用网站点评信息是否构成不正当竞争

  ——网络数据抓取行为的正当性／180

24 企业名称能不能"搭便车"／186

25 涉外标准必要专利垄断纠纷管辖权的确定／189

著作权篇

1 企业参加展会等商业性使用作品行为的注意事项[❶]

裁判要旨

涉外知识产权案件中，当事人可以根据具体情况及法律规定选择适用外国法。虽未明示，但各方当事人援引相同国家的法律且未提出法律适用异议的，人民法院可以认定当事人已经就涉外民事关系适用的法律作出了选择。

被控侵权的作品是否具有独创性，与是否侵犯他人著作权没有直接关系。

裁判依据

《涉外民事关系法律适用法》[❷] 第 8 条、第 50 条

《最高人民法院关于适用〈中华人民共和国民事诉讼法〉的解释》第 522 条

《最高人民法院关于适用〈中华人民共和国涉外民事关系法律适用法〉若干问题的解释（一）》第 8 条

《著作权法》（2010）第 47 条（6）项、第 48 条（1）项、第 49 条

基本案情

2007 年 1 月，福建美术出版社出版发行了项某创作的画册《彩炫笔歌——项某工笔人物画》，该画册中收录了涉案彩色美术作品《醉荷》。在该美术作品右侧中间部位有题款的文字表述"醉荷丙戌维仁书于青岛"以及红色的引首章"宁神"、人名章"项氏维仁"，在左下角有红色的压角章"驰神印思"。

2008 年 1 月，天津杨柳青画社出版发行了项某创作的线描画稿《项某人物线描画稿》。该画稿中收录了一幅黑白色的美术作品。将该作品与前述作品《醉荷》相

---

❶ 彭某与项某侵害著作权纠纷案。一审：（2015）朝民（知）初字第 9141 号。二审：（2015）京知民终字第 1814 号。

❷ 为方便读者阅读，本书涉及法律、法规名称均省略"中华人民共和国"表述，下文不再赘述。——编辑注

比，两者画面内容一致，差别在于前者是黑白色，后者是彩色。

2014 年 10 月，彭某的画展"心似莲花·胸怀世界 慈善天缘作品欧洲巡回展"在莫斯科中央美术宫举办。彭某在该画展上展出了被控侵权作品《荷中仙》。与此同时，域名为 people. com. cn 的人民网发布了记者撰写的题为"心似莲花·胸怀天下'鬼才田某'欧洲巡回展莫斯科拉开帷幕"的相关报道，在该报道中有记者拍摄的一幅照片，其中显示有参展的《荷中仙》的部分内容。2014 年 11 月，该网站上又发表了一篇名为"心似莲花·胸怀天下 柏林中国文化艺术展倒计时 100 天"的报道，文中介绍绢画《荷中仙》等作品将亮相柏林，并在该文章文字之前附有涉案作品《荷中仙》，下方有文字"绢画作品《荷中仙》 作者：田某"。

项某经对比，指出《荷中仙》除画幅上部有红色文字外，整个画面的构图、造型、色彩、线条等与《醉荷》完全一致，属于《醉荷》的复制品。彭某未经许可擅自复制《醉荷》，更改相关署名信息，并将复制件展览，经人民网报道，侵犯了其对《醉荷》享有的复制权、展览权、署名权、信息网络传播权等权利，由此提起著作权侵权诉讼。

争议焦点

一、一审法院审理

（一）争议焦点及裁判理由

被告临摹原告作品的行为是否构成著作权侵权？

项某提起诉讼后，彭某答辩称被控侵权作品《荷中仙》是其临摹《项某人物线描画稿》中的作品所创作完成的，该临摹行为并非著作权法意义上的复制行为，且其在临摹时加入了自己的创造性劳动，故该作品具有一定的独创性，同时其并未对该作品进行著作权法意义上或其他商业性的使用，因此不构成著作权侵权。对此，一审法院围绕彭某临摹项某作品的行为是否构成著作权侵权这一核心争议焦点分析如下。

首先，根据"接触＋实质性相似"的侵权判定原则进行判断，原告的作品《醉荷》发表于 2007 年 1 月，被告自认被控侵权作品《荷中仙》形成于 2008 年。《醉荷》的创作和发表时间均早于《荷中仙》，被告彭某具有接触原告作品的客观条件和可能性。将《醉荷》与《荷中仙》相比，两者在画面内容、人物造型、荷叶及花瓣形状、元素布局、构图、线条、色调等方面均一致，因此两者构成实质性相似。虽然被告辩称其并未见过《醉荷》，仅是对《项某人物线描画稿》中作品的临摹，但项某发表在《项某人物线描画稿》中的作品是黑白的，而《荷中仙》对于色彩的运用与《醉荷》一致，因此法院对被告的这一意见不予采信。

其次，虽然我国《著作权法》（2010）第 10 条第 1 款（5）项并未明确将临摹这一行为列举为复制权所控制的复制行为，但其第 22 条关于权利限制的条款的第 1 款（10）项又表明"对设置或陈列在室外公共场所的艺术作品进行临摹、绘画、摄影、录像"属于对权利的限制。所谓"权利的限制"，即是指某些作品使用行为本来为著作权人的专有权利所控制，未经许可实施这些行为会构成侵权，但基于公共政策考量等因素，立法限制了著作权人的权利，使某些情况下实施这些行为不再构成著作权侵权。将允许"对设置或陈列在室外公共场所的艺术作品进行临摹"视为"权利的限制"，反推过来即可以发现，我国《著作权法》实际上认为一般情况下对作品进行临摹属于著作权专有权利控制范围内的行为。由此可知，尽管法律未明确将临摹列为复制权所控制的复制行为的一种，但并不能因此就当然得出未经许可临摹他人作品一定不构成侵权的结论。

一审法院随后指出，临摹是否属于复制行为，应当根据《著作权法》的规定、基本原理，结合具体案件情况进行分析和判断。根据我国《著作权法实施条例》（2013）第 2 条，❶ 独创性是构成作品的一个实质条件。所谓独创性，一方面要求作品的创作由劳动者独立完成，来源于劳动者；另一方面则要求作品具有一定程度的智力创造性，体现出作者独特的智力判断与选择。总的来说，独创性要求作者创造出的作品并非对他人作品的简单再现，而需要融入自己的创造性劳动。如果仅仅是对他人作品的再现，那么很可能构成对他人作品的复制。临摹是创造还是复制，应当根据案件的具体情况进行分析和判断。该案中，将原告、被告的两幅作品进行对比可以发现，两者在画面内容、人物造型、荷叶及花瓣形状、元素布局、构图、线条、色调等美术作品的实质性要素方面均一致，其不同之处仅仅在于材质、尺寸大小、画中人物眼神、色彩深浅等方面。材质与尺寸的不同在两幅作品相同或实质性相似的判断中并无太大的实际意义，两幅作品中人物眼神及颜色深浅的差别又过于细微，无显著的视觉差异，体现不出被告的个性、判断与选择。因此彭某在《荷中仙》中并未表现出源自本人的带有其个性的劳动成果，而仅仅是在不同的材质上以不同的尺寸再现了项某的美术作品《醉荷》，故《荷中仙》实为《醉荷》的复制品，彭某涉案临摹行为属于对《醉荷》的复制。

值得注意的是，如果临摹符合合理使用的相关条件，也可以不构成著作权侵权。《著作权法》（2010）第 22 条规定在特定情况下使用作品，可以不经著作权人许可，不向其支付报酬，但应当指明作者姓名、作品名称，并且不得侵犯著作权人依照本法享有的其他权利。该案中，被告在以临摹手段复制原告作品《醉荷》后，将该复制品公开用于展览，且未标明临摹自《醉荷》，也未指明原告的姓名，而是直接在复制品《荷中仙》中标上自己的笔名及名章。被告的上述行为不属于合理使用，且会

---

❶ 《中华人民共和国著作权法实施条例》（2013）第 2 条：著作权法所称作品，是指文学、艺术和科学领域内具有独创性并能以某种有形形式复制的智力成果。

使人误以为《荷中仙》为被告自己独立创作的作品，进而严重影响原告对自己作品《醉荷》的正常使用，损害其合法利益。除此之外，一审法院还结合中国画的特点，指出画中的题款、印章与画面内容往往紧密结合，成为一幅美术作品不可或缺的组成部分。被告在临摹品《荷中仙》中将《醉荷》的题款和印章删除，在不同位置上加盖了不同的印章。此外，被告还在画面上方书写了佛经《心经》，对画面颜色深浅也进行了处理。这些未经许可的修改行为侵害了原告对《醉荷》享有的修改权。不过由于被告在临摹品《荷中仙》中书写佛经《心经》的行为尚未达到歪曲、篡改美术作品《醉荷》的程度，且在人民网上的报道并非被告所为，因此被告未侵犯原告的保护作品完整权、信息网络传播权。虽然被告主张其作品《荷中仙》具有独创性而不构成侵权，但作品是否具有独创性是判断其是否构成作品，是否可以受到《著作权法》保护的条件，与其是否构成侵权并没有太大的关系。对侵权与否的判定需要遵循"接触＋实质性相似"原则而不考虑被控侵权成果是否具有独创性。而且根据前述分析，被告的涉案临摹品《荷中仙》实为《醉荷》的复制品，其中并无被告的独创性劳动。综上，被告的行为侵害了原告对其美术作品《醉荷》享有的署名权、修改权、复制权和展览权，应当承担相应的法律责任。

（二）判决结果

（1）被告于判决生效之日起 10 日内销毁涉案侵权复制品《荷中仙》；

（2）被告于判决生效之日起 30 日内履行在《法制日报》上刊登致歉函的义务，向原告公开赔礼道歉；

（3）被告于判决生效之日起 10 日内赔偿原告经济损失 10 万元；

（4）驳回原告的其他诉讼请求。

二、二审法院审理

（一）争议焦点及裁判理由

1. 该案适用何地法律

根据《涉外民事关系法律适用法》第 8 条及《最高人民法院关于适用〈中华人民共和国民事诉讼法〉的解释》第 522 条的规定，虽然该案的双方当事人均为中国公民，但由于被上诉人项某主张上诉人彭某在俄罗斯莫斯科、德国柏林展览的《荷中仙》系擅自复制其《醉荷》作品，上诉人的行为侵犯其著作权，故该案产生的侵权民事关系的法律事实发生在俄罗斯莫斯科、德国柏林，该案属于涉外民事案件。

根据《涉外民事关系法律适用法》第 50 条及《最高人民法院关于适用〈中华人民共和国涉外民事关系法律适用法〉若干问题的解释（一）》第 8 条的规定，当事人可以在侵权行为发生后协议选择适用法院地法律，各方当事人援引相同国家的法律且未提出法律适用异议的，人民法院可以认定当事人已经就涉外民事关系适用的法律作出了选择。该案中被上诉人在一审中虽未明确列明其法律适用的选择，但其起诉状所列理由完全系从我国《著作权法》的规定出发，双方当事人在一审法庭辩论中也均引用了《著作权法》。因此可以认定，双方当事人已经就该案应适用的法律作出了选择，故该案适用我国《著作权法》。

2. 上诉人的《荷中仙》是否临摹了被上诉人的《醉荷》

被上诉人的作品《醉荷》公开发表于 2007 年 1 月，上诉人的作品则发表于其后，应当认定上诉人具有接触《醉荷》的客观条件和可能性。将《荷中仙》与《醉荷》相比，两者在画面内容、人物造型、荷叶及花瓣形状、元素布局、构图、线条、色调等方面均一致，不过两者所附着的材料不同，尺寸大小也不同，据此二审法院认定前者是临摹自后者所形成的。虽然上诉人主张《荷中仙》系临摹《项某人物线描画稿》中的另一幅黑白美术作品，但《荷中仙》中的色彩元素恰恰与《醉荷》高度一致。此外，上诉人还主张《荷中仙》中的部分细节与《醉荷》不一致，但其所主张的这些区别均非常细微，且均为中国传统绘画中因不同绘画者对细节的描绘方式不同而惯常出现的区别，该细微区别亦无法否定《荷中仙》与《醉荷》整体上高度近似。

3. 上诉人的涉案临摹行为是否属于著作权法上的复制行为

针对上诉人主张的《著作权法》（2010）关于复制权的规定中删除了临摹，因此其临摹行为不属于复制行为的观点，二审法院指出：首先，我国《著作权法》（2010）第 10 条第 1 款（5）项采取的是列举加"等方式"的立法模式，表明复制权所控制的复制既包括明确列举的印刷、复印等，也包括上述列举之外的将作品制作成一份或者多份的其他方式，因此复制权所控制的复制行为是指以任何方式将作品制作成一份或者多份的行为，临摹并没有被排除出复制的范围；其次，复制权所控制的复制是指单纯再现了原作品，同时又没有增加源自"复制者"的独创性劳动，从而形成新作品的行为，只要符合这两条件即可构成复制权所控制的复制；最后，虽然《著作权法》（2010）中的相关规定删去了"临摹"，但这主要是因为临摹所涉及的情况比较复杂，并不是所有临摹都构成复制，有的是创作，有的可能形成改编，必须区别对待，并非意味着法律认为临摹不是复制。该案中，将上诉人的《荷中仙》与被上诉人的《醉荷》相比，两者在画面内容等美术作品的实质性要素方面均一致，虽然有不同之处，但这些不同或不影响两者相同或实质性相同，或过于细微而无法体现出上诉人融入其中的独创性劳动，而更多的是再现了被上诉人的美术作品的表达。因此，《荷中仙》实为《醉荷》的复制品，上诉人的临摹属于对《醉荷》的复制。

4. 上诉人的涉案行为是否侵害被上诉人的著作权及其应当承担的民事责任

上诉人未经许可以临摹的手段复制被上诉人的《醉荷》，将该复制品用于公开展览，同时未标明原作品名称及原作者，侵害了被上诉人的署名权、复制权、展览权。此外，上诉人在其临摹品中对原作品进行了一定的删改，侵害了被上诉人对《醉荷》

享有的修改权和保护作品完整权。虽然上诉人主张其参加的涉案展览属于公益性展览，但其在该展览中公开展出了临摹品《荷中仙》，且网络媒体对此予以了报道，客观上会对被上诉人行使自己作品的著作权并据此获得经济利益造成不良影响，故上诉人仍应为此承担相应的民事责任。

（二）判决结果

驳回上诉，维持原判。

案例评析

一、知识产权涉外案件的判断及其法律适用

由于不同国家和地区的法律法规有所不同，甚至可能存在冲突，因此在案件有明显涉外因素时，需要考虑是否属于涉外案件，再在此基础上适用相关法律法规。笔者将首先说明我国目前关于知识产权涉外案件的判断及法律适用等的相关规定，再结合该案进行具体说明。

（一）涉外民事关系的判断

《涉外民事关系法律适用法》第8条规定，涉外民事关系的定性，适用法院地法律。

《最高人民法院关于适用〈中华人民共和国涉外民事关系法律适用法〉若干问题的解释（一）》（2020）第1条规定：

民事关系具有下列情形之一的，人民法院可以认定为涉外民事关系：

（1）当事人一方或双方是外国公民、外国法人或者其他组织、无国籍人；

（2）当事人一方或双方的经常居所地在中华人民共和国领域外；

（3）标的物在中华人民共和国领域外；

（4）产生、变更或者消灭民事关系的法律事实发生在中华人民共和国领域外；

（5）可以认定为涉外民事关系的其他情形。

《最高人民法院关于适用〈中华人民共和国民事诉讼法〉的解释》（2022）第520条规定，有下列情形之一，人民法院可以认定为涉外民事案件：

（1）当事人一方或者双方是外国人、无国籍人、外国企业或者组织的；

（2）当事人一方或者双方的经常居所地在中华人民共和国领域外的；

（3）标的物在中华人民共和国领域外的；

（4）产生、变更或者消灭民事关系的法律事实发生在中华人民共和国领域外的；

（5）可以认定为涉外民事案件的其他情形。

（二）知识产权涉外案件的法律适用

《涉外民事关系法律适用法》第2～6条规定了涉外民事关系适用法律的相关内

容。此外,《最高人民法院关于适用〈中华人民共和国涉外民事关系法律适用法〉若干问题的解释(一)》(2020)中也规定了相关内容。

首先,当事人依照法律规定可以明示选择涉外民事关系适用的法律,但存在以下例外情况:

(1)我国法律对涉外民事关系有强制性规定的,应当直接适用该强制性规定;

(2)外国法律的适用将损害我国社会公共利益的,也应当适用我国法律;

(3)我国法律未明确规定当事人可以选择涉外民事关系适用的法律,当事人选择适用法律将被认定为无效;

(4)一方当事人故意制造涉外民事关系的联结点,规避我国法律、行政法规的强制性规定时,不发生适用外国法律的效力;

(5)其他例外情形。

其中第一种情况中的"强制性规定",依照《最高人民法院关于适用〈中华人民共和国涉外民事关系法律适用法〉若干问题的解释(一)》(2020)第8条的规定,主要包括以下情形:

(1)涉及劳动者权益保护的;

(2)涉及食品或公共卫生安全的;

(3)涉及环境安全的;

(4)涉及外汇管制等金融安全的;

(5)涉及反垄断、反倾销的;

(6)应当认定为强制性规定的其他情形。

其次,当事人在一审法庭辩论终结前协议选择或者变更适用选择适用的法律的,人民法院应予准许,而一方当事人以双方协议选择的法律与系争的涉外民事关系没有实际联系为由主张选择无效的,人民法院不予支持。

再次,各方当事人援引相同国家的法律且未提出法律适用异议的,人民法院可以认定当事人已经就涉外民事关系适用的法律作出了选择。

最后,当事人在合同中援引尚未对中华人民共和国生效的国际条约的,人民法院可以根据该国际条约的内容确定当事人之间的权利和义务,但违反中华人民共和国社会公共利益或中华人民共和国法律、行政法规强制性规定的除外。

此外,《涉外民事关系法律适用法》第7章针对知识产权领域的涉外民事关系作出了规定:第48条规定,知识产权的归属和内容,适用被请求保护地法律。第49条规定,当事人可以协议选择知识产权转让和许可使用适用的法律,当事人没有选择的,适用本法对合同的有关规定。第50条规定,知识产权的侵权责任,适用被请求保护地法律,当事人也可以在侵权行为发生后协议选择适用法院地法律。

该案中,虽然双方当事人均为中国公民,但涉案侵权作品《荷中仙》的展览地为俄罗斯莫斯科、德国柏林,即彭某的侵权行为发生地在国外,故该案具有涉外因素，属于涉外民事案件。项某虽在一审时并未列明其选择适用的法律，但综合其起诉状、一审法庭辩论等情况来看，其所依据的法律规定均为我国《著作权法》。彭某也并未对此提出异议，且同时适用了我国《著作权法》作为抗辩依据。因此，虽然双方当事人均未明确表示选择适用的法律，但可以认为双方已就涉外民事关系适用的法律作出了选择。

二、著作权侵权的判定

该案的核心争议焦点在于彭某的临摹行为是否构成对项某著作权的侵犯。彭某主张其作品《荷中仙》不构成侵权，理由如下：一是其临摹行为不构成著作权法意义上的"复制"，不属于著作权权利范围内控制的作品使用行为；二是其在临摹《荷中仙》时于该作品中融入了自己的独创性劳动，这就使《荷中仙》成为有别于项某《醉荷》的新作品；三是其参加的是公益性展览，未将《荷中仙》作商用。彭某的上述主张及其理由并不成立，笔者将围绕该案的核心争议焦点对此进行分析说明。

（一）"接触＋实质性相似"

著作权侵权判定的核心标准为"接触＋实质性相似"。如果被控侵权作品的作者曾接触过原告受著作权保护的作品，同时该被控侵权作品又与原告作品存在内容上的实质性相似，则除非有合理使用等法定抗辩理由，否则即可认定其为侵权作品。因此，在判断涉案作品是否构成著作权侵权时，需重点关注的两个问题在于被控侵权作品是否"接触"原告作品，以及作品间是否构成"实质性相似"。

1. "接触"

著作权侵权意义上的"接触"不仅包括后来者看过、听过前人作品的"接触"，还包括"接触"的可能。现实中很多情况下法院主要通过推定对"接触"进行认定。因此，若能举证证明没有"接触"或者没有"接触"的可能，则即使涉案作品构成"实质性相似"，也可能不会被认定为侵权。这是著作权与专利权、商标权等工业产权具有明显区别的一点。"工业产权"，顾名思义，强调通过赋予相关主体对某些发明、标志的权利，进而促进这些发明、标志的实际运用以推动工业等产业发展。因此，为防止重复授权所导致的资源浪费以及在市场上对消费者形成误导，在专利和商标领域，同一发明、同一商标往往仅能被赋予一项专利权、一项商标权。著作权则不同：由于作品所起到的作用主要集中于精神享受、情操陶冶，故著作权的属性更偏向于精神性权利。基于此，即使来源不同的作品内容相似或者相同，其所产生的作用、带给人们的感受也可能不同，就该相似或相同作品各自赋予作者独立的著作权，并不会像授予两个类似或相同发明一样导致法律资源的浪费，或者像在相同或者类似商品上允许注册两个相同或者类似商标一样容易误导消费者，甚至可能有利于社会科学文化事业的繁荣和发展。至于对"接触"的具体认定，结合相关案件审理情况来看，目前司法实践在认定"接触"时所依据的标准倾向于涉案作品发表时间的先后，即当被控侵权作品发表于权利作品之后时，被控侵权作品的作者便有可能被推定为曾"接触"过权利作品。不过笔者认为这一标准或做法有待商榷。一些作品虽在先发表，但往往会因知名度不足等原因而不存在被"接触"的可能，或者可能性不大，此时若仅凭发表的先后顺序推定在后发表的作品"接触"过在先发表的作品，其实有所不妥。鉴于我国相关法律法规并未明确"接触"要件的具体标准，相关学理讨论也较少，故在实践中仍有待根据具体情况进行个案判断。该案中，结合项某和彭某的陈述及举证来看，两者在其领域内均具有一定的知名度。因此，结合两者作品发表的先后顺序及其他证据，可以认为彭某确实"接触"过项某的《醉荷》。

2. "实质性相似"

同"接触"这一要件一样，我国相关法律法规并未就"实质性相似"这一著作权侵权要件作出明确规定。故在判断相同或类似作品是否属于"实质性相似"时，需要根据具体的案件情况进行综合认定。而在进行综合认定时，法院多会结合作品的具体类型进行综合判断。关于"实质性相似"的认定，实践中较为典型的案例是琼瑶诉于正著作权侵权纠纷案。一审法院在认定被告于正的被控侵权作品《宫锁连城》与原告琼瑶的权利作品《梅花烙》之间是否构成"实质性相似"时，结合了小说类作品的特征及关键要素，例如人物角色、故事情节、发展走向等进行了详细分析。彭某与项某侵害著作权纠纷案也是如此：法院在分析彭某被控侵权作品《荷中仙》与项某的权利作品《醉荷》之间是否构成"实质性相似"时，根据美术作品的特征，特别是中国画的特征，即画面内容、元素布局、构图、线条、色调等要素进行了分析。

在此需要说明的是，"实质性相似"并不意味着只有涉案作品完全一样才能构成侵权，否则该要件完全可以直接表述为"相同"而非"实质性相似"。"实质性相似"这一表述意味着即使案涉作品并非一模一样，只要在实质上是相似的，或者在实质上是相同的，便可认定侵权的成立。该案被控侵权的作品《荷中仙》与权利作品《醉荷》之间并非完全相同，但无论是从画面整体来看，还是从诸如线条、构图、元素布局等画作细节来看，两幅作品之间均较为相似，甚至相同。彭某关于《荷中仙》融入了其创造性劳动，具有一定的独创性，是有别于《醉荷》作品的主张不能成立。换一个角度思考，如果只有作品完全一样时才认定侵权成立，则将他人的作品复制之后进行简单的同义词替换即可规避侵权风险，这于著作权保护而言将是不合理的。

（二）被控侵权作品是否具有独创性与是否构成著作权侵权关系不大

如前所述，判断是否构成著作权侵权的标准为"接触＋实质性相似"，由此可见，被控侵权作品是否具有独创性与其是否构成著作权侵权之间的关系并不大。被控侵权作品是否具有独创性并不影响侵权的判断，只会影响其行为所侵犯的具体权利类型。

我国《著作权法》（2020）第10条规定了具体的著作权权利类型，包括4项著作人身权和12项著作财产权。与此同时，该条第1款（1）项至（16）项中还规定了不同权利类型所控制的行为种类。未经权利人许可实施相应行为，在缺乏法定事由对侵权责任进行免除的情况下，可能构成著作权侵权。

其中，复制权是指以印刷、复印、拓印、录音、录像、翻录、翻拍、数字化等方式将作品制作一份或者多份的权利；摄制权，是指以摄制视听作品的方法将作品固定在载体上的权利；改编权，即改编作品，创作出具有独创性的新作品的权利；翻译权，即将作品从一种语言文字转换成另一种语言文字的权利；汇编权，即将作品或者作品的片段通过选择或者编排，汇集成新作品的权利。其中摄制权、改编权、翻译权和汇编权属于演绎权。复制与演绎既有联系又有区别：复制是演绎的基础，即在他人的作品上进行演绎，但演绎并不同于复制，因为演绎是在原作品的基础之上加入演绎者自己的东西，进而形成新作品，而复制并不形成新作品。因此，被控侵权作品是否具有独创性，所影响的其实是行为主体的行为所侵犯的到底是复制权还是演绎权，而不影响侵权判断。如果被控侵权的作品具有独创性，则其所侵犯的更多是演绎权，反之则可能是复制权。

该案中，上诉人彭某认为其临摹行为并不构成著作权法上的复制行为，且其临摹被上诉人项某的《醉荷》时运用了相关技巧，加入了自己的劳动，因此《荷中仙》属于新作品，其行为不构成著作权侵权。首先，虽然我国《著作权法》（2010）第10条第1款（5）项中并未在复制行为中明确列明"临摹"，但该条款采用的是列举，而非下定义的方式，可以将不具有独创性的"临摹"包含在该条款的"等方式"之内。其次，临摹行为并不一定都是复制。出于种种原因，有的临摹也可能在原作品的基础之上形成新作品（虽然临摹在一般情况下被认为是要接近被临摹对象，但也不排除有的临摹作品会因为临摹人技术不好等原因而与原作品不相同，反而形成新作品的情况），这大概也是为什么我国在进行《著作权法》修改时，删掉该条款中原有的"临摹"，因为临摹不仅可能构成对原作品的复制，还可能构成对原作品的改编。最后，虽然彭某主张其在临摹过程中运用了技巧，投入了劳动，但是由于其技巧与劳动并未体现出其创造性，无法使《荷中仙》形成明显有别于《醉荷》的新作品，因此即使其运用了高超的临摹技巧，付出了很多劳动，也难以认为《荷中仙》具有独创性，不构成复制权侵权。

虽然被控侵权作品是否具有独创性与其是否构成著作权侵权之间并无直接关系，但原告作品是否具有独创性与其侵权指控是否成立则具有一定的关系。原告作品具有独创性，且其享有对该作品的著作权，是其提起著作权侵权诉讼的前提。如果原告的作品不具有独创性，不构成作品，或者虽然构成作品，但原告并不享有著作权，或者不具有提起诉讼的相关权利，则也可能面临败诉的风险。

（三）关于作品商业性使用的相关问题

上诉人彭某在该案中曾主张其所参加的展览为公益性展览，展览《荷中仙》的行为并未构成商业性使用，因此不构成侵权。不过由于其展览行为客观上会对被上诉人项某行使与《醉荷》有关的著作权并据此获得经济利益造成不良影响，故彭某仍应为此承担相应的民事责任。

启示与企业应对

一、企业面临知识产权侵权指控的救济思路

笔者就该案所涉及的著作权侵权问题进行了相关分析与论述，基于此可以发现，著作权领域最为关注的就是行为人的行为。而在商标权与专利权方面，其关注重点集中于行为人利用智慧成果的特定行为。由此，当企业面临知识产权侵权指控或救济时，第一步需确定被控侵权行为，第二步需关注该行为是否落入知识产权的权利范围。在判断特定行为是否落入知识产权的权利范围时，又可以考虑从以下几个角度入手：一是相关知识产权是否存在；二是在知识产权存在的前提下，其是否由相关主体享有；三是知识产权所控制的行为类型是否包括特定行为。当特定行为确实落入知识产权的权利范围时，则需要考虑是否存在免责事由。知识产权在本质上属于对知识、信息的合法垄断。为平衡权利人与社会公众间的利益，在保护权利人合法权益的同时又实现对社会公共利益的维护，进而促进社会科学文化事业的发展和繁荣，世界各国在设立知识产权对私人权利进行保护的同时，也通过合理使用、法定许可、强制许可等制度为社会公众接触和使用作品留下了一定空间。因此，即使企业行为落入了知识产权的保护范围，也并不一定当然构成知识产权侵权。

二、企业在承办展会时的知识产权义务

虽然该案所涉及的主要是自然人之间的著作权纠纷，但由该案可以延伸出对企业承办活动的启示。根据我国《著作权法》（2020）第 38 条的规定，使用他人作品演出，表演者应当取得著作权人许可，并支付报酬。演出组织者组织演出，由该组织者取得著作权人许可，并支付报酬。

该案中并未涉及展览方的相关责任，但在此要提醒企业注意的是，在某些情况下，企业在举办活动时，需要取得相关授权许可。这是企业在举办活动、组织演出时可能忽略的一点。近年来，一些企业制作播出了很多歌唱、选秀类节目。笔者查询公开的法律文书看到，部分企业因未经许可在节目中表演他人作品而产生了著作权侵权纠纷；同时，从一些新闻上看到一些企业因未能取得著作权授权或许可而无法正常播出相关节目和表演的消息。因此，企业在举办活动、组织演出时，需要注意其中的著作权侵权风险或者其他的知识产权侵权风险，及时解决相关授权许可的

问题，避免承担侵权的相关责任。

不过，对于一些公益性质的表演活动，即使未经著作权人许可，企业也可以使用其作品。根据我国《著作权法》（2020）第 24 条第 1 款（9）项的规定，免费表演已经发表的作品，该表演未向公众收取费用，也未向表演者支付报酬，且不以营利为目的的，属于合理使用的情形，可以不经著作权人许可，不向其支付报酬，但应当指明作者姓名或者名称、作品名称，并且不得影响该作品的正常使用，也不得不合理地损害著作权人的合法权益。

需要说明的是，表演包括"现场表演""机械表演"。"现场表演"主要是指在现场进行的表演；"机械表演"主要是指将对作品的表演使用技术设备予以公开播放的行为。虽然上述条文并未明确规定，但通过表述中的"也未向表演者支付报酬"可以推断，此处的"免费表演"应限于"现场表演"而不包括"机械表演"。❶

另外，"免费表演"的限定较为严格，其中的"费用""报酬"等包括"以任何名义收取或支付的，与欣赏或表演作品有关的直接或间接的费用和报酬"❷，以及交通费、住宿费、所谓的"辛苦费""会员费""入场费"等。这是为了防止通过设立不同名目的费用来主张合理使用，进而规避侵权的法律责任。因此，饭店、超市等播放的背景音乐、表演等其实并不构成合理使用的情形。饭店、超市等播放背景音乐、表演等的行为，可能构成"机械表演"，应当向著作权人或者中国音乐著作权协会获得许可，并支付相应的费用。

三、企业在参加展会时的知识产权义务❸

经常参展并有条件的企业应当建立日常管理制度，根据研发方向、目标市场、法律环境、费用预算等提前进行知识产权布局规划，及时申请知识产权，通过签订保密协议或竞业限制等加强商业秘密管理。

参展前对参展项目进行知识产权风险排查：①对专利和商标进行检索，结合相关法律法规进行分析，作出风险判定；②对著作权、商业秘密和其他知识产权，结合相关法律法规分析参展项目是否涉嫌侵权，作出风险判定。

当参展商遭受侵权时，可采取以下维权措施：①合法搜集侵权证据，并确认自身知识产权的稳定性和有效性，必要时可委托专业机构或律师；②向侵权方发警告函或律师函，要求停止侵权行为并下架产品等，同时向知识产权纠纷处理机构进行投诉，并配合知识产权纠纷处理机构进行投诉处理，经调解与侵权方不能达成一致意见的，及时跟进展会主办方按照参展合同约定对侵权方进行撤展或删除、屏蔽、断开链接等处理；③若侵权方提供的材料不能证明不侵权，又不主动撤展或下架涉嫌侵权的参展项目的，及时协助知识产权纠纷处理机构将投诉材料移交知识产权管

---

❶❷ 王迁. 知识产权法教程［M］. 5 版. 北京：中国人民大学出版社，2016.

❸ 参见《展会知识产权保护指南》（深圳市地方标准 DB 4403/T 445—2024）。

理部门。

    当参展商被投诉侵权时，可采取以下措施：①积极配合展会主办方及知识产权管理部门进行调查处理，按时回复有关询问，提交相关信息和证明材料。②向律师事务所、行业协会等服务机构寻求指导和帮助，分析评估是否构成侵权。构成侵权的，主动将侵权参展项目撤展或下架、删除链接，并积极与投诉人、展会主办方等沟通协商，达成和解，若协商未能达成一致意见，可根据侵权情况进行抗辩；不构成侵权的，提交不侵权的证明材料，可继续参与展出，因投诉人维权方式不当对自己造成损失的，可依法主张自身权利。

                （代卓炜）

2 行业惯例在查明作品权属中的辅助作用❶

裁判要旨

未经他人许可在网站上向公众提供他人享有著作权的作品构成著作权侵权。当涉及国外的相关行业惯例及规则时，可以通过外国法查明等方式辅助事实查明。

裁判依据

《著作权法》（2010）第 3 条（6）项，第 10 条第 1 款（12）项，第 11 条第 1 款、第 2 款、第 4 款，第 48 条（1）项，第 49 条

《最高人民法院关于审理著作权民事纠纷案件适用法律若干问题的解释》第 7 条，第 25 条第 1 款、第 2 款，第 26 条

《最高人民法院关于审理侵害信息网络传播权民事纠纷案件适用法律若干问题的规定》第 3 条、第 6 条、第 7 条第 3 款、第 8 条第 1 款

基本案情

2018 年 6 月，Avex 公司（原告）作为许可方与被许可方 Bilibili Inc. 签订许可协议，将涉案作品《碧蓝之海》互联网权利（指通过互联网下载或互联网流式传输使用电影的权利）授予 Bilibili Inc.，授权期限为 5 年。

之后，原告发现三被告未经许可，在其共同运营的网站 www.dilidili.wang 提供涉案作品的在线播放和下载服务，在 www.dilidili.name 提供涉案作品的在线播放服务，在 www.bbs.005.tv 提供涉案作品百度网盘的下载链接和密码。涉案作品在原告网站全网独家播出，且需付费观看。原告主张三被告的侵权行为涉及面广、危害大、严重分流了原告的用户，给原告造成了巨大损失，且其曾多次发函要求被告停止侵权行为，但被告拒不改正，由此提起著作权侵权诉讼。

---

❶ 上海宽娱数码科技有限公司与福州市嘀哩科技有限公司、福州羁绊网络有限公司等侵害作品信息网络传播权纠纷案。一审：（2019）沪 0110 民初 8708 号。

争议焦点

一、法院审理

结合双方当事人的主张及提交的证据，法院归纳该案的主要争议焦点为以下几点。

（一）原告是否对涉案作品《碧蓝之海》享有信息网络传播权

由于原告主张涉案作品的著作权人为《碧蓝之海》制作委员会全体成员（包括 Avex 公司、NBC 环球娱乐日本有限公司等），Avex 公司为制作委员会的"窗口公司"，其将信息网络传播权授予 Bilibili Inc.，Bilibili Inc. 再授予原告。因此，法院认为确定原告对涉案作品是否享有权利的关键：第一，涉案作品的原始权属是否归于《碧蓝之海》制作委员会成员；第二，Avex 公司能否单独对外授权。

1. 关于涉案作品的原始权属问题

法院指出，涉案作品系于日本创作并引入我国的动漫影视作品，基于知识产权的地域性，作品的署名方式、转让、授权链的确定等事项因各国地域文化、法律规定等因素存在一定的差异。从我国著作权法的立法目的和保护著作权人的合法权益出发，不能因不同法域署名、授权方式的差异而给权利人维权增加不必要的困难，亦不能因此让侵权人不受制约。

首先，涉案作品片头、片尾信息除标注"井上坚二吉冈公威讲谈社 GRAND-BLUE 制作委员会"外，还同时标注了"原作「GRANDBLUE」井上坚二吉冈公威（讲谈社【good! afternoon】连载）"等信息。结合相关网页截图及公证书显示的涉案作品"看点改编自井上坚二原作、吉冈公威作画的漫画"，以及 Avex 公司原产国证明中关于涉案作品制作情况的说明，能够综合佐证原告对署名中"井上坚二""吉冈公威""讲谈社"身份的解释具有合理性。

其次，华东政法大学外国法查明研究中心就涉案作品原始著作权的取得及部分许可关系等问题出具了法律意见书。虽然该案不存在直接适用外国法的情形，但该意见书中有关日本动漫影视作品的制作方式、作品署名、作品授权等行业惯例的介绍，具有能够客观反映一定的法律事实的功能，可作为认定涉案作品权属的参考。从该意见书中载明的"以制作委员会方式制作影视剧在日本业界成为商业惯例……属于日本民法规定的'组合'""采用制作委员会方式制作的动画作品，署名方式并无统一规则。有的作品以'制作委员会'署名，有的作品则同时署成员公司名称"等内容，结合片头、片尾中标注的"制作 GRANDBLUE 制作委员会 NBC 环球娱乐 Avex 公司讲谈社 JR 东日本企划 MBSZE ROGQTECGYAO"的信息，可以确认涉案作品由上述成员组成的制作委员会制作。

2. 关于 Avex 公司单独授权的效力问题

根据我国《著作权法》（2010）的相关规定，结合涉案作品的片头、片尾版权声明，及 Avex 公司出具的原产国证明等证据可以确认 Avex 公司参与了涉案作品的创作，系涉案作品著作权的共有人之一。就 Avex 公司对外授权的有效性而言，法院认为，首先，根据我国《著作权法实施条例》第 9 条的规定，Avex 公司作为涉案作品著作权共有人之一，有权行使除将涉案作品著作权转让以外的其他权利，包括将涉案作品的信息网络传播权授予原告，只是其所得的相关收益应当合理分配给其他共有人。其次，华东政法大学外国法查明研究中心的法律意见书中载明："'窗口公司'是日本版权交易领域存在的特殊商业惯例。'窗口公司'通常是制作委员会的成员，掌握着作品在日本国内外授权使用许可的权利""'窗口公司'在法律上的基本特征是：以自己名义对外许可授权；以自己名义收取版权许可费后再分配"，该内容与前述法律规定亦不相悖。因此，该案虽然其他共有人未能出具授权证明，但根据上述意见书内容并结合涉诉后 Avex 公司向《碧蓝之海》制作委员会发送邮件告知该案诉讼维权情况而未收到异议回复的事实，可认定 Avex 公司有权将涉案作品在中国的独家信息网络传播权授予原告。

（二）三被告的行为是否共同侵犯了原告的信息网络传播权

1. 关于被控侵权行为是否成立

首先，被告在其网站上直接提供了涉案作品。根据我国《著作权法》（2010）第 10 条第 1 款（12）项及《最高人民法院关于审理侵害信息网络传播权民事纠纷案件适用法律若干问题的规定》第 3 条的规定，将作品等置于信息网络中，使公众能够在个人选定的时间和地点以下载、浏览或其他方式获得的，系实施提供作品的直接侵权行为。结合该案的相关证据，在 www. dilidili. name 中可以找到涉案作品页面，且页面上未显示上传者信息，在播放涉案作品时亦未见网页跳转或链接到其他网站的任何标识，由于被告未能举证证明其仅提供网络服务且不存在过错，故可以认定该网站上的涉案作品系由被告直接提供。

其次，被告在其网站上所提供的作品与原告主张权利的作品一致。根据原告提供的公证书等证据内容，被告网站上涉案作品播放时每一话的标题与原告网站上的权利作品相应集数显示的标题一致，每一话片尾署名与权利作品均相同，部分集数还显示了 "bilibili 独播" 图标，且每一话的总时长也与权利作品时长极其相近。因此，可以认定被告在其网站上提供在线播放服务的作品为涉案作品。

最后，被告在网络上提供了涉案作品的下载服务。结合该案的相关证据，可以发现 www. dilidili. name 及 www. bbs. 005. tv 通过百度网盘文件分享的方式提供了涉案作品的下载服务。

2. 关于三被告是否构成共同侵权

综合三被告公司的法定代表人及控股股东情况，以及涉案侵权网站的备案及实际经营情况，以及相关微博、论坛等网站的经营情况，法院认为，被告嘀哩嘀哩公司、羁绊公司和天下无双公司对 www. dilidili. name 及羁绊网有实质上的经营合作关系。三被告共同经营的被控侵权网站为涉案作品《碧蓝之海》提供在线播放、下载服务，所播放、下载的内容与原告享有信息网络传播权的作品相同。三被告的行为侵犯了原告对涉案作品享有的信息网络传播权，应共同承担相应的民事责任。

二、判决结果

（1）被告于判决生效之日起 10 日内共同赔偿原告经济损失 500000 元；

（2）被告于判决生效之日起 10 日内共同赔偿原告为制止侵权行为所支付的合理开支 80000 元；

（3）被告于判决生效之日起 10 日内在 www. bbs. 005. tv 网站首页上连续五天刊登声明，消除影响；

（4）驳回原告的其余诉讼请求。

案例评析

一、可以借助外国惯例进行著作权的相关认定

该案中，在认定涉案作品的著作权归属，以及原告获得的授权是否有效时，法院借助了华东政法大学外国法查明研究中心就涉案作品的相关问题所出具的法律意见书，即借助外国法查明的方式确定相关行业惯例，以辅助事实查明。

《涉外民事关系法律适用法》第 10 条第 1 款规定，涉外民事关系适用的外国法律，由人民法院、仲裁机构或者行政机关查明。当事人选择适用外国法律的，应当提供该国法律。随着国际贸易的发展，不同国家之间的知识产权贸易也逐渐增多。由于不同国家和地区之间存在不同的商业惯例和模式等，因此在合法合理的前提下，面对外来的知识产权产品，应当了解、尊重其商业惯例和模式等。该案中，涉案作品《碧蓝之海》属于外来作品（该作品为日本动漫），其制作与对外授权均有日本动漫行业的一套规则与模式，这一套规则与模式与我国《著作权法》的相关规定并不相同。因此，在确定涉案作品的权利归属时，法院通过外国法查明的方式对涉案作品的权利归属与授权进行了查明。

二、信息网络传播权中的"提供"行为

我国《著作权法》（2020）第 10 条第 1 款（12）项规定，信息网络传播权，即以有线或者无线方式向公众提供，使公众可以在其选定的时间和地点获得作品的权利。

该案中，三被告未经权利人许可，通过信息网络传播涉案作品《碧蓝之海》，使

公众可以在其选定的时间和地点获得作品，其行为构成对他人信息网络传播权等著作权的侵权。结合案情，三被告通过信息网络实施了两种向公众提供作品的行为，一种是在其被控侵权的网站上提供涉案作品的播放服务，另一种则是通过百度网盘提供涉案作品的下载服务。虽然被告羁绊公司和天下无双公司辩称被告网站仅提供搜索链接服务，涉案作品的播放行为系由链接的第三方网站所实施，但根据法院查明的事实，被告网站中涉案作品的播放页面上并未显示上传者的信息，在播放作品时也未进行网页跳转或者链接到其他网站。由于被告未能对此进行举证，故应当认定该案中被告直接提供了涉案作品。

我国关于信息网络传播权规定中的"提供作品"，主要是指公众获得作品的可能性，而非一定要公众实际已获得作品。伴随着"深度链接"等链接方式的出现，这一条款在实践中面临诸多难题与争议。"深度链接"并不同于传统的互联网链接方式。之前传统的"普通链接"会在其网页中设置链接，用户点击链接后就会跳转到他人的网站或者网页中，用户可以明确意识到自己已离开原来的网页进入他人的网页中。而"深度链接"则是用户点击网页中的相关链接，在不进行网页跳转的情况下就可以看到其他网站中的相关内容，但该网页并不对相关内容进行存储。"深度链接"行为将被链接网站的内容直接呈现在设链人自己的网站上，可能攫取被链接网站的流量，侵害相关权利人的著作权，进而影响被链接网站的相关利益。对于深度链接的判断标准也尚未统一，主要存在"服务器标准""用户感知标准"等。"服务器标准"主要是以行为人是否将作品上传至服务器作为判断侵权的标准。"用户感知标准"，顾名思义，则是以用户能否感知到相关内容来源于被链接网站作为判断标准。不同的标准各有优缺点，而且适用不同标准也将产生不同的法律后果。不过存在判断标准存在不统一的情况，并不意味着就无法对相关权益进行保护。当无法通过《著作权法》保护时，权利人可以通过《反不正当竞争法》进行保护。

启示与企业应对

该案是企业借助外国法查明等方式明晰著作权权利归属的典型案例。企业在经济生活中，除受到法律的约束外，还会受到行业规则、惯例等的约束。许多行业规则和惯例等是一个行业在长期发展过程中所形成的。相比法律，有时候行业规则和惯例会起到更重要的作用。因为法律有时候无法透彻了解一个行业在具体运作中可能会遇到的问题，法律不是万能的，又具有一定的滞后性，因此行业规则与惯例等也在企业的经济活动中扮演着重要的角色。无论是该案所带来的启示，还是通过实践获得的经验，均表明企业在进行经济活动时，特别是与域外主体进行著作权等知识产权的相关贸易活动时，除遵守法律法规外，还要注意对其行业规范和惯例的学习、了解与掌握。在遇到与该案类似的情况时，也可以借鉴该案的经验，通过查明相关外国法、外国惯例等维护自身的合法权益。此外，如果企业较为担心其自身合法权益在涉外知识产权贸易中存在风险，也可以通过法律途径对行业规范和惯例进行证据的"固定"，进而尽可能规避侵权相关的风险。

（代卓炜）

3 网络内容提供商侵犯著作权时不适用 "避风港原则"❶

裁判要旨

未经他人许可直接通过信息网络向公众提供作品，违法所得数额较大或有其他严重情节的，构成侵犯著作权罪。网络服务提供商在其网站上直接向公众提供动漫作品，属于对他人著作权的直接侵权，不适用"避风港原则"。

裁判依据

《刑法》第 217 条、第 25 条第 1 款、第 26 条第 1 款、第 26 条第 4 款、第 27 条、第 52 条、第 53 条、第 64 条、第 67 条第 3 款、第 72 条、第 73 条

《最高人民法院、最高人民检察院、公安部关于办理侵犯知识产权刑事案件适用法律若干问题的意见》第 13 条

《最高人民法院、最高人民检察院关于办理侵犯知识产权刑事案件具体应用法律若干问题的解释》第 5 条

《最高人民法院、最高人民检察院关于办理侵犯知识产权刑事案件具体应用法律若干问题的解释（二）》第 4 条

基本案情

2014 年 8 月以来，该案被告人叶某某、江某某共同出资成立了"漫游公司"。"漫游公司"旗下有"爱漫画网"和"动漫 456 网"两个网站，其中"爱漫画网"为被告人江某某在"漫游公司"成立之前建立。在具体分工方面，被告人叶某某负责"漫游公司"日常运营等方面工作，被告人江某某则负责"爱漫画网"技术方面的工作。被告人胡某某是被告人叶某某的外甥，经叶某某介绍和安排担任"漫游公

---

❶ 叶某某、江某某、胡某某侵犯著作权案。一审：（2016）川 0115 刑初 89 号。

司"法定代表人。在具体营运模式方面，主要由被告人胡某某通过各种途径搜集他人的漫画作品，经整理和编辑后上传至"爱漫画网"供访客免费观看，以此提高该网站访问量，同时在该网站上提供刊登收费广告服务，收取广告商广告费，进而实现公司盈利。

成都市公安局在接到报案后对"爱漫画网"涉案服务器硬盘中的相关电子数据进行了检查、收集和提取，并将所提取的 5000 余部漫画作品鉴材分别送交中国版权保护中心版权鉴定委员会等相关机构进行了鉴定和确认。经鉴定，从涉案服务器硬盘内提取的美术作品与相关权利人享有著作权的作品相同，且并未经过权利人授权。成都市温江区人民检察院由此提起公诉，指控被告人叶某某、江某某、胡某某以营利为目的，未经著作权人许可，复制他人漫画作品，并通过信息网络擅自向公众传播，非法经营额高达 1825507.42 元，数额巨大，情节特别严重，其行为已触犯《刑法》第 25 条、第 217 条之规定，应当以侵犯著作权罪追究其刑事责任。

争议焦点

一、法院审理

首先，该案三被告行为均构成侵犯著作权罪。被告人叶某某、江某某、胡某某以营利为目的，未经著作权人许可，复制他人美术作品，并通过信息网络擅自向公众传播，非法经营额数额超过 25 万元，其行为均已构成侵犯著作权罪，且属情节特别严重，应当依法惩罚。

其次，该案系共同犯罪。三名被告人分工协作，其中被告人叶某某、江某某系"漫游公司"股东，前者负责公司日常运营等工作，后者负责公司网站技术等工作，在共同犯罪中所起作用较大，系主犯；被告人胡某某则主要负责搜集他人的漫画作品，并对其进行整理和网站上传等工作，在共同犯罪中作用较小，系从犯，依法减轻处罚。三名被告人归案后，如实供述所犯罪行，依法从轻处罚。公诉机关指控三名被告人侵犯著作权罪的事实清楚、证据确实充分，法院予以支持。公诉机关提起公诉时所主张的"违法所得"是指获利数额，该案中虽有证据证实"漫游公司"获得了 1825507.42 元的广告收入，但并没有证据可以证实三名被告人具体的获利数额，故法院在审理时指出将涉案金额 1825507.42 元认定为"非法经营额"更符合案件事实。

最后，根据该案三名被告人的犯罪事实及情节，结合其认罪态度和悔罪表现，法院认为宣告缓刑不致对其所居住社区带来重大不良影响，因此该案三名被告人依法适用缓刑。

对被告人叶某某的辩解及其辩护人的辩护意见，法院认为：①在案证据充分证实"漫游公司"运营的基本模式为通过向公众开放没有获得授权的漫画作品，以提升"爱漫画网"的网站点击率，进而吸引其他公司投放广告进行营利，此行为符合侵犯著作权罪的构成要件；②该案被害人之一使用的计算机系统位于成都市温江区。根据《关于办理网络犯罪案件适用刑事诉讼程序若干问题的意见》第 2 条，审理法院对该案具有管辖权；③《关于办理侵犯知识产权刑事案件适用法律若干问题的意见》第 13 条已明确将美术作品解释为《刑法》第 217 条所规定的"其他作品"，故行为人利用侵权美术作品进行获利的行为符合侵犯著作权罪的规定；④结合该案的具体情况可知，"爱漫画网"并非单纯的网络空间服务提供商，故三名被告的行为不适用"避风港原则"，无法进行免责。

对被告人江某某的辩解及其辩护人的辩护意见，法院认为：①其辩护人所持"被告人江某某具有认罪态度好、如实供述的从轻处罚情节，建议适用缓刑"的辩护意见，与庭审查明的事实一致，予以采纳；②三被告人一直利用"爱漫画网"实施侵犯知识产权的犯罪行为，故其非法经营额应从实施犯罪时起算；③该案被告人成立"漫游公司"后的主要业务是以"爱漫画网"为平台实施犯罪行为，故该案不属于单位犯罪，而属于自然人犯罪。

对被告人胡某某辩护人所持"被告人胡某某作用较小，且犯罪情节轻微"的辩护意见，法院认为，被告人胡某某的行为具有刑事违法性，同时属于有其他特别严重情节的行为，不属于"情节轻微"，但根据其在共同犯罪中的作用，可依法评价为从犯。

二、判决结果

（1）被告人叶某某犯侵犯著作权罪，判处有期徒刑 3 年，缓刑 4 年，并处罚金人民币 100 万元。

（2）被告人江某某犯侵犯著作权罪，判处有期徒刑 3 年，缓刑 4 年，并处罚金人民币 100 万元。

（3）被告人胡某某犯侵犯著作权罪，判处有期徒刑 2 年，缓刑 3 年，并处罚金人民币 50 万元。

（4）扣押在案的作案工具：苹果 6 Plus 手机 3 部、其他品牌手机 2 部、电脑 4 台予以没收。

案例评析

该案被告人曾提出抗辩，认为：①其擅自在网络上传播美术作品的行为不符合侵犯著作权罪的构成要件；②其可以适用"避风港原则"进行免责抗辩；③该案涉案作品中存在暴力、色情等内容，相关作品不享有著作权，进而不存在侵犯著作权的问题。与此同时该案还涉及单位犯罪等问题。故笔者将主要从这几个问题出发对该案进行评析，探讨该案可以为企业带来的启示。

一、侵犯著作权罪的构成要件

我国《刑法》（2020）中关于著作权犯罪的条文主要涉及第217条和第218条。前者涉及侵犯著作权罪，后者涉及销售侵权复制品罪。该案所涉及的主要是第217条。

第217条规定，以营利为目的，有下列侵犯著作权或者与著作权有关的权利的情形之一，违法所得数额较大或者有其他严重情节的，处三年以下有期徒刑，并处或者单处罚金；违法所得数额巨大或者有其他特别严重情节的，处三年以上十年以下有期徒刑，并处罚金：

（一）未经著作权人许可，复制发行、通过信息网络向公众传播其文字作品、音乐、美术、视听作品、计算机软件及法律、行政法规规定的其他作品的；

（二）出版他人享有专有出版权的图书的；

（三）未经录音录像制作者许可，复制发行、通过信息网络向公众传播其制作的录音录像的；

（四）未经表演者许可，复制发行录有其表演的录音录像制品，或者通过信息网络向公众传播其表演的；

（五）制作、出售假冒他人署名的美术作品的；

（六）未经著作权人或者与著作权有关的权利人许可，故意避开或者破坏权利人为其作品、录音录像制品等采取的保护著作权或者与著作权有关的权利的技术措施的。

从该条内容可知，要构成侵犯著作权罪，客观上要实施上述条文中所规定的行为，违法所得数额较大或者有其他严重情节；主观上要为故意，且以营利为目的。为进一步明确侵犯著作权罪的构成要件，笔者将结合相关司法解释等文件，以该案为例进行说明。

（一）"违法所得数额较大或者有其他严重情节"的标准

《最高人民法院、最高人民检察院、公安部关于办理侵犯知识产权刑事案件适用法律若干问题的意见》第13条、《最高人民法院、最高人民检察院关于办理侵犯知识产权刑事案件具体应用法律若干问题的解释》第5条和《最高人民法院、最高人民检察院关于办理侵犯知识产权刑事案件具体应用法律若干问题的解释（二）》第1条等条文均针对《刑法》第217条中"违法所得数额较大或者有其他严重情节"的标准作出了规定。其中，根据《最高人民法院、最高人民检察院、公安部关于办理侵犯知识产权刑事案件适用法律若干问题的意见》第13条的规定，非法经营数额在5万元以上的，或者传播他人作品的数量合计在500件（部）以上的，属于《刑法》第217条规定的"其他严重情节"，而当数额或者数量达到前述标准五倍以上的，则属于"其他特别严重情节"；《最高人民法院、最高人民检察院关于办理侵犯知识产权刑事案件具体应用法律若干问题的解释》第 5 条也规定，以营利为目的，实施《刑法》第 217 条所列侵犯著作权行为之一，非法经营数额在 25 万元以上的，属于"有其他特别严重情节"。该案中，三被告未经著作权人许可，擅自复制并通过信息网络向公众传播他人享有著作权的漫画作品 5000 余部，非法经营数额达 1825507.42 元，远远超过 25 万元，其行为已属于上述规定的情节特别严重的情形。

（二）"以营利为目的"的标准

《最高人民法院、最高人民检察院、公安部关于办理侵犯知识产权刑事案件适用法律若干问题的意见》第 10 条针对侵犯著作权构成犯罪的案件中"以营利为目的"的标准作出了规定。根据该规定可知，通过信息网络传播他人作品，或者利用他人上传的侵权作品，在网站或者网页上提供刊登收费广告服务，直接或者间接收取费用的情形，可以认定为"以营利为目的"。从该案三被告的供述及具体案情来看，涉案公司的经营模式主要为向公众提供未经授权的漫画作品，以此吸引流量和点击量，进而收取广告费用来维持其日常运作。涉案公司的这一经营模式符合"以营利为目的"的标准。此外，从三名被告的供述情况来看，他们其实很清楚自身行为是违法的，在经营过程中也收到过一些公司发送的律师函，受到过一些处罚，"虽然有些删除或下架了，但是我们还是继续在爱漫画网站上免费向公众公开别人的漫画作品"，"我知道这样做违法，但同行网站都这么做，所以不在意"。故从主观上来讲，三被告具有侵犯他人著作权的故意。综上所述，三被告的行为构成侵犯著作权罪。

需要说明的是，该案审理时所适用的《刑法》尚未在第 217 条中将未经权利人许可，通过信息网络向公众传播其美术作品的行为规定为侵犯著作权罪的一种具体情形；直到 2020 年《刑法修正案（十一）》的出台，才将该种情形纳入侵犯著作权罪之中，并对原条款进行了一定的修改与完善。由于该案审理时《刑法》中的相关条款未明确规定对美术作品信息网络传播权的保护，故该案被告人才会辩解其行为不符合侵犯著作权罪的构成要件。不过即使当时的《刑法》未对此列明，《最高人民法院、最高人民检察院、公安部关于办理侵犯知识产权刑事案件适用法律若干问题的意见》第 13 条也指出，通过信息网络向公众传播他人的美术作品，在符合相关条件和标准的情况下也构成侵犯著作权罪。故该案审理时法院据此指出三被告的行为构成侵犯著作权罪。

二、该案不属于单位犯罪

虽然该案的被告人叶某某和江某某共同出资成立了"漫游公司"，且主要是以公司的名义运营涉案侵权网站，但该案并不属于单位犯罪，而是自然人犯罪。根据《最高人民法院关于审理单位犯罪案件具体应用法律有关问题的解释》第 2 条的规定，个人为进行违法犯罪活动而设立的公司、企业、事业单位实施犯罪的，或者公司、企业、事业单位设立后，以实施犯罪为主要活动的，不以单位犯罪论处。该案中，被告人叶某某和江某某成立"漫游公司"后，该公司的主要活动即为擅自通过信息网络向公众传播他人享有著作权的漫画作品，即"漫游公司"成立后并未进行正常的合法经营行为，而是以实施犯罪为主要活动。因此，为避免犯罪嫌疑人借成立公司逃避其应当承担的法律责任，该案应当认定为自然人犯罪而非单位犯罪。

三、"避风港原则"

"避风港原则"是著作权领域在互联网时代发展出的一个重要原则。由于一些网络服务提供商仅提供网络存储、传输和链接等服务，无法时刻监控其网站用户是否实施了侵犯他人著作权的行为，或者监控的成本过高，故即使其用户存在侵犯他人著作权的行为，只要这些网络服务提供商本身并未有侵犯他人著作权的意图，也可以不承担赔偿责任。不过，在被告知其用户存在侵犯他人著作权的行为且有相应证据时，这些网络服务提供商应当及时删除或者下架其网站或服务器上涉嫌侵权的作品。"避风港原则"最初由美国规定在其《千禧年数字版权法案》（Digital Millennium Copyright Act，DMCA）之中。这一规则就好像"避风港"为船舶提供了一个可以躲避风浪的地方一样，其为企业，特别是一些正处于高速发展阶段的互联网企业提供了一个"躲避"侵权风险的"港湾"，因此被形象地称为"避风港原则"。

知识产权侵权分为直接侵权和间接侵权，其中直接侵权主要是指行为人"在未经过著作权人的许可和缺乏法律依据的情况下实施受著作权专有权利控制的行为"[❶]。在间接侵权情形中，行为人并不直接实施受著作权人控制的行为，而是"教唆、引诱他人实施著作权侵权行为，或在知晓他人侵权行为的情况下，对该侵权行为提供实质性帮助"[❷]。我国《著作权法》第 10 条规定了具体的著作权权利类型，包括 4 项著作人身权和 12 项著作财产权，其中著作财产权的相关条文中规定了受著作权专有权利控制的行为，诸如复制、发行、表演、通过信息网络向公众提供作品等。当行为人未经许可对他人仍处于著作权保护期内的作品实施这些行为，同时又缺乏法定许可和合理使用等法定免责事由时，就可能构成对他人著作权的直接侵权。不直接实施这些行为，但教唆、引诱他人实施这些行为，或者在知情的情况下为他人实施这些行为提供实质性帮助，诸如提供侵权工具等，就可能构成著作权间接侵权。随着数字技术的发展和互联网的普及，越来越多的自然人成为互联网用户。受到互联网传播速度快、传播范围广、用户数量大且分散等特点的影响，著作权网络侵权具有侵权作品传播速度快、范围广、隐蔽性强、侵权分散等特征，这就使得互联网环境中的著作权侵权存在维权难、维权成本高等难点。特别是在自然人侵权的情况下，权利人多难以找到具体的侵权人，或者即使找到了具体的侵权人，也可能因为对方无法进行侵权赔偿或不能完全赔偿而无法得到充分救济。此时，作为提供存储、传输等服务的中间人，即网络服务提供商（不包括网络内容提供商，仅指单纯提供

---

❶❷　王迁. 知识产权法教程［M］. 5 版. 北京：中国人民大学出版社，2016.

存储、传输和链接等服务的网络服务提供商）就可能被权利人指控，认为其在侵权主体实施著作权侵权行为的过程中提供了帮助，进而要求网络服务提供商承担相应的责任。一方面，从外观来看，网络服务提供商虽未实施直接侵权，但其为他人实施著作权侵权行为提供了便利与帮助；另一方面，网络服务提供商多为企业，相比起个人用户，企业承担侵权责任，进行经济赔偿的能力可能会更强，且企业会比个人用户更容易被确定。因此，一些权利人在寻求著作权侵权救济时，除要求直接侵权人承担侵权责任外，也可能连带起诉网络服务提供商。

如前所述，互联网的普及使得网络用户数量剧增，一个网站上可能每天都有成百上千万文件内容的存储与传输。如果要求网络服务提供商对这些存储和传输的文件——进行监测和鉴别，将导致其运营成本上升，或者根本无法进行监测和鉴别，同时这也可能影响互联网服务的提供和用户的互联网体验。此外，网络服务提供商本身仅为其服务对象提供搜索、链接、存储、传输等服务，这些服务本身是中立性质的。虽然存在主体借这些服务实施违法行为的情况，但应当看到这些服务对于正常的互联网文件存储、传输等活动，以及整个互联网、数字产业等的发展具有十分重要的积极意义。如果仅仅因第三方的违法行为而使其承担一定的赔偿责任，可能给其设定较高的义务，造成沉重的负担，这是不利于其发展的。"避风港原则"出台时正值全球互联网高速发展时期，为促进这一新兴技术和相关产业的发展，回应现实的社会需求，"避风港原则"应运而生。在网络服务提供商本身并没有侵犯著作权意图的情况下，当存在其用户侵犯他人著作权的情况时，网络服务提供商只要在知晓后及时下架、删除涉嫌侵权的内容便可以不用承担损害赔偿责任。

"避风港原则"包括"通知＋删除"两部分内容。当权利人发现网络服务提供商的服务器或网站上存在涉嫌侵权的内容并对其发出通知，或者网络服务提供商自行发现其网站或者服务器中可能存在侵犯他人著作权的内容时，网络服务提供商应当立即下架、删除涉嫌侵权的内容，或者断开相应链接。如果有证据证明网络服务商明知其网站或服务器中存储侵犯他人著作权的内容而未采取下架、删除侵权内容，或断开链接等措施，导致侵权行为持续，则此时可以认为网络服务提供商具有明显的主观过错，可能构成间接侵权，需要承担相应的责任。

我国《信息网络传播权保护条例》第14~17条规定了"通知＋删除"的相关内容。❶ 需要说明的是，网络服务提供商在接到权利人的通知书后，应当立即删除涉嫌侵权的作品，并同时将通知书转送给提供该作品的服务对象。服务对象接到网络服务提供商转送的通知书后，认为其提供的作品并未侵犯他人权利的，可以向网络服务提供商提交书面说明，要求恢复被删除的作品。网络服务提供商在接到服务对象的书面说明后，应当立即恢复被删除的内容，或者恢复相关链接，同时将服务对象

---

❶ 我国《信息网络传播权保护条例》中关于"避风港原则"的相关规定主要集中于第20~23条。

的书面说明转送权利人。此时权利人不得再通知网络服务提供商删除该作品或者断开相关链接。因权利人的通知导致网络服务提供者错误删除作品、表演、录音录像制品，或者错误断开与作品、表演、录音录像制品的链接，给服务对象造成损失的，权利人应当承担赔偿责任。现实情况中，存在竞争对手通过"通知＋删除"规则要求网络服务提供商删除相关作品，或者断开相关链接，从而实施不正当竞争行为的情况，特别是随着"通知＋删除"规则适用范围的扩大，在电子商务领域也存在通过"通知＋删除"规则下架他人商品或服务进而实施不正当竞争的行为。因此，为避免他人利用这一规则进行不正当竞争，或者不合理地损害他人的合法权益，从而违背立法目的，有必要在网络服务提供商收到通知书后要求其及时告知服务对象，以为提供作品的行为主体创造及时维护其合法权益的可能性和条件，保障其合法权益免受恶意侵犯。

提到"避风港原则"，就不得不提到"红旗原则"。不同于"避风港原则"，即为网络服务提供商提供了一个可以"躲避风雨"的"港湾"，"红旗原则"则要求网络服务提供商在某些情况下承担相应的赔偿责任。如前所述，一般情况下，网络服务提供商没有义务或者难以针对用户存储、传输内容等行为进行著作权侵权与否的监测和审查。因此，即使其用户存在涉嫌侵犯他人著作权的行为，网络服务提供商在接到权利人的通知并及时删除相关内容后就可以不用承担赔偿责任。但是，当侵权事实显而易见时，网络服务提供商就不得再通过"避风港原则"免于承担赔偿责任。"避风港原则"的设立，主要是考虑到企业没有义务，或者很难注意到其用户实施的侵权行为，因此出于节约成本的现实考量等原因，法律并不要求网络服务提供商为其用户的个人行为"买单"。然而，当侵权行为明显得就像"红旗"一样鲜艳，无法忽视时，即使权利人没有发出通知，网络服务提供商也应当采取相应的措施防止侵权行为的持续和损害结果的扩大。如果网络服务提供商明知是侵权行为而未采取相应措施，此时可以推定网络服务提供商具有帮助他人实施侵权行为的意图，进而可能构成间接侵权，需要承担一定的侵权责任。

"避风港原则"和"红旗原则"作为著作权领域，特别是网络著作权领域中的两项重要原则，在现实中发挥着十分重要的作用，两者相互配合，缺一不可。"避风港原则"从某种程度上来讲可以为网络服务提供商的发展提供一定的保护。根据这一原则，网络服务提供商无须为所有隐蔽的个人用户的侵权行为承担责任，减轻了其经营成本，同时也规避了一定的经营风险。而"红旗原则"又对此进行了适当的限制，要求网络服务提供商不可放任其服务对象肆意妄为，随意侵害他人的著作权。两者相互配合，既可以促进互联网及相关技术和产业的发展，又可以实现互联网环境下对作品和著作权人的保护。随着我国互联网产业的发展，特别是数字文化产业也逐渐发展起来，网络著作权侵权与被侵权现象时有发生。"避风港原则"、"红旗原则"和"通知＋删除"规则作为网络著作权领域中的重要内容，将在企业保护其知识产权，维护其合法权益方面扮演越来越重要的角色。

最后需要说明的是，如果网络服务提供商直接提供了涉嫌侵犯他人著作权的内容，则属于直接实施受他人著作权控制行为的情形，构成直接侵权。此时网络服务提供商不得再援引"避风港原则"进行免责。如前所述，"避风港原则"的出发点主要是考虑到网络服务提供商仅提供搜索、链接、存储和传输等网络技术服务，其没有义务，也很难时刻对其服务对象是否存在侵犯他人著作权的行为进行监测和鉴别，正是基于其行为的中立性，才允许网络服务提供商在某些情况下免于承担第三方侵权行为所引发的相关责任。而当网络服务提供商直接提供内容时，其就具有了对所提供内容进行合理审查的义务。如果网络服务提供商直接提供的内容涉嫌著作权侵权，则可以推定其未尽到合理审查的义务，存在故意，且由于其直接实施了侵权行为，构成直接侵权，故应当承担侵权赔偿责任。该案的三被告即属于直接提供侵权作品的情形，其行为落入了信息网络传播权所控制的范畴，构成直接侵权，因此无法通过"避风港原则"进行免责。

四、作品内容的违法与否与作品本身是否享有著作权没有直接关系

该案被告人叶某某的辩护人曾提出一项辩护意见，认为部分作品中存在暴力、色情等内容，因此这部分作品不受到法律保护，不享有著作权，进而不存在侵犯著作权的问题。这一观点是不正确的。值得一提的是，我国 1990 年出台的《著作权法》第 4 条确实规定了依法禁止出版、传播的作品，不受《著作权法》保护。但随后对该法进行的修正删掉了该项规定，改为著作权人行使著作权时不得违反宪法和法律，不得损害公共利益。国家对作品的出版、传播依法进行监督管理。因此，无论是依照《著作权法》（2010），还是《著作权法》（2020）的相关规定，这一辩护意见都是不成立的。即使是内容违法的作品，也可能享有著作权。作品是否享有著作权，与其内容的违法与否并没有直接关系。

根据著作权法的基本原理，要成为著作权法意义上的作品，受到著作权法的保护，关键在于相关表达要属于文学、艺术和科学领域内具有独创性并能以某种有形形式复制的智力成果。根据这一基本原理，无论相关表达的内容如何，只要其符合作品的构成要件，即具有独创性，属于文学、艺术和科学领域，能以某种有形形式复制，且为智力成果，便可以将其视为著作权法意义上的作品。在满足作品构成要件的前提下，同时其不属于我国《著作权法》第 5 条规定的不受著作权法保护的作品类型，即可以获得法律保护。

我国《著作权法》之所以会作出这样的修改，主要有几方面的原因。首先，社会与时代总是不断变化和发展的，很多在以前具有争议的作品，在现在看来可能是很经典，具有很高艺术鉴赏价值的作品；而很多在以前被认为是优秀、经典的作品，又可能不符合当前的主流审美，甚至主流价值观。此外，从不同视角、不同领域看待一件作品所得出的结论和评价也可能不同。法律不是万能的，其无法也不应当对

一件作品的艺术水平和价值内容进行判断。其次，受各种因素的影响，不同国家和地区在长期发展过程中所形成的观念和文化传统可能存在差异。如果因为这些差异和不同而拒绝保护来自其他国家的作品，一方面不利于保护外国作者的利益，另一方面不利于我国文化产品的出口和我国权利人在其他国家的作品利益保护。最后，作为著作权领域的重要国际条约，《伯尔尼保护文学和艺术作品公约》（以下简称《伯尔尼公约》）第2条关于文学和艺术作品的相关规定中，并未将内容涉及色情、暴力等的作品排除出著作权保护范围。我国作为《伯尔尼公约》的缔约国之一，应当履行《伯尔尼公约》中所要求的对作品进行保护的相关义务。如果规定依法禁止出版、传播的作品不受我国《著作权法》保护，会在一定程度上限缩《伯尔尼公约》所设定的作品保护范围，不利于我国履行《伯尔尼公约》所设定的著作权保护义务。

因此，我国对该项规定进行了修改完善，要求著作权人行使著作权时遵守国家的相关法律法规，不得损害公共利益。与此同时，国家对作品的出版、传播依法进行监督和管理。对于某些可能涉嫌违反国家相关法律法规，或者其他规定的作品，虽然可能无法出版、发行和传播，但可以认为只要符合作品的构成要件，其仍可能享有著作权，被侵权时权利人仍可以寻求法律的救济。其实从这一点上来看，这类作品享有著作权，不仅有在理论上保护著作权的需要，还存在一定的现实需要。因为这类作品的传播和发行有时候可能并非出于权利人自身的想法，因此，当这类作品被未经许可传播和发行时，应当赋予相关主体以著作权，使其可以通过寻求法律救济，要求侵权人停止侵权行为等方式来阻止这类作品的传播，进而防止违法作品和违规作品的流通。

启示与企业应对

现实生活中比较常见的可能是著作权民事侵权案件，但在涉及严重侵权时，也可能会触犯《刑法》，从而构成著作权刑事犯罪。该案就属于著作权刑事案件。我国《刑法》（2020）中针对知识产权领域的犯罪行为作出了相关规定，在第2编第3章"破坏社会主义市场经济秩序罪"中专设第7节"侵犯知识产权罪"，涵盖商标、专利、著作权及商业秘密等知识产权领域的犯罪行为。

知识产权是随着社会经济发展而产生和发展起来的。当今时代，知识产权在经济生活，特别是市场竞争中发挥着越来越重要的作用。不少企业会进行商标、专利、商业秘密和作品等知识产权布局，进而形成自己的市场竞争优势。这也是我国《刑法》将侵犯知识产权罪纳入破坏社会主义市场经济秩序罪中的一个原因。该案中，三被告成立"漫游公司"，通过在该公司旗下的"爱漫画网"中传播未经他人授权许可的动漫作品来获得点击量，进而牟取广告收益。一般而言，正常情况下这些作品的权利人可以通过独家授权等形式授权他人使用其作品，进而获得授权许可费用（不同授权形式所产生的收益可能不同）；也可以自行使用（如通过自己运营的网站进行传播），获取点击量或者流量等，进而获得其他诸如广告费、网站用户会员费等收益。而三被告的行为则分流了原权利人或者相关权利人的点击量或流量，进而导致其收益减少，或者交易机会减少，这对原权利人或者相关权利人来说是不公平的。一部动漫作品的产生，需要付出大量的创造性劳动，投入大量的资源。未经许可使用他人享有著作权的作品以获取利益，无异于直接窃取他人的劳动成果和投入其中的资源。如果不对这种行为加以规制和处罚，长此以往就有可能造成市场秩序的混乱，同时也可能影响个体和企业进行创新创造的积极性，最终影响整个社会科学文化事业和市场经济的繁荣与发展。

正如该案的三被告一样，目前市场上仍有部分企业存在一种侥幸心理，认为大家都这样做，应该没关系；或者想着先未经许可使用，等权利人追究起来再停止侵权行为，或者再与其进行协商谈判。笔者不建议企业在经营活动中持这样一种观念和做法。虽然现实中确实存在部分权利人出于各种因素而未进行维权的情况，但这样的做法始终会为企业的经营和发展埋下一个"炸弹"，就像该案的情形一样。从三被告的相关供述中可以看到，案发时其正计划转型，也在与部分公司商谈购买版权的事宜，但为时已晚。因此，企业在经营活动中还是需要从始至终地树立起尊重创新，尊重知识产权，保护创新，保护知识产权的意识。在具体做法方面，对于来历不明的知识产权、知识产品等，建议企业在使用之前溯清来源，明确产权；对于仍在保护期内的知识产权，应当在获得授权许可后在被授权范围内进行合理合法的使用；对于通过第三方获得的知识产权，则需要确认是否存在权利瑕疵；等等。在保护自身的知识产权时，企业则可以在事前就积极主动进行知识产权布局，并通过技术措施对知识产权进行事前的保护和侵权预防，同时注意监测知识产权侵权违法行为，并在事后针对相关侵权违法行为积极进行维权。

无论是《著作权法》还是《刑法》，近年来都进行了一定的修正与完善。与此同时，国家也出台了不少关于知识产权的政策与文件。从这些立法、政策动向来看，知识产权在我国日渐受到重视。企业应当顺应时代发展要求，转变发展理念，尊重和保护知识产权，加强创新投入与研发，做好知识产权布局，夯实自身实力。

（代卓炜）

专利权篇

4 专利侵权纠纷中制造者和销售者的认定[1]

裁判要旨

在产品上贴附了企业的商标，即表明该企业应对产品质量和权利瑕疵承担担保责任，因此可以认定该企业即为专利法意义上的产品制造者。若该产品的制造未经合法授权，则该方应为此承担侵权责任。接受他人委托生产产品，如果无法提供证据证明与委托人的委托代理关系，也可能被认定为被控侵权产品的制造者。在销售出库单、发票上加盖公章，在发票收款单位处写明公司名称的行为足以向消费者表明其存在对外销售被控侵权产品的事实，由此可以认定相关单位为被控侵权产品的销售者。

销售者合法来源抗辩的成立，需要同时满足销售者不具有主观过错这一主观要件和被控侵权产品具有合法来源这一客观要件。在主观要件方面，销售者应证明其实际不知道且不应当知道其所销售的产品系制造者未经专利权人许可而制造并售出。在客观要件方面，销售者应当对通过合法的进货渠道、通常的买卖合同等正常商业方式取得所售产品提供符合交易习惯的相关证据。

裁判依据

《专利法》（2008）第 11 条、第 59 条第 1 款、第 65 条、第 70 条、第 77 条

《最高人民法院关于审理侵犯专利权纠纷案件应用法律若干问题的解释（二）》第 25 条

基本案情

原告佳能株式会社是一家致力于光学和图像处理技术和设备的研发，并提供打印设备、半导体光刻设备和三维机器视觉系统等高质量成像设备的企业。其享有一

---

[1] 佳能株式会社与九州中恒办公设备（北京）有限公司等侵害发明专利权纠纷案。一审：北京知识产权法院（2017）京 73 民初 1616 号。二审：最高人民法院（2021）最高法知民终 1534 号。

项名称为"电子照相成像设备、显影装置及耦联构件"的有效发明专利，该专利可被用于制造多种型号的硒鼓产品（以下简称"被控侵权产品"）。2017年4月，原告从被告九州中恒办公设备（北京）有限公司（以下简称"九州中恒公司"）的店面购得了被控侵权产品，同时，该店面提供了盖有被告九州中恒公司印章的销售出库单。同年6月，在公证人员的陪同下，原告又从该店面购得了与上述产品相同的被控侵权产品；该店面提供了销售出库单和工作人员的名片，名片上带有"北京中恒集团"的公司名称和公司域名"www.chinaeternal.com"。因被告九州中恒公司的工作人员未在该销售出库单上盖章，原告再次到该店面，店面工作人员提供了盖有被告"北京世纪中恒办公设备经营部"印章的销售出库单和收款单位为被告北京世纪中恒办公设备经营部（以下简称"世纪中恒经营部"）的发票。原告浏览上述网站后发现，该网站的主办单位是北京中恒复印材料技术有限公司，其在2016年更名为北京中恒复印设备集团有限公司（以下简称"中恒集团公司"）。同时，原告认为被告九州中恒公司提交的证据显示中山市天通打印机耗材有限公司（以下简称"天通公司"）也实施了被控侵权产品的制造、销售和许诺销售的行为。综上，原告认为被控侵权产品落入涉案专利的保护范围，被告九州中恒公司、世纪中恒经营部、中恒集团公司、天通公司的行为侵犯了其专利权，要求四被告停止侵权并赔偿损失。

一审法院认为，经过勘验比对，被控侵权产品落入涉案专利权的保护范围。被控侵权产品包装盒上标示的信息足以向一般消费者表明产品来源于北京中恒复印件材料技术有限公司（后更名为中恒集团公司），故可以认定中恒集团公司为被控侵权产品的制造者。根据在案公证书，九州中恒公司销售了被控侵权产品，同时九州中恒公司的店面工作人员提供的销售出库单盖有世纪中恒经营部的印章，发票上的收款单位亦为世纪中恒经营部，故可以认定九州中恒公司、世纪中恒经营部销售了被控侵权产品。此外，根据九州中恒公司与天通公司之间的销售数据文件、银行对账单、发票、装箱单等证据，法院认定天通公司销售了被控侵权产品。且在案证据难以证明九州中恒公司是不知道其销售的产品为专利侵权产品的善意销售者。同时，根据四被告的关联关系和实际销售行为，一审法院认定四被告存在共同的侵权故意，共同实施了侵害原告涉案专利权的行为，应当承担停止侵害、赔偿损失的民事责任。

四被告不服一审判决，提起上诉。二审法院认为四被告的上诉请求均不能成立，判决驳回上诉，维持原判。

争议焦点

该案的争议焦点为：第一，被控侵权产品是否落入涉案专利权利要求的保护范围，各被告是否实施了侵害原告涉案发明专利权的行为；第二，被告的合法来源抗辩是否成立；第三，如果构成侵权，各被告的侵权行为如何认定、损害赔偿数额如何确定。

一、一审法院的观点及理由

一审法院认为，该案存在以下争议焦点：第一，被控侵权产品是否落入涉案专利权利要求 1～14、29～35 的保护范围；第二，如果构成侵权，各被告的侵权行为如何认定；第三，如果构成侵权，损害赔偿数额如何确定。

（一）被控侵权产品是否落入涉案专利权利要求 1～14、29～35 的保护范围

《专利法》（2008）第 59 条第 1 款规定，发明或者实用新型专利权的保护范围以其权利要求的内容为准，说明书及附图可以用于解释权利要求的内容。《最高人民法院关于审理侵犯专利权纠纷案件应用法律若干问题的解释》第 7 条规定，人民法院判定被诉侵权技术方案是否落入专利权的保护范围，应当审查权利人主张的权利要求所记载的全部技术特征。被诉侵权技术方案包含与权利要求记载的全部技术特征相同或者等同的技术特征的，人民法院应当认定其落入专利权的保护范围；被诉侵权技术方案的技术特征与权利要求记载的全部技术特征相比，缺少权利要求记载的一个以上的技术特征，或者有一个以上技术特征不相同也不等同的，人民法院应当认定其没有落入专利权的保护范围。

1. 对涉案专利权利要求 1～14、29～35 记载的技术特征的分析归纳

原告主张的权利要求 1～14、29～35 共 6 项权利要求，其中独立权利要求 1 涉及一种能用于电子照相成像设备的显影装置，独立权利要求 8 和 12 分别涉及一种能用于电子照相成像设备的显影盒，独立权利要求 29、30 和 32 分别涉及一种能够用于电子照相成像设备的耦联构件。权利要求 2～7、9～11、13～14、31 以及 33～35 均为从属权利要求。

由于涉及的权利要求数量较多，每一项权利要求的技术特征内容较长，且各组权利要求之间涉及相同的技术特征或者文字表述略有不同但表达内容实质相同的技术特征较多，现将以上独立权利要求 1、8、12、29、30 和 32 中内容相同，或虽文字表述有差异但实质内容相同的技术特征归纳如下。

权利要求 1 中的技术特征"所述电子照相成像设备包括能由马达旋转并具有旋转力施加部分的驱动轴，并且所述电子照相成像设备包括可移动构件；所述显影装置能安装于所述可移动构件，且在所述显影装置安装于所述可移动构件的情况下，所述显影装置能够响应于所述可移动构件的沿单方向的移动沿着与所述驱动轴的轴向方向大致垂直的方向移动"；权利要求 8 和 12 中的技术特征"所述电子照相成像设备包括能由马达旋转并具有旋转力施加部分的驱动轴，并且所述电子照相成像设备包括显影旋转体；所述显影盒能安装于所述显影旋转体，且在所述显影盒安装于所述显影旋转体的情况下，所述显影盒能够响应于所述显影旋转体的沿单方向的旋

转沿着与所述驱动轴的轴向方向大致垂直的方向移动";权利要求 29 中的技术特征"所述电子照相成像设备包括能由马达旋转并具有旋转力施加部分的驱动轴,并且所述电子照相成像设备包括可移动构件";权利要求 30 和 32 中的技术特征"所述电子照相成像设备包括能由马达旋转并具有旋转力施加部分的驱动轴,并且所述电子照相成像设备包括沿单方向旋转的可移动构件";权利要求 29、30 和 32 中的技术特征"所述显影辊能够沿着与所述驱动轴的轴向方向大致垂直的方向移动"。以上特征与电子照相成像设备密切相关,简称为"与电子照相成像设备相关的特征 A"。

权利要求 1、8、12、30 中的特征"所述耦联构件能够处于如下位置:用于将使所述显影辊旋转的旋转力传递到所述显影辊的旋转力传递角位置";权利要求 29、32 中的特征"所述耦联构件能够处于如下位置:用于通过所述旋转力传递部分将使所述显影辊旋转的旋转力传递到所述显影辊的旋转力传递角位置";权利要求 1、8、12、29、30、32 中的特征"预接合角位置,在所述耦联构件与所述驱动轴接合之前处于此位置,在该位置,所述耦联构件倾斜远离所述旋转力传递角位置;以及脱离角位置,所述耦联构件与所述驱动轴脱离时处于此位置,在该位置,所述耦联构件沿与所述预接合角位置相反的方向倾斜远离所述旋转力传递角位置"。以上特征涉及耦联构件的旋转力传递角位置、预接合角位置以及脱离角位置,简称为"耦联构件的角位置特征 B"。

权利要求 1 中的特征"响应于在所述可移动构件沿所述单方向移动时所述显影装置的移动,所述耦联构件从所述预接合角位置移到与所述驱动轴接合的所述旋转力传递角位置,其中,在所述可移动构件从所述耦联构件与所述驱动轴接合的位置沿所述单方向进一步移动时,响应于所述显影装置的进一步移动,所述耦联构件通过从所述旋转力传递角位置移到所述脱离角位置而与所述驱动轴脱离";权利要求 8 中的特征"在所述显影旋转体沿所述单方向旋转时所述显影装置的移动,所述耦联构件从所述预接合角位置移到与所述驱动轴接合的所述旋转力传递角位置,其中,在所述显影旋转体从所述耦联构件与所述驱动轴接合的位置沿所述单方向进一步移动时,响应于所述显影盒的进一步移动,所述耦联构件通过从所述旋转力传递角位置移到所述脱离角位置而与所述驱动轴脱离";权利要求 12 中的特征"在所述显影旋转体沿所述单方向旋转时,响应于所述显影盒的移动,所述耦联构件克服所述弹性力从所述预接合角位置移到所述旋转力传递角位置,以允许所述耦联构件的相对于所述显影旋转体的旋转方向的下游部分从所述驱动轴旁边绕过从而使所述耦联构件与所述驱动轴接合,且其中,在所述显影旋转体从所述耦联构件与所述驱动轴接合的位置沿所述单方向进一步移动时,所述耦联构件克服所述弹性力从所述旋转力传递角位置移到所述脱离角位置,以允许所述耦联构件的相对于所述旋转方向的上游部分从所述驱动轴旁边绕过,从而使所述耦联构件与所述驱动轴脱离"。以上特征涉及耦联构件在各个位置之间的移动,简称为"耦联构件的移动特征 C"。

权利要求 1、8、12 中的特征"显影辊,其用于使形成在电子照相感光鼓上的静电潜像显影,所述显影辊能够绕轴线旋转";权利要求 30 和 32 中的特征"所述显影辊安装于显影盒"。以上特征涉及显影辊,简称为"显影辊相关特征 D"。

权利要求 1、8、12 中的特征"耦联构件,其用于将旋转力传递到所述显影辊";权利要求 12 中的特征"所述耦联构件设置于在与所述显影辊的所述轴线垂直的方向上远离所述显影辊的所述轴线的位置";权利要求 29、30、32 中的特征"所述耦联构件用来将旋转力从所述驱动轴传递到显影辊中"。以上特征涉及耦联构件与显影辊的关系,简称为"耦联构件与显影辊的力传递及位置关系特征 E"。

除了上述特征 A、B、C、D 及 E,各独立权利要求还不同程度地涉及耦联构件的具体特征,如耦联构件包括"旋转力接收部分"或"多个旋转力接收部分,其能够与所述旋转力施加部分接合以从所述驱动轴接收旋转力,并且在所述旋转轴线方向上突出"或"凹部"的相关特征(以下简称"特征 a")、"旋转力传递部分"的相关特征(以下简称"特征 b")、"显影剂容纳部分"的相关特征(以下简称"特征 c")、"弹性构件"的相关特征(以下简称"特征 d")、"另外的旋转力接收部分,其用于从所述旋转力传递部分接收旋转力以使所述显影辊旋转"的相关特征(以下简称"特征 e")、"驱动力传递构件"的相关特征(以下简称"特征 f")。

原告在该案中所主张的权利要求为上述技术特征的几种不同组合,例如,权利要求 1 由"与电子照相成像设备相关的特征 A""耦联构件的角位置特征 B""耦联构件的移动特征 C""显影辊相关特征 D""耦联构件与显影辊的力传递及位置关系特征 E"以及特征 a、特征 b 组成。

2. 被控侵权产品与涉案专利权利要求 1～14、29～35 记载的技术特征比对

涉案专利说明书记载了 14 个具体实施方式以及一个其他实施方式,其中围绕耦联构件的具体形状和结构提供了多个实施例。权利要求 1～14、29～35 的技术方案是对上述具体实施方式的概括。经比对,被控侵权产品与涉案专利说明书实施方式 14(参见说明书第 0523～0559 段,附图 62(a)、(b),附图 76～78)公开的耦联装置 15150(参见说明书附图 76)基本相同,具备如下技术特征:可以绕轴线 L1 旋转的显影辊 110("显影辊相关特征 D");耦联装置 15150 包括覆盖驱动轴自由端的凹部 15150z(凹部"特征 a"),突起 15150d1、15150d2,旋转力接收表面 15150e1、15150e2(多个旋转力接收部分"特征 a"),销 15155(旋转力传递部分"特征 b")、传递表面 12151h1、12151h2(另外的旋转力接收部分"特征 e");齿轮 15147、145(驱动力传递构件"特征 f");设备主组件的旋转力通过耦联装置 15150、齿轮 15147、145 传递到显影辊 110("耦联构件与显影辊的力传递及位置关系特征 E");耦联装置 15150 能位于附图 78(a)～78(c)所示的预接合角位置、旋转力传递角位置及脱离角位置("耦联构件的角位置特征 B"),并在设备主组件(即可移动构件或者显影旋转体)沿单方向旋转时,受驱动轴 180 的驱动,从预接合角位置移动

至旋转力传递角位置，再进一步移动至脱离角位置（"耦联构件的移动特征 C"）；耦联装置 15150 由加载弹簧（弹性构件"特征 d"）加载，以维持预接合角位置。被控侵权的硒鼓还具有说明书中所描述的显影剂室 113a（显影剂容纳部分"特征 c"）。被控侵权产品能够安装在电子照相成像设备中工作，该电子照相成像设备包括能由马达旋转并具有旋转力施加部分的驱动轴 L3，硒鼓能够响应于单方向移动的移动构件或单方向旋转的显影旋转体的移动，沿着与驱动轴的轴向大致垂直的方向移动（即"与电子照相成像设备相关的特征 A"）。由于说明书记载的实施方式 14 已经包含了独立权利要求 1、8、12、29、30 和 32 的全部技术特征 A～E 和特征 a～f，而被控侵权产品与实施方式 14 的结构相对应，因此全面覆盖了独立权利要求 1、8、12、29、30 和 32 的全部技术特征。

从属权利要求 2～7、9～11、13～14、31 以及 33～35 的附加技术特征，是对耦联构件凹部的具体结构、旋转力施加部分的具体结构、驱动力传递构件的具体结构、各部件之间的力的传递关系及位置关系，以及显影剂的颜色、显影剂供应辊等特征作进一步限定。经比对，被控侵权产品同样全面覆盖了从属权利要求 2～7、9～11、13～14、31 以及 33～35 的附加技术特征。

被告九州中恒公司、天通公司认为，被控侵权产品在涉案专利中为旋转体的使用方式，被控侵权产品还可用于插拔式的结构方式，当其用于插拔式的结构方式时没有脱离角，因此被控侵权产品可以用于涉案专利使用环境特征以外的其他环境，即并不必然用于该使用环境，故不构成侵权。对此一审法院认为，经过勘验比对，被控侵权产品能够适用于上述权利要求中使用环境特征所限定的使用环境，落入涉案专利权的保护范围。被告九州中恒公司、天通公司所称的被控侵权产品还可适用于其他使用环境，既无在案证据予以支持，亦不足以否认被控侵权产品能够适用于涉案专利权利要求中所限定的使用环境，已落入涉案专利权的保护范围这一判定结论。因此被告九州中恒公司、天通公司的相应理由缺乏依据，一审法院不予支持。综上，被控侵权产品与涉案专利权利要求 1～14、29～35 记载的技术特征相同，且能够适用于权利要求中使用环境特征（"与电子照相成像设备相关的特征 A"）所限定的使用环境，故落入涉案专利权的保护范围，构成了对涉案专利权的侵害。

（二）如果构成侵权，各被告的侵权行为如何认定

《专利法》第 11 条第 1 款规定，发明专利权被授予后，除该法另有规定的以外任何单位或者个人未经专利权人许可，都不得实施其专利，即不得为生产经营目的制造、使用、许诺销售、销售、进口其专利产品。

该案中，根据各方当事人的诉辩意见以及查明的事实，一审法院对各被告的侵权行为认定如下：佳能株式会社经公证购买的被控侵权产品硒鼓外包装盒上，除盒底外的其余五面均有属于中恒集团公司的 CET 商标，贴纸标签显示产品型号和适用机型，包装盒上印有"质量保证本公司的产品物料质量及制作均符合标准，如在正常情况下

使用产品时被发现有不可使用的问题，可凭此保证要求本公司经销商更换。北京中恒复印件材料技术有限公司地址：北京市通州区梨园镇网址：www. chinaeternal. com"。该包装盒上标示的信息足以向一般消费者表明产品来源于北京中恒复印件材料技术有限公司（后更名为中恒集团公司），可以认定中恒集团公司为被控侵权产品的制造者。被告九州中恒公司认为，其只是借用了中恒集团公司的包装盒来包装九州中恒公司销售的产品，产品型号是销售时用贴纸贴上去的。该包装盒是中恒集团公司做的通用纸盒，并非与被控侵权产品相关。中恒集团公司辩称其对此并不知情。对此一审法院认为，判断被控侵权产品的制造者，应当考虑商品流通环节的交易习惯对在案证据进行判断。根据一审法院查明的上述事实可知，被控侵权产品包装盒上的商标、质保条款，以及标示的北京中恒复印件材料技术有限公司（后更名为中恒集团公司）企业名称、地址和网址，均指向了产品来源于中恒集团公司。从责任承担的角度来看，在案证据表明中恒集团公司已作为被控侵权产品法律意义上的制造者。

根据在案公证书，九州中恒公司销售了被控侵权产品，同时九州中恒公司的店面工作人员提供的销售出库单盖有世纪中恒经营部的印章，发票上的收款单位亦为世纪中恒经营部。可以认定九州中恒公司、世纪中恒经营部销售了被控侵权产品。九州中恒公司称世纪中恒经营部仅是借开发票而不存在销售行为，缺乏依据，一审法院不予支持。九州中恒公司与天通公司之间的"北京中恒 1 月至 12 月 1 日销售数据 . xls"文件、银行对账单、发票、装箱单等证据，可以证明天通公司销售了被控侵权产品。天通公司认为被控侵权产品系其受九州中恒公司的委托按其指定的型号加工生产，从而切断了天通公司与被控侵权产品的关系，天通公司并非被控侵权产品法律意义上的制造者。对此一审法院认为，被控侵权产品由天通公司实际生产，九州中恒公司提交的"北京中恒 1 月至 12 月 1 日销售数据 . xls"文件、银行对账单、发票、装箱单等显示其从天通公司处购得被控侵权产品，随后九州中恒公司、世纪中恒经营部销售的被控侵权产品包装上显示的产品来源变化为中恒集团公司。"北京中恒 1 月至 12 月 1 日销售数据 . xls"显示的"发北京 1 月至 12 月 1 日明细"中，"存货全名"均为诸如"CET 惠普 CET310A 黑色"即 CET 加产品型号的方式，而对于"发货日期"一栏中有"发沈阳""发乌鲁木齐"等内容。九州中恒公司解释为有的产品会根据九州中恒公司的要求直接由天通公司生产后发货给客户。天通公司所称其与九州中恒公司系委托加工关系并无在案证据予以佐证。综合在案证据足以证明天通公司亦为被控侵权产品的制造者，中恒集团公司与天通公司共同实施了制造被控侵权产品的行为。

《专利法》（2008）第 70 条规定，为生产经营的目的使用或者销售不知道是未经专利权人许可而制造并售出的专利产品或者依照专利方法直接获得的产品，能证明其产品合法来源的，不承担赔偿责任。由上述规定可知，合法来源抗辩是法律赋予善意的侵权产品使用者、销售者的一种权利，合法来源抗辩仅适用于使用、销售侵权产品的情形，而不适用于制造侵权产品的情形。被控侵权产品的销售者免除赔偿责任的前提，一是不知道是未经专利权人许可使用专利侵权产品，二是能证明该产品有合法来源，二者缺一不可。该案中，九州中恒公司主张合法来源抗辩。对此一审法院认为，虽然九州中恒公司提供了"北京中恒 1 月至 12 月 1 日销售数据.xls"文件、银行对账单、发票、装箱单等证明被控侵权产品购买自天通公司，但九州中恒公司作为销售打印机耗材的企业，其对于进货并销售的产品是否已经过专利权人许可应当具有合理的注意义务。但九州中恒公司从天通公司处对于被控侵权产品的进货价格为 30 元、28 元，远低于佳能株式会社所称的经授权产品的正常市场价格。且九州中恒公司购买了天通公司实际生产的被控侵权产品，而后在其所销售的被控侵权产品包装上标示的产品来源变化为中恒集团公司，九州中恒公司理应对其销售的产品是否侵权具有更高的注意义务。在案证据难以证明九州中恒公司是不知道其销售的产品为专利侵权产品的善意销售者，一审法院依法认定九州中恒公司提出的合法来源抗辩主张不能成立。此外，一审法院还考虑了九州中恒公司、世纪中恒经营部、中恒集团公司在一定程度上的关联关系。虽然关联公司之间并不必然存在共同的意志和行为，但该案中在九州中恒公司与中恒集团公司为关联公司的基础上，九州中恒公司销售的被控侵权产品包装上显示产品来源是中恒集团公司，其店面工作人员提供的销售出库单盖的是世纪中恒经营部的印章，发票上的收款单位是世纪中恒经营部，其店面工作人员出示的名片上显示的是中恒集团公司，而中恒集团公司与天通公司共同制造了被控侵权产品，因此一审法院认定四被告存在共同的侵权故意，共同实施了侵害原告涉案专利权的行为，应当承担停止侵害、赔偿损失的民事责任。

（三）如果构成侵权，损害赔偿数额如何确定

《专利法》（2008）第 65 条规定，侵犯专利权的赔偿数额按照权利人因被侵权所受到的实际损失确定；实际损失难以确定的，可以按照侵权人因侵权所获得的利益确定。权利人的损失或者侵权人获得的利益难以确定的，参照该专利许可使用费的倍数合理确定。赔偿数额还应当包括权利人为制止侵权行为所支付的合理开支。权利人的损失、侵权人获得的利益和专利许可使用费均难以确定的，人民法院可以根据专利权的类型、侵权行为的性质和情节等因素，确定给予 1 万元以上 100 万元以下的赔偿。

具体到该案，现有在案证据无法确定佳能株式会社因侵权行为所受到的实际损失和四被告因侵权所获利益的具体数额，也无涉案专利的许可使用费可供参照。佳能株式会社提供的三家上市公司的年度报告中的耗材毛利率等不能直接反映专利产品或者侵权产品的合理利润。一审法院综合涉案专利的类型、被控侵权产品落入涉案专利权利要求 1 ~ 14、29 ~ 35 保护范围的事实，涉案专利权利要求 1 ~ 14、29 ~ 35 保护的技术方案在整个被控侵权产品中所占比重，被控侵权产品的市场售价及利润

率，四被告的侵权行为和情节等因素，酌情确定四被告应承担的赔偿数额。

另外，赔偿数额还应当包括权利人为制止侵权行为所支付的合理开支。该案中，佳能株式会社主张的合理开支包括法院受理费、翻译费、公证费、装订费、调查费、法律服务费、杂费、支出实费等。一审法院认为，案件受理费用由法院依法确定各方当事人应负担的部分，不纳入合理开支的数额计算。对于翻译费、公证费、装订费、法律服务费，由于原告提供了具体的工作内容，翻译、公证、装订、法律服务等工作已实际发生，一审法院将考虑原告诉讼代理人在该案诉讼中的工作量以及工作内容被一审法院采纳的程度，对其合理部分予以支持。对于调查费、杂费、支出实费的具体内容，原告未给予充分说明，一审法院无法判断其客观性和合理性，故难以支持。

综上所述，一审法院判决：①被告九州中恒公司、被告中恒经营部、被告中恒集团公司、被告天通公司于判决生效之日起立即停止侵害原告佳能株式会社享有的"电子照相成像设备、显影装置及耦联构件"（专利号：ZL200880003520.0）发明专利权；②被告九州中恒公司、被告中恒经营部、被告中恒集团公司、被告天通公司于判决生效之日起15日内共同赔偿原告佳能株式会社经济损失人民币60万元；③被告九州中恒公司、被告中恒经营部、被告中恒集团公司、被告天通公司于判决生效之日起15日内共同赔偿原告佳能株式会社为制止侵权行为所支付的合理开支人民币20万元；④驳回原告佳能株式会社的其他诉讼请求。

二、二审法院的观点及理由

二审法院认为，该案二审阶段的争议焦点是：第一，各方当事人是否实施了侵害佳能株式会社涉案发明专利权的行为；第二，九州中恒公司、世纪中恒经营部合法来源抗辩是否成立；第三，若构成侵权，一审判决赔偿金额是否合理。

（一）被诉各方是否实施了侵害佳能株式会社涉案发明专利权的行为

《专利法》第11条规定，发明和实用新型专利权被授予后，除该法另有规定的以外，任何单位或者个人未经专利权人许可，都不得实施其专利，即不得为生产经营目的制造、使用、许诺销售、销售、进口其专利产品，或者使用其专利方法以及使用、许诺销售、销售、进口依照该专利方法直接获得的产品。

该案中，中恒集团公司否认其实施了制造被诉侵权产品的行为，对此二审法院认为，现代商业分工日益细化，"制造"概念并非仅指做出或者形成覆盖专利权利要求所记载的全部技术特征的产品的生产活动，采购他人生产的产品并最终对外宣示自身为"制造者"已是较为常见的商业活动。若产品上贴附了中恒集团公司的商标，即表明该方应对产品质量和权利瑕疵承担担保责任，因此可以认定中恒集团公司即为专利法意义上的产品制造者，其应就产品包括侵害专利权在内的侵权责任概括性地承担责任。根据现有在案证据和一审已查明的事实可知，被诉侵权产品的外包装上有属于中恒集团公司的商标以及中恒集团公司变更前的企业名称，外包装上亦有"本公司的产品及物料质量及制作均符合标准，如在正常情况下使用产品时被发现有不可使用的问题，可凭此保证要求本公司经销商更换"的文字表述。结合现有证据，被诉侵权产品附加的产品信息表明就商品溯源和品质保证向购买者进行了明确提示。中恒集团公司自称"生产者"，表达了其将自己对外公示为被诉侵权产品制造者的明确意思。因此，从被诉侵权产品及其外包装等处标注的信息来看，购买者确信中恒集团公司是该产品的制造者，因此一审法院认定中恒集团公司系被诉侵权产品的制造者，并无明显不当。虽然专利侵权的认定关键之一在于究竟哪一主体实施了侵权行为、技术方案由谁提供，但中恒集团公司并未提交相应反证推翻前述认定。综合上述情况，二审法院对中恒集团公司其未实施制造被诉侵权产品的主张不予支持。

同时，世纪中恒经营部在该案中亦否认其实施了销售被诉侵权产品的行为。对此二审法院认为，该案中世纪中恒经营部在"硅谷中恒销售出库单"上加盖其公章，原北京市国家税务局通用机打发票上的收款单位亦是世纪中恒经营部，前述行为足以向消费者表明其对外销售被诉侵权产品的事实。世纪中恒经营部二审阶段虽辩称其因九州中恒公司无法开具发票而代开，但向消费者出具发票系销售商应尽的义务之一，他人暂时不能开具发票并不是以其名义替他人开具发票的充足理由，且世纪中恒经营部的辩解缺乏相应证据支持，故二审法院对该辩解不予采纳。

此外，天通公司主张其系接受九州中恒公司的委托生产被诉侵权产品，且未有以自己名义单独销售的行为。对此二审法院认为，天通公司虽主张其系接受九州中恒公司委托制造被诉侵权产品，但在一审及二审阶段均未提交相关委托加工证据予以佐证，且二审期间其明确承认系先由九州中恒公司提交需采购产品型号，天通公司再行采购部件组装后以物流方式发送给九州中恒公司。在案证据亦可证明天通公司在其网络店铺中有销售与被诉侵权产品型号相同产品的行为。因此，一审法院认定天通公司存在制造、销售被诉侵权产品的事实无误。

另外，九州中恒公司、世纪中恒经营部、中恒集团公司、天通公司均主张没有共同侵权的故意。对此二审法院认为，根据现有在案证据和已查明的事实可知，九州中恒公司对外销售被诉侵权产品的工作人员的名片上印有中恒集团公司信息，被诉侵权产品外包装上有中恒集团公司注册商标等信息，出库单盖有世纪中恒经营部公章，税票上收款单位显示为世纪中恒经营部。同时，天通公司除向九州中恒公司发货外，亦有根据其要求向其他地点运送被诉侵权产品的行为。一审法院在综合考虑上述因素的情况下，认定前述四主体在该案中具有共同侵权故意，难言不当。

（二）九州中恒公司、世纪中恒经营部合法来源抗辩是否成立

《专利法》（2008）第70条规定，为生产经营目的销售不知道是未经专利权人许可而制造并售出的专利侵权产品，能证明该产品合法来源的，不承担赔偿责任。同时，《最高人民法院关于审理侵犯专利权纠纷案件应用法律若干问题的解释（二）》

第 25 条规定，为生产经营目的销售不知道是未经专利权人许可而制造并售出的专利侵权产品，且举证证明该产品合法来源的，对于权利人请求停止销售行为的主张，人民法院应予支持，但被诉侵权产品的使用者举证证明其已支付该产品的合理对价的除外。可见，销售者合法来源抗辩的成立，需要同时满足被诉侵权产品具有合法来源这一客观要件和销售者无主观过错这一主观要件。被诉侵权产品具有合法来源是指销售者通过合法的进货渠道、通常的买卖合同等正常商业方式取得所售产品。对于客观要件，销售者应当提供符合交易习惯的相关证据。对于主观要件，销售者应证明其实际不知道且不应当知道其所售产品系制造者未经专利权人许可而制造并售出。其中，"不知道"是指销售者实际没有认识到所售产品是未经专利权人许可而制造并售出，表明销售者为善意。"不应当知道"是指销售者已经尽到合理注意义务，对于实际不知道所售产品是未经专利权人许可而制造并售出的事实主观上没有过失。据此，可以将专利侵权纠纷中销售者合法来源抗辩的主观要件归纳为善意且无过失。

关于销售者是否具有过失的证明责任分配，应注意保护专利权和维护正常市场交易秩序之间的平衡，站在诚信经营者的角度，尊重合法、正常的市场交易规则。一般而言，如果销售者能够证明其遵从合法、正常的市场交易规则，取得所售产品的来源清晰、渠道合法、价格合理，其销售行为符合诚信原则、合乎交易惯例，则销售者已经恪尽作为诚信经营者应负的合理注意义务，可推定其主观上无过失。此时，应由专利权人提供相反证据。在此基础上，如果专利权人提供的证据能够初步证明销售者知道或应当知道所售产品系未经专利权人许可而制造并售出这一事实具有较高可能性的，则销售者应当进一步举证。此时销售者除应证明其遵循合法、正常的市场交易规则之外，还应证明其已经对所售产品是否为经专利权人许可而制造并售出给予必要注意，否则应认定其主观上具有过失，未能满足合法来源抗辩之"善意无过失"的主观要件。

该案中，九州中恒公司向天通公司采购由其指定具体型号的被诉侵权产品，却使用印有中恒集团公司注册商标和名称信息的外包装，并对外销售。因此九州中恒公司的前述行为不符合"善意无过失"的构成要件，一审法院认定其合法来源不成立并无不当。九州中恒公司在二审阶段亦未进一步提交证据对其主张予以佐证，故二审法院对其该项理由不予支持。

同前所述，世纪中恒经营部在出库单上加盖公章，同时以其名义替他人开具发票的行为，本身并不属于合法的市场交易行为，亦不满足"善意无过失"要件，且其在二审阶段亦未进一步提交证据对其主张予以佐证，故二审法院对其该项理由同样不予支持。

（三）一审判决赔偿金额是否合理

《专利法》（2008）第 65 条规定，侵犯专利权的赔偿数额按照权利人因被侵权所受到的实际损失确定；实际损失难以确定的，可以按照侵权人因侵权所获得的利益确定。权利人的损失或者侵权人获得的利益难以确定的，参照该专利许可使用费的倍数合理确定。赔偿数额还应当包括权利人为制止侵权行为所支付的合理开支。权利人的损失、侵权人获得的利益和专利许可使用费均难以确定的，人民法院可以根据专利权的类型、侵权行为的性质和情节等因素，确定给予1万元以上100万元以下的赔偿。

该案中，九州中恒公司、世纪中恒经营部、中恒集团公司、天通公司均认为一审判决金额过高。对此二审法院认为，该案一审过程中，九州中恒公司虽向一审法院提交了银行账户对账单、销售发票、装箱单，但前述材料中大部分内容被其以涉商业秘密为由隐去。前述材料中，银行对账单仅显示客户名称和金额，装箱单上仅有其向天通公司采购的产品型号，并无其他具体细节，上述材料难言属于商业秘密。在发票无具体型号的情况下无法确认九州中恒公司和天通公司之间的具体交易往来和产品型号数量。在缺少进一步证据佐证的情况下，一审法院认定无法确定侵权获利，难言不当。因此，一审法院在实际损失、侵权获利和专利许可使用费均难以确定的情况下，综合考虑专利类型、侵权情节和性质等因素酌情确定赔偿数额，并无明显不当。同时，关于合理费用，亦有相应凭证予以印证。一审法院基于凭证酌情确定合理开支，亦无不当。因此，二审法院对前述四主体关于赔偿金额过高的主张不予支持；同时，在认定四主体共同侵权的基础上，对各上诉人其应仅对部分数额承担连带责任的主张不予支持。另外，天通公司主张该案存在同案不同判的情形。对此二审法院认为，佳能株式会社在（2017）沪73民初596号案中未追加被诉侵权产品实际生产商作为被告参与诉讼，而在该案中将天通公司作为共同被告予以起诉，系佳能株式会社对其自身权利的处分，并不属于天通公司所述同案不同判的情形，故二审法院对天通公司该项主张同样不予支持。

案例评析

一、被告是否实施了侵犯涉案发明专利权的行为

《专利法》第11条第1款规定："发明和实用新型专利权被授予后，除另有规定的以外，任何单位或者个人未经专利权人许可，都不得实施其专利，即不得为生产经营目的制造、使用、许诺销售、销售、进口其专利产品，或者使用其专利方法以及使用、许诺销售、销售、进口依照该专利方法直接获得的产品。"

首先，随着现代商业分工的细化，"制造"的概念不再仅仅指做出或者形成覆盖专利权利要求所记载的全部技术特征的产品的生产活动，采购他人生产的产品最终对外宣示自身为"制造者"已成为商业活动中较为普遍的现象。如果在产品上贴附了企业的商标，即表明该企业应对产品质量和权利瑕疵承担担保责任，因此可以认定该企业即为专利法意义上的产品制造者；若该产品的制造未经合法授权，则该企

业应为此承担侵权责任。该案中，被控侵权产品的外包装上印有属于中恒集团公司的商标以及中恒集团公司变更前的企业名称，且有"本公司的产品及物料质量及制作均符合标准，如在正常情况下使用产品时被发现有不可使用的问题，可凭此保证要求本公司经销商更换"的文字表述。该文字内容表达了中恒集团公司对外公示自己为被控侵权产品制作者的明确意思，且足以使一般消费者相信该产品来源于中恒集团公司。因此，可以认定中恒集团公司为被控侵权产品的制造者。

其次，在销售出库单、发票上加盖公章，在发票收款单位处写明公司名称的行为足以向消费者表明其存在对外销售被控侵权产品的事实，由此可以认定相关单位为被控侵权产品的销售者。该案中尽管世纪中恒经营部辩称其因九州中恒公司无法开具发票而代开，但法院认为，向消费者出具发票系销售商应尽的义务之一，他人暂时不能开具发票并不是以其名义替他人开具发票的充足理由，由此认定世纪中恒经营部属于被控侵权产品的销售者。

最后，接受他人委托生产产品，如果无法提供证据证明与委托人的委托代理关系，也可能被认定为被控侵权产品的制造者。该案中天通公司虽然主张其接受九州中恒公司的委托生产被控侵权产品，但在案件审理期间并未提交证据进行证明，且二审期间其明确承认与九州中恒公司的交易流程为：先由九州中恒公司提交需采购产品型号，其再行采购，并将部件组装后以物流方式发送给九州中恒公司。同时，天通公司在其网络店铺中存在销售与被控侵权产品型号相同产品的行为。由此法院认定天通公司为被控侵权产品的制造者、销售者。

二、九州中恒公司、世纪中恒经营部合法来源抗辩是否成立

《专利法》第77条规定："为生产经营目的使用、许诺销售或者销售不知道是未经专利权人许可而制造并售出的专利侵权产品，能证明该产品合法来源的，不承担赔偿责任。"同时，《最高人民法院关于审理侵犯专利权纠纷案件应用法律若干问题的解释（二）》第25条第1款规定："为生产经营目的使用、许诺销售或者销售不知道是未经专利权人许可而制造并售出的专利侵权产品，且举证证明该产品合法来源的，对于权利人请求停止上述使用、许诺销售、销售行为的主张，人民法院应予支持，但被诉侵权产品的使用者举证证明其已支付该产品的合理对价的除外。"

销售者合法来源抗辩的成立，需要同时满足销售者不具有主观过错这一主观要件和被控侵权产品具有合法来源这一客观要件。在主观要件方面，销售者应证明其实际不知道且不应当知道其所销售的产品系制造者未经专利权人许可而制造并售出。其中，"实际不知道"是指销售者实际没有认识到所售产品是未经专利权人许可而制造并售出，表明销售者为善意。"不应当知道"是指销售者已经尽到合理注意义务，对于实际不知道所售产品是未经专利权人许可而制造并售出的事实主观上没有过失。据此，可以将专利侵权纠纷中销售者合法来源抗辩的主观要件归纳为善意且无过失。在客观要件方面，合法来源是指销售者通过合法的进货渠道、通常的买卖合同等正

常商业方式取得所售产品。销售者应当对此提供符合交易习惯的相关证据。

关于销售者是否具有过失的证明责任分配，一般而言，如果销售者能够证明其遵从合法、正常的市场交易规则，取得所售产品的来源清晰、渠道合法、价格合理，其销售行为符合诚实信用原则、合乎交易惯例，则销售者已经恪尽作为诚信经营者应负的合理注意义务，可推定其主观上无过失。此时，应由专利权人提供相反证据。在此基础上，如果专利权人提供的证据能够初步证明销售者知道或应当知道所售产品系未经专利权人许可而制造并售出这一事实具有较高可能性的，则销售者应当进一步举证。此时销售者除应证明其遵循合法、正常的市场交易规则之外，还应证明其已经对所售产品是否为经专利权人许可而制造并售出给予必要注意，否则应认定其主观上具有过失，未能满足合法来源抗辩之"善意无过失"的主观要件。

该案中，九州中恒公司作为销售打印机耗材的企业，其对于购进并销售的产品是否已经过专利权人许可应当具有合理的注意义务。但九州中恒公司从天通公司处购进被控侵权产品的价格远低于经授权产品的正常市场价格。九州中恒公司在购买了天通公司实际生产的被控侵权产品后，在其所销售的被控侵权产品包装上将产品来源标识为中恒集团公司。九州中恒公司的上述行为难以证明其是不知道其所售产品为专利侵权产品的善意销售者，因此法院认定其合法来源抗辩不能成立。

此外，如前所述，世纪中恒经营部在出库单上加盖公章，同时以其名义替他人开具发票的行为，本身并不属于合法的市场交易行为，亦不满足"善意无过失"要件，因此法院认定其合法来源抗辩亦不能成立。

启示与企业应对

《专利法》中规定的"制造""销售"等专利侵权行为随着现代商业分工的细化发展也有了更多样的表现形式。该案中四被告所实施的常见商业行为均侵犯了原告的专利权。法院对每种行为均作出了细致的分析，能够使《专利法》中"制造""销售"的侵权行为的内涵更加清晰、明确，对企业具有重要的参考、借鉴意义。

专利法意义上的制造者包括：①实施制造行为的人；②将自己的企业标识体现在产品上的人。

该案中，被诉侵权产品的外包装上印有属于中恒集团公司的商标以及中恒集团公司变更前的企业名称，且有"本公司的产品及物料质量及制作均符合标准，如在正常情况下使用产品时被发现有不可使用的问题，可凭此保证要求本公司经销商更换"的文字表述。该文字内容表达了中恒集团公司对外公示自己为被控侵权产品制作者的明确意思，且足以使一般消费者相信该产品来源于中恒集团公司。因此，可以认定中恒集团公司为被控侵权产品的制造者。

在金华某文体用品有限公司与某家庭制品有限公司等侵害发明专利权纠纷案中，❶ 法院也认定被控侵权产品上标注的经营主体信息（企业名称、企业地址、销售热线、注册商标等）真实且指向明确的情形下，能够初步据此认定被控侵权产品的制造者。被控侵权产品的外包装、产品合格证、说明书上均明确标注两被告分别为被许可方及制造商。在没有相反证据的情况下，能够根据被控侵权产品上的标注情况确定产品的制造者。

在金华某文体用品公司案❷中，法院认为在专利法意义上，被控侵权产品的制造者并非仅指被控侵权产品具体制造行为的实施者；在被控侵权产品的商业链条中，组织生产资源，协调上下游生产环节，确定产品技术方案的组织者同样构成被诉侵权产品的生产者。被告为达到销售杯子的目的，一方面由广州市某贸易公司、浙江某工贸公司处取得"迪士尼"商标授权，另一方面联系永康市某工贸公司制造杯子，由其对永康市某工贸公司选定的产品样式进行确认，再经过广州市某贸易公司、浙江某工贸公司审核后，按照金华某文体用品公司指定的数量进行生产，货款由金华某文体用品公司直接向永康市某工贸公司支付，其间广州市某贸易公司、浙江某工贸公司与永康市某工贸公司之间并无直接交流。由此可见，在被控侵权产品的整个制造过程中，由金华某文体用品公司获取商标授权、选择生产厂家、确定产品式样，并且负责全部被诉侵权产品的销售。特别是其对实际生产厂家永康市某工贸公司寄来的样品予以确认，事实上决定了被控侵权产品的技术方案。其在被控侵权产品的制造、销售的整个链条中具有中枢地位并起到组织作用，应当被认定为被控侵权产品的制造者。

企业在生产经营的过程中涉及与专利有关事项时，首先应遵守法律法规的规定以及协议的约定，确保自身行为不违反前述的规定、约定的内容。其次，在涉及专利产品的制造与销售时，应提高自身注意义务，要求交易相对方提供经过授权或其他能够证明相关产品具有合法来源的证据，并保留好与交易对手的往来票据，避免在自身无过错的情况下，因证据不足而被认定构成制造、销售等专利侵权行为。最后，企业应建立并完善自身知识产权管理制度并有效防范可能产生的法律风险。一旦面对专利侵权之诉，企业应制定有效的侵权抗辩策略——可以考虑以不侵权抗辩作为首要方案，现有技术抗辩、先用权抗辩等作为备用方案。不侵权抗辩的重点在于寻找与专利权利要求不同或缺少的技术特征，并阐述该技术特征的不同或缺失是被控侵权技术与专利权利要求实质性的区别所在，防范专利权人为了使专利权利要求涵盖被控侵权技术而进行扩大性解释或者要求适用等同侵权原则，以保护企业自身的合法权益不受侵害。

（肖恭晴）

---

❶❷ 上诉人金华某文体用品有限公司与被上诉人某家庭制品有限公司、被上诉人广州市某贸易有限公司、被上诉人浙江某工贸有限公司、被上诉人永康市某工贸有限公司侵害发明专利权纠纷案。一审：浙江省杭州市中级人民法院（2020）浙 01 知民初 564 号。二审：最高人民法院（2021）最高法知民终 2301 号。

5 专利侵权纠纷中网络服务商共同侵权的判定标准❶

裁判要旨

在众筹活动中即便存在销售、许诺销售侵害某一专利权产品的行为，如不能证明该侵权行为另有其他实施者或帮助者，则仍应认定实施主体仅有筹款人。对网络服务商侵权责任的判定仍是以实施侵权行为为核心。正常商业运营模式中的免责声明具有一定的效力。

裁判依据

《涉外民事关系法律适用法》第 3 条、第 50 条
《专利法》第 11 条第 2 款

基本案情

原告苏州赛诺伊电动科技有限公司（以下简称"赛诺伊公司"）享有一项名称为"U‒Bike 城市翱翔者 X7"的电动助力自行车的有效的外观设计专利。2017 年 1 月，赛诺伊公司的海外客户发现被告 IndieGoGo 公司与一名中国吉林省名为"DeXuanHan"的发起人，在其经营的 IndieGoGo. com 网站面向全球众筹发售名为"U‒Bike 会读心术的智能电动自行车"的智能电单车，其中的 3 款产品为该案的被控侵权产品。赛诺伊公司认为被控侵权产品完全采用了涉案专利的设计特征，两者在整体视觉效果上无实质性差异，构成近似。故赛诺伊公司提起诉讼，认为被告 IndieGoGo 公司与"DeXuanHan"共同实施了制造、销售、许诺销售被诉侵权产品的行为，应承担连带责任。

IndieGoGo 公司的住所地位于美国，是一家为他人发起众筹活动以筹集资金和他人为众筹活动进行供款提供网络平台的众筹运营商，其在公司网站的声明中明确表

---

❶ 苏州赛诺伊电动科技有限公司与 IndieGoGo 公司侵害外观设计专利权纠纷案。一审：江苏省苏州市中级人民法院（2017）苏 05 民初 269 号。二审：江苏省高级人民法院（2019）苏民终 1613 号。

示其不参与众筹活动所有者和供款者活动的具体事务，仅收取筹措资金的一定比例作为平台费用。

一审法院判决驳回赛诺伊公司的全部诉讼请求。赛诺伊公司不服一审判决，提起上诉。二审法院认为赛诺伊公司的上诉请求不能成立，判决驳回上诉，维持原判。

争议焦点

该案的争议焦点为：第一，IndieGoGo 公司是否实施了侵害涉案外观设计专利权的行为；第二，如构成专利侵权，则 IndieGoGo 公司应当承担何种民事责任。

一、一审法院的观点及理由

一审法院认为，该案系专利侵权之诉，因被告 IndieGoGo 公司系美国当事人，根据《涉外民事关系法律适用法》第 3 条、第 50 条的规定，当事人依照法律规定可以明示选择民事关系适用的法律；知识产权的侵权责任，适用被请求保护地法律，当事人也可以在侵权行为发生后协商选择适用法院地法律。赛诺伊公司、IndieGoGo 公司在该案诉讼中一致明确选择适用中华人民共和国法律，一审法院据此予以确认。

赛诺伊公司指控 IndieGoGo 公司与案外人"DeXuanHan"共同实施了侵害涉案外观设计专利权的制造、许诺销售、销售行为，应承担连带责任。现查明，IndieGoGo 公司网站内发布的涉案"U－Bike 会读心术的智能电动自行车"众筹项目由案外人"DeXuanHan"发起，规定了一定的筹资限期及筹资目标，所涉照片、视频、文字等资料由"DeXuanHan"上传。而 IndieGoGo 公司系一家为他人发起众筹活动以筹集资金和他人为众筹活动进行供款提供网络平台的众筹运营商，其在公司网站的声明中明确了其不参与众筹活动所有者和供款者活动的具体事务，仅收取筹措资金一定比例的平台费用。因此，应认定 IndieGoGo 公司仅系涉案众筹活动的服务提供者而非众筹活动的当事人，赛诺伊公司指控 IndieGoGo 公司与案外人"DeXuanHan"共同实施涉案侵权行为缺乏事实依据。此外，根据已查明事实，在赛诺伊公司就涉案众筹项目向 IndieGoGo 公司提出涉嫌侵犯知识产权的异议后，IndieGoGo 公司随即终止了该众筹项目，冻结了"DeXuanHan"的账号，并向所有支持者退还了全部众筹款项，其中也包括赛诺伊公司预订涉案被控"U－Bike 城市翱翔者 X7"电动自行车而支出的款项，故在 IndieGoGo 公司对"DeXuanHan"实施涉案被控侵权行为不存在过错，也没有证据表明 IndieGoGo 公司为涉案被控侵权行为提供了帮助或存在教唆的行为的情况下，赛诺伊公司对 IndieGoGo 公司的涉案指控不能成立。

此外，根据《专利法》第 11 条第 2 款规定，外观设计专利权被授予后，任何单位或者个人未经专利权人许可，都不得实施其专利，即不得为生产经营目的制造、许诺销售、销售、进口其外观设计专利产品。故我国专利权人的专利权利受地域范围的限制。受我国《专利法》调整的制造、许诺销售、销售、进口等行为应以发生在中国为限。该案中，赛诺伊公司也无证据证明在我国地域范围内存在其指控的 3 款被控侵权产品的制造、许诺销售或销售的行为，故赛诺伊公司对存在涉案侵权产品的制造、许诺销售、销售行为的指控亦不能成立。

综上所述，一审法院判决：驳回原告赛诺伊公司的诉讼请求。

二、二审法院的观点及理由

二审法院认为，因 IndieGoGo 公司系美国当事人，故该案属于涉外专利侵权诉讼。根据《涉外民事关系法律适用法》第 3 条、第 50 条的规定，当事人依照法律规定可以明示选择民事关系适用的法律；知识产权的侵权责任，适用被请求保护地法律，当事人也可以在侵权行为发生后协商选择适用法院地法律。一审中，赛诺伊公司、IndieGoGo 公司一致选择适用法院地法律，故该案应适用中华人民共和国法律。

赛诺伊公司认为 IndieGoGo 公司实施了制造、销售、许诺销售等侵害涉案外观设计专利权的产品的行为，对此应当承担相应侵权责任，但现有证据均不能支持其上述主张，故二审法院对赛诺伊公司的上诉请求不予支持，具体理由分述如下。

首先，目前并无被控侵权产品实物因赛诺伊公司所指控的涉案侵权行为而产生，故不能认定 IndieGoGo 公司实施了制造侵害涉案外观设计专利权的产品的行为。

其次，所谓众筹是指支持者通过网络服务平台将资金投给筹款人（发起人）用以开发某种产品或服务，待该产品或服务开始对外销售及已具备对外销售条件的情形下，筹款人按照约定将开发的产品或服务以无偿或低于成本的方式提供给支持者的一种新型商业模式。在众筹模式下，即便不考虑其投资性和风险性，而简单视其为能够确定取得产品的"预售 + 团购"的传统销售模式，负责提供产品或服务的主体也仅为筹款人。因此，已确定的众筹活动即便存在销售、许诺销售侵害某一专利权的产品的行为，如不能证明该等侵权行为另有其他实施者或帮助者，则仍应认定实施主体仅系筹款人。

该案现有证据表明，IndieGoGo 公司网站内发布的涉案"U - Bike 会读心术的智能电动自行车"众筹项目由案外人"DeXuanHan"发起，所涉照片、视频、文字等资料由"DeXuanHan"上传；IndieGoGo 公司系一家为他人发起众筹活动以筹集资金和他人为众筹活动进行供款提供网络平台的众筹运营商，其不参与众筹活动所有者和供款者活动的具体事务，而仅收取筹措资金一定比例的平台费用；在赛诺伊公司就涉案众筹项目向 IndieGoGo 公司提出涉嫌侵犯知识产权的异议后，IndieGoGo 公司随即终止了该众筹项目，冻结了"DeXuanHan"的账号，并向所有支持者退还了全部众筹款项，其中包括赛诺伊公司预订涉案被控"U - Bike 城市翱翔者 X7"电动自行车而支出的款项。因此，IndieGoGo 公司对"DeXuanHan"实施被控销售、许诺销售侵权行为不存在明知或应知的过错，同时也无证据证明 IndieGoGo 公司为上述被控侵权行为提供帮助或存在教唆，故赛诺伊公司关于 IndieGoGo 公司实施了被控销售、许诺销售侵权行为的指控，不能成立。

最后，就赛诺伊公司上诉提及的其他问题。第一，IndieGoGo 公司作为提供网络平台服务的众筹运营商，在其网站中向公众明示其平台服务的使用规则及风险责任，并收取一定的运营费用，符合网络服务商的基本运营模式。如上所述，IndieGoGo 公司对涉案被控行为不存在明知或应知的过错，同时也无证据证明其为涉案被控侵权行为提供帮助或存在教唆，且赛诺伊公司就涉案众筹项目提出涉嫌侵权的异议后，IndieGoGo 公司随即终止了该众筹项目，冻结了"DeXuanHan"的账号，并向所有支持者退还了全部众筹款项。因此，在没有证据证明网络服务商自身即存在侵权过错及行为，且其已采取合理措施避免被控侵权行为进一步扩大时，不能仅因该网络服务商的运营模式即要求其承担额外的法律责任。第二，案外人"DeXuanHan"发起涉案众筹项目，通过电子邮件接受 IndieGoGo 公司关于如何对众筹项目宣传文本进行更新或添加图片、文字内容的指导并上传涉案照片、视频、文字等资料，以及在 IndieGoGo 公司终止涉案众筹项目、冻结其账号后，与 IndieGoGo 公司进行邮件交涉等事实，无不表明涉案众筹项目完全体现了"DeXuanHan"的个人意志。第三，IndieGoGo 公司提供的"DeXuanHan"的注册信息包括拼音姓名、出生日期、手机号码、住址、邮政编码、开户行及银行代码、电子邮箱等，而非仅是单一的拼音姓名。赛诺伊公司在未经查证上述信息虚假的情形下，仅以相关手机号码现已无法接通为由否认其真实性，二审法院对此不予采信。

综上所述，二审法院判决：驳回上诉，维持原判。

> ## 案例评析

对于 IndieGoGo 公司是否实施了销售被控侵权产品的行为分析如下。

一、涉外专利侵权诉讼的适用法律选择

在涉外专利侵权诉讼中，根据《涉外民事关系法律适用法》第 3 条和第 50 条的规定，当事人依照法律规定可以明示选择民事关系适用的法律；知识产权的侵权责任，适用被请求保护地法律，当事人也可以在侵权行为发生后协商选择适用法院地法律。该案中，赛诺伊公司、IndieGoGo 公司一致明确选择适用中华人民共和国法律，由此法院才享有根据我国法律予以裁判的权力。

二、众筹平台的行为认定

IndieGoGo 网站作为众筹平台，其商业模式是由支持者通过平台将资金投给筹款人用以开发某种产品或服务，待该产品或服务开始对外销售或已具备对外销售条件的情形下，再由筹款人按照约定将开发的产品或服务以无偿或低于成本的方式提供给支持者。在此模式下，负责提供产品或服务的主体只有筹款人，没有众筹平台。因此，在众筹活动中即便存在销售、许诺销售侵害某一专利权产品的行为，如不能证明该侵

权行为另有其他实施者或帮助者，则仍应认定实施主体仅有筹款人。该案中，"U - Bike 会读心术的智能电动自行车"众筹项目由用户"DeXuanHan"发起，网站上与众筹项目相关的照片、视频、文字等资料由"DeXuanHan"上传，IndieGoGo 网站并未参与众筹活动筹款人和供款者活动的具体事务。同时，在 IndieGoGo 公司收到赛诺伊公司就涉案众筹项目提出的涉嫌侵犯知识产权的异议后，IndieGoGo 公司立即终止了该众筹项目，冻结了"DeXuanHan"的账号，并向所有支持者退还了全部众筹款项。因此，IndieGoGo 公司对"DeXuanHan"实施被控销售、许诺销售侵权行为不存在明知或应知的过错，同时也无证据证明 IndieGoGo 公司为上述被控侵权行为提供帮助或存在教唆，故 IndieGoGo 公司并未实施任何侵犯专利权的行为。

此外，在该案中，原告赛诺伊公司认为 IndieGoGo 公司在其经营的网站中关于其不参与众筹活动具体事务的单方声明，属于规避自己义务、恶意转嫁风险的格式条款，对他人及社会公众不产生法律效力。但是法院认为，IndieGoGo 公司作为提供网络平台服务的众筹运营商，在其网站中向公众明示其平台服务的使用规则及风险责任，并收取一定的运营费用，符合网络服务商的基本运营模式。同时结合上述分析可知，IndieGoGo 公司不存在侵权过错及行为，且其已采取合理措施避免损害结果的进一步扩大，故不能仅因该网络服务商的运营模式即要求其承担额外的法律责任。由此可知，对网络服务商侵权责任的判定仍以是否实施侵权行为为核心，正常商业运营模式中的免责声明具有一定的效力。

启示与企业应对

随着电商行业的成熟与发展，越来越多的专利产品通过网络渠道进行销售。以该案被告 IndieGoGo 公司为代表的电商平台经营者在专利侵权案件中是否构成侵权，如构成侵权则需要承担何种责任，是现代电子商务交易模式中不可忽视的法律问题。该案中，法院综合考虑网络平台的商业模式、网络平台在收到侵权通知后的具体行为、网络平台免责声明的效力等因素后，对电商平台经营者的行为性质与责任承担作出了判定。

站在电商平台经营者的角度，虽然电商平台经营者作为网络服务提供者，面对平台内海量的商品和服务不具有事先审查的法定义务，也不能对其苛以过高的注意义务，但其仍应承担必要的、合理的审核、注意义务，履行平台管理责任，防范平台内知识产权侵权行为的发生。

站在专利权利人的角度，若拥有相关专利权的企业发现某网络平台正在销售侵权专利产品，则应首先与该网络平台进行沟通，要求网络平台提供被控侵权产品上传人的详细身份信息，并要求网络平台立即下架被控侵权产品，防止损害结果的进一步扩大。在核实上传人的身份信息后，企业应直接对上传人提起诉讼，要求其停止侵权并赔偿损失。若网络平台在上述过程中与专利侵权人共同实施了专利侵权行为或存在帮助、教唆等行为时，企业可以将该网络平台列为共同被告，要求其承担相应的侵权责任。

（肖恭晴）

6 如何计算专利侵权产品的利润率[❶]

裁判要旨

没有证据证明侵权人完全以侵权为业的，不能以侵权人的销售利润率计算侵权获利。侵权人主张侵权产品利润率低于其企业营业利润率的，在无证据佐证的情况下，应参考该企业营业利润率确定侵权产品的合理利润率，计算侵权获利。

裁判依据

《专利法》（2008）第 59 条第 1 款、第 65 条第 1 款

《侵权责任法》第 15 条第 1 款

《最高人民法院关于审理侵犯专利权纠纷案件应用法律若干问题的解释》第 7 条第 1 款

《最高人民法院关于审理专利纠纷案件适用法律问题的若干规定》（2015）第 14 条第 2 款

《最高人民法院关于审理侵犯专利权纠纷案件应用法律若干问题的解释（二）》（2016）第 27 条

基本案情

斯恩蒂斯有限公司（以下简称"斯恩蒂斯公司"）系在瑞士巴塞尔乡村州成立的一家有限责任公司，经营范围为研发、生产医疗产品、精密科技产品以及相关行业产品和销售各种类型的商品。大博医疗科技股份有限公司（以下简称"大博公司"）系成立于 2004 年 8 月 12 日的股份有限公司，经营范围为研发生产三类 6810 矫形外科（骨科）手术器械、三类 6846 植入材料等。德荣医疗健康公司系成立于 2010 年 1 月 29 日的有限责任公司，经营范围包括三类医疗器械等。德荣医疗器械公

[❶] 斯恩蒂斯有限公司和大博医疗科技股份有限公司侵害发明专利权纠纷案。一审：（2017）湘 01 民初 428 号。二审：（2021）最高法知民终 148 号。

司系成立于 2014 年 5 月 4 日的有限责任公司，原名湖南德荣医疗器械物流集中配送有限公司，于 2016 年 12 月 21 日更名，经营范围包括三类医疗器械等。斯恩蒂斯公司是专利号为 ZL03827088.9、名称为"用于治疗股骨骨折的装置"的发明专利之专利权人，该专利申请日为 2003 年 9 月 18 日，授权公告日为 2008 年 6 月 11 日。大博公司在斯恩蒂斯公司的专利权有效期间生产了可能涉及斯恩蒂斯公司专利权的产品，即"一种用于治疗股骨骨折的装置"，该装置由一个髓内钉（也称主钉）和一个骨固定元件构成。斯恩蒂斯公司认为大博公司及其关联公司侵犯了自己的专利权，故起诉至法院要求赔偿损失 2000 万元。关于赔偿数额，大博公司认为即使其构成侵权，一审法院认定的赔偿数额也明显偏高，主张以 30% 作为产品利润率来计算赔偿数额。斯恩蒂斯公司则主张采纳大博公司自行披露的创伤类产品的毛利率为 80% 以上来计算赔偿数额。

争议焦点

一审法院认为，依据《侵权责任法》第 15 条第 1 款规定，斯恩蒂斯公司主张大博公司、德荣医疗器械公司停止侵权行为，并要求大博公司承担赔偿损失责任的诉讼请求，于法有据，应予支持。关于公开赔礼道歉的诉讼请求，由于专利权属于财产性权利，而斯恩蒂斯公司没有提交证据证明大博公司、二德荣公司的侵权行为给其商誉造成影响，故该主张没有事实和法律依据，一审法院不予支持。关于销毁库存侵权产品，追回并销毁尚未出售的侵权产品、销售侵权产品制造所使用的图纸、专用设备、模具以及专用工具的诉讼请求，因斯恩蒂斯公司未能提交证据证明具有上述产品、图纸、专用设备、模具及专用工具，故一审法院对该诉讼请求不予支持。

关于赔偿数额，应根据《专利法》（2008）第 65 条来确定。斯恩蒂斯公司主张按照侵权获利计算赔偿数额，并提供了三种计算方式：①斯恩蒂斯公司两次在德荣医械商城网站取证相隔 42 天，通过该 42 天的销量、金额来计算出销售被诉侵权产品的年收入；②将被诉侵权产品在德荣医械商城网站的总销售金额，除以德荣医疗健康公司、德荣医疗器械公司创伤类产品的销售金额占大博公司的年平均比例，再乘以大博公司创伤类产品的历年毛利率；③通过大博公司在招股说明书中披露的信息，计算大博公司因制造、销售被诉侵权产品的获利。上述三种方法均不能准确计算出大博公司的侵权获利。现有证据不能证明权利人的损失及侵权人获得的利益，斯恩蒂斯公司亦未提交证据证明专利许可使用费，故一审法院适用法定赔偿。考虑到：①德荣医械商城网站显示，截至 2018 年 7 月 4 日，其至少销售了 968 件主钉和 952 件螺旋刀片，主钉价格有 1945.94 元和 2345.11 元两种，螺旋刀片的销售价格为 1097.71 元；②2017 年 7 月 6 日报送的首次公开发行股票招股说明书披露，二德荣公司 2016 年、2015 年、2014 年度创伤类产品的销售金额占大博公司营业收入的比例分别为4.01%、3.69%和3.26%；③大博公司披露的创伤类产品的毛利率2017年为84.03%，2016年为82.94%，2015年为82.23%；④大博公司的产品目录记载，被诉侵权产品属于12个产品系列中的髓内钉系列，12个产品系列中有一个为小型系列产品，价格明显低于其他11个系列，同时髓内钉系列包含9个类型的产品，被诉侵权产品属于股骨近端防旋髓内钉系列中的3个产品；⑤根据涉案专利说明书记载，在现有技术中，需要使用额外的压紧螺钉，防止髋螺钉朝内侧移动，这意味着需要额外的手术步骤，同时可能在需要移除压紧螺钉时进行一个相对大的手术，而涉案专利发明的装置在植入过程中不需要耗费调整过程，并且允许在纵向的骨固定元件和髓内钉之间可简单锁定和解锁的、形锁合的旋转锁止，因此涉案专利对被诉侵权产品的贡献率较高；⑥维权必然产生的公证费、差旅费等合理维权开支等因素，一审法院酌情判定大博公司赔偿经济损失100万元，对于超过此金额的赔偿请求不予支持。

二审法院认为，斯恩蒂斯公司主张以侵权获利确定赔偿数额，提出了相应证据并提供了三种计算方法，应围绕斯恩蒂斯公司提交的证据进行分析，如果确定无法采信斯恩蒂斯公司主张的计算方法，才能适用法定赔偿。依据《最高人民法院关于审理专利纠纷案件适用法律问题的若干规定》（2015）第14条第2款规定，计算侵权人因侵权所获利益时，在可以确定侵权产品销售数量的情况下，将侵权产品销售数量乘以侵权产品销售价格，再乘以侵权产品的合理利润率，即可以得到侵权人因侵权所获得的利益。对于斯恩蒂斯公司提出的三种计算方法，法院根据案件具体情况决定采取第二种方法，并考虑在案证据情况对有关具体数据进行调整后，对该案中大博公司的侵权获利进行计算。

一、关于侵权产品的销售数量和销售价格

根据第1882号公证书记载的内容，编号为070310170的防旋股骨近端髓内钉的销量已达到968个，编号为070370075的螺旋刀片销量为952个。考虑到上述髓内钉与螺旋刀片配合后构成完整的被诉侵权技术方案，法院取其中较小的数量确定截至取证当日大博公司通过二德荣公司在德荣医械商城网站销售的侵害涉案专利权的商品为952个。斯恩蒂斯公司主张以第1882号公证书记载的"德荣医械商城"公布的价格为销售价格，但在选择以大博公司的侵权获利计算赔偿数额时，上述价格为经销商的销售价格，不宜直接采纳，法院根据大博公司一审时提交的4张销售发票，以含税价格来确定大博公司对有关侵权产品的销售价格。由于髓内钉、螺旋刀片、尾钉可以分别销售，法院以落入涉案专利权保护范围的最小可销售单元的销售价格作为计算基础，而不考虑其他部件的销售价格。那么，包括髓内钉和螺旋刀片的侵权产品的单套销售价格取整数约为2200元，大博公司在上述公证日前通过二德荣公司在德荣医械商城网站销售上述侵权产品的销售金额为2094400元。根据大博公司自行披露的数据，在其销售客户中，德荣医疗健康公司（合并德荣医疗器械公司的

数据）在 2014～2016 年的销售金额占其当期营业收入的比例分别为 4.4%、5.4%、6.02%，取三年平均数，二德荣公司作为大博公司经销商，销售大博公司产品的销售金额在大博公司占比为 5.27%。由于大博公司没有明确二德荣公司销售被诉侵权产品在大博公司就被诉侵权产品产生收入中的占比，故对该占比可以按照上述 5.27% 的比例来确定。以第 1882 号公证书取证的德荣医械商城网站销售编号为 070310170 的防旋骨近端髓内钉和编号为 070370075 的螺旋刀片的数量为基础，计算大博公司销售上述侵权产品的销售金额取整数约为 3974 万元。

二、关于侵权产品的利润率

斯恩蒂斯公司主张采纳大博公司自行披露的创伤类产品的毛利率为 80% 以上。由于没有证据证明大博公司完全以侵权为业，法院对斯恩蒂斯公司主张以销售利润率计算侵权获利不予采纳。考虑在案证据情况，法院以大博公司企业营业利润率作为侵权产品合理利润率的参考。从大博公司自行申报的两次招股说明书中的财务会计信息内容看，可以通过其年度营业利润、营业收入数据计算出 2013～2016 年的营业利润率分别约为 53.7%、53.4%、54.6%、53.0%。大博公司在一审中提交的髓内钉产品的营业利润率表格属于当事人陈述。作为公司主要产品，大博公司主张侵权产品利润率为 30%，远低于企业营业利润率，在没有其他证据佐证的情况下，法院无法采信。由于大博公司在该案中没有提供证据证明侵权产品利润率，法院参考其 2013～2016 年的企业营业利润率，将侵权产品合理利润率确定为 53%。那么，即使仅考虑第 1882 号公证书取证的德荣医械商城网站销售编号为 070310170 的防旋骨近端髓内钉和编号为 070370075 的螺旋刀片的销售数量，大博公司的营业利润也已经超过了 2000 万元。

三、关于其他考虑因素

法院还注意到，涉案专利为医疗器械领域的发明专利，可以简化手术步骤、缩短手术时间，显著减轻股骨骨折患者手术难度，而该有益效果是专利产品市场吸引力的重要基础。并且，被诉侵权产品属于植入人体的三类医疗器械，为保证患者身体健康和生命安全，三类医疗器械的生产、销售记录都应满足我国对于该类产品的可追溯要求。大博公司作为制造该类医疗器械的上市公司理应掌握涉案不同型号、规格侵权产品的生产、销售情况，完全可以通过自我举证精确计算侵权产品的销售金额、利润率等，但是大博公司没有就此举证。特别是，在法院要求其提供涉案编号的侵权产品销售数据和与销售数据关联的原始凭证后，大博公司答复"绝大多数销售票据等纸质文件无从查找"，仅提供了自行制作的 2014 年销售数据打印件，在一审时也只提供了 4 张销售发票。大博公司上述消极执行法院命令、拒不提供自己掌握的全部相应证据材料的行为，已经构成举证妨碍。在专利权人已经尽力举证，且所举证据和主张的计算方法可以证明其主张的金额具有较大可能性能够成立的情况下，侵权人虽然不同意专利权人主张的金额，但仅对专利权人的计算方法提出异议，拒不提供自己掌握的证据，可以推定专利权人主张的赔偿金额成立。依据《最高人民法院关于审理侵犯专利权纠纷案件应用法律若干问题的解释（二）》（2016）第 27 条规定，该案可以根据权利人的主张和提供的证据认定侵权人因侵权所获得的利益。

综合上述三方面的分析，以第 1882 号公证书取证的德荣医械商城网站销售编号为 070310170 的主钉和编号为 070370075 的螺旋刀片的销售金额为计算基础，考虑二德荣公司在大博公司营业收入中的占比、大博公司的营业利润率，大博公司因该两种编号产品的侵权获利已经超过了 2000 万元。对于斯恩蒂斯公司主张大博公司通过二德荣公司的其他销售渠道以及因销售其他编号侵权产品产生的获利，大博公司因拒不提交其掌握的相应账簿及财务资料，构成举证妨碍，应承担举证妨碍的相应后果。斯恩蒂斯公司主张以侵权获利计算损害赔偿数额且对侵权规模事实已经完成初步举证，大博公司无正当理由拒不提供有关侵权规模基础事实的相应证据材料，导致用于计算侵权获利的基础事实无法精准确定，因此法院对大博公司提出的应考虑涉案专利对其侵权获利的贡献率等抗辩理由可以不予考虑。虽然法院根据斯恩蒂斯公司提交的证据、主张的计算方法，考虑销售金额、利润率等因素的计算过程并不完全精确，但上述计算过程可以证明，由于大博公司的获利还包括通过二德荣公司的其他销售渠道以及因销售其他编号侵权产品产生的获利，即使考虑专利贡献率，大博公司实际因涉案侵权产品的获利已经超过 2000 万元也具有高度可能性。大博公司对斯恩蒂斯公司主张的金额提出异议，但拒不提供自己掌握的证据，法院因此推定斯恩蒂斯公司主张的金额成立，对斯恩蒂斯公司主张的 2000 万元赔偿予以全额支持。

四、关于大博公司提出的两种计算方法

法院不能认同大博公司提出的计算方法，主要理由为：一是斯恩蒂斯公司已经尽力举证，大博公司无正当理由拒不提供与侵权产品相关的销售数据及相关原始凭证等证据，对其提出应考虑涉案专利对其侵权获利的贡献率等抗辩理由不应考虑；二是两种方法所取的年度销售金额、产品利润率均为大博公司单方陈述，产品利润率明显低于大博公司整体营业利润率，在大博公司没有提供证据证明的情况下，法院无法认可这些数据的真实性；三是大博公司按照其自行披露的 5 起案件中 12 个规格产品的销售数据，以该案被诉侵权产品规格在 12 个规格中的数量占比确定该案侵权产品的销售金额，但由于大博公司没有提供其掌握的证据证明该案及相关案件中不同规格侵权产品销售金额为平均分布，因此不应按照产品规格的数量占比确定该案侵权产品的销售金额。

五、关于制止侵权的合理开支

依据《专利法》（2008）第 65 条第 1 款规定，赔偿数额还应当包括权利人为制

止侵权行为所支付的合理开支。斯恩蒂斯公司在一审起诉时主张大博公司赔偿其为制止侵权行为支出的合理开支 10 万元；一审法院没有分别确定经济损失和合理开支的数额，而是将该两部分金额笼统酌定，有欠严谨。考虑到该案实际情况，斯恩蒂斯公司委托公证、委托律师参与该案诉讼有合理性和必要性。在该案一审过程中，斯恩蒂斯公司为获取该案被诉侵权产品和其他证据进行了多次公证取证，支出了公证费；委托律师参加诉讼，支出了律师费。斯恩蒂斯公司包括该案在内的 5 起案件提交的公证费发票共计 34510 元、律师费发票 603369 元。虽然律师费的支付主体和发票开具对象并非斯恩蒂斯公司，但斯恩蒂斯公司为外国主体，其提出由该公司外方律师事务所驻上海代表处进行支付具有合理性，法院予以采信。斯恩蒂斯公司上述开支并非专为该案发生，但即使平均到该案也超出了其主张的 10 万元。除此以外，斯恩蒂斯公司还因公证时购买被诉侵权产品发生了一定费用。综上，考虑该案具体情况和斯恩蒂斯公司已经实际支出的费用总额，对斯恩蒂斯公司在该案中主张的合理开支 10 万元，法院予以全额支持。

因此二审法院判决：①维持中华人民共和国湖南省长沙市中级人民法院（2017）湘 01 民初 428 号民事判决第一、第二项，即大博公司立即停止制造、销售、许诺销售侵犯斯恩蒂斯公司的专利号为 ZL03827088.9 "用于治疗股骨骨折的装置" 发明专利的产品，二德荣公司立即停止销售、许诺销售侵犯斯恩蒂斯公司的专利号为 ZL03827088.9 "用于治疗股骨骨折的装置" 发明专利的产品。②撤销中华人民共和国湖南省长沙市中级人民法院（2017）湘 01 民初 428 号民事判决第三、第四项，即大博公司于判决发生法律效力之日起 10 日内赔偿斯恩蒂斯公司经济损失 100 万元（已包含合理维权费用），驳回斯恩蒂斯公司的其他诉讼请求。③大博公司于判决生效之日起 10 日内赔偿斯恩蒂斯有限公司损失人民币 2000 万元，为制止侵权行为所支付的合理开支人民币 10 万元，共计人民币 2010 万元。

> **案例评析**

一、如何判断是否对侵权规模事实已经完成初步举证

该案中，斯恩蒂斯公司和大博公司对侵权规模存在分歧。斯恩蒂斯公司向法院提交了以下证据以证明侵权规模事实和赔偿方面的事实。第一，记载了大博公司销售金额、公司主营业务收入主要来源以及报告期内公司主要产品毛利率等内容的公证书；第二，记载了大博公司的营业利润，报告期内主营业务收入构成情况，涉及侵权的产品以及相关产品的销售金额、占比及毛利情况的公证书等。而大博公司虽然不认可斯恩蒂斯公司主张的侵权获利数额，但是其作为制造该类医疗器械的上市公司，理应掌握涉案不同型号、规格侵权产品的生产、销售情况，完全可以通过自我举证精确计算侵权产品的销售金额、利润率等，但是大博公司没有就此举证。特

别是，在法院要求其提供涉案编号的侵权产品销售数据和与销售数据关联的原始凭证后，大博公司答复"绝大多数销售票据等纸质文件无从查找"。因此，法院根据《最高人民法院关于审理侵犯专利权纠纷案件应用法律若干问题的解释（二）》（2016）第 27 条"权利人因被侵权所受到的实际损失……难以确定的，人民法院应当依照专利法第六十五条第一款的规定，要求权利人对侵权人因侵权所获得的利益进行举证。在权利人已经提供侵权人所获利益的初步证据，而与专利侵权行为相关的账簿、资料主要由侵权人掌握的情况下，人民法院可以责令侵权人提供该账簿、资料。侵权人无正当理由拒不提供或者提供虚假的账簿、资料的，人民法院可以根据权利人的主张和提供的证据认定侵权人因侵权所获得的利益。"作出了不利于大博公司的判决。

我国《民事诉讼法》规定的举证规则是"谁主张，谁举证"，即当事人对自己提出的主张负有举证责任，否则就要承担举证不能的不利后果。而在面对专利权被侵犯的情况时，权利人只需要提供侵权人所获利益的初步证据即可，若侵权人拒绝提供其掌握的相关账簿、资料，则法院会依据权利人的初步证据作出不利于侵权人的判决。这是法律在举证责任方面对权利人的适度倾斜。企业在进行生产活动时，可能会遇到各式各样的专利侵权纠纷。一方面，企业要注意保留能够证明自己销售规模、产品利润等信息的证据，以在可能卷入侵权纠纷时拿出证据，更好地维护自身利益；另一方面，权利人若发现他人可能存在侵权行为时，也要积极地寻找有关侵权人侵权规模和利润的相关证据，并积极地固定证据、保留证据，也可以采用公证等方式加强证据的可信度和证明力。

二、关于如何计算侵权产品利润率

该案中，关于侵权产品的利润率的问题，斯恩蒂斯公司认为，应采纳大博公司自行披露的创伤类产品的毛利率，即 80% 以上。而大博公司主张侵权产品利润率为 30%，仅有一审中提交的髓内钉产品的营业利润率表格作为证明，无其他佐证。法院认为，在没有证据证明侵权产品利润率的情况下，若没有证据证明侵权人完全以侵权为业，则不能以侵权人的销售利润率计算侵权获利。侵权人主张侵权产品利润率低于其企业营业利润率，在无证据佐证的情况下，应参考该企业营业利润率确定侵权产品的合理利润率，计算侵权获利。二审法院以大博公司企业营业利润率作为侵权产品合理利润率的参考，将侵权产品合理利润率确定为 53%。

企业在经营中会有多个利润率的概念，例如侵权产品利润率、销售利润率、营业利润率等。在侵权时应该使用哪个利润率来计算赔偿是一个重要的争议焦点，也是关乎赔偿数额和双方利益的重要标准。法院在审判时也非常重视利润率的确定，因为利润率绝对是企业的一项索赔利器，根据不同的利润率可以计算出相差数额极大的赔偿金额。因此，利润率的问题关系到企业双方的切身利益，也关系到法院的判决是否公正合理，非常值得企业和法院的重视和研究。

《专利法》（2008）第65条规定的侵权人因侵权所获得的利益可以根据该侵权产品在市场上销售的总数乘以每件侵权产品的合理利润所得之积计算。侵权人因侵权所获得的利益一般按照侵权人的营业利润计算；对于完全以侵权为业的侵权人，可以按照销售利润计算。《最高人民法院关于审理专利纠纷案件适用法律问题的若干规定》（2015）第20条第1款规定："专利法第六十五条规定的权利人因被侵权所受到的实际损失可以根据专利权人的专利产品因侵权所造成销售量减少的总数乘以每件专利产品的合理利润所得之积计算。权利人销售量减少的总数难以确定的，侵权产品在市场上销售的总数乘以每件专利产品的合理利润所得之积可以视为权利人因被侵权所受到的实际损失。"根据以上的法律和司法解释，关于利润的表述并不是统一的表述。上述法律和司法解释用到了营业利润、销售利润、单位利润、合理利润等概念，尤其是其中的合理利润具有一定的模糊性。目前，若侵权企业不是完全以侵权为业，法院一般会采用更为明确的"营业利润"对利润率进行计算。关于营业利润率的计算方式，最高人民法院在裁判文书中有所提及❶，营业利润可以简化为：销售收入，减去销售成本及增值税税金，减去销售费用、管理费用和财务费用（统称"三费"）的余额，或者在单一类别产品的销售收入、营业利润率确定时，营业利润可直接以销售收入乘以营业利润率确定。

启示与企业应对

该案在无证据证明侵权产品的利润率的情况下，明确了侵权产品利润率的确定方式，即应参考该企业营业利润率，非侵权产品利润率确定侵权产品的合理利润率。由该案可以看出，在没有直接证据的情况下确定侵权产品的合理利润率对于企业来说是一个有挑战性的任务。若企业存在作为被诉侵权人的风险，可以采取以下方式应对，以确定侵权产品利润率。

首先，可以寻找间接证据。虽然没有直接证据，但企业可以尝试寻找一些间接证据来证明侵权产品的销售和利润情况。例如，可以查找与侵权产品相关的市场数据、竞争对手的销售数据或行业报告，以了解市场规模、价格水平和预期利润率。

其次，咨询专家意见。企业可以请专业人士，如市场分析师、行业专家或会计师事务所提供专业意见。它们可以通过对市场环境、类似产品的利润率和其他相关因素的了解，给出估计的合理利润率。

再次，企业可以尽可能地保留证据。企业可以尽可能地保留与侵权行为有关的证据，包括销售记录、市场数据、交易文件、合同和其他相关文件等，以在确定合理利润率时提供支持。

❶ （2019）最高法知民终830、831、832、833、834、851、881、886、888号民事判决书。

最后，被诉侵权企业可以考虑与对方进行谈判和解的可能性。根据案件的具体情况，企业通过与对方协商达成一项有利于双方的解决方案，可能是一个更经济和更有效的纠纷解决方式。

总之，没有直接证据时确定侵权产品的合理利润率是一个复杂的过程。但通过收集间接证据、咨询专家意见等方式进行证据推定，企业可以较为准确地估计利润率并应对侵权纠纷。此外，企业在进行生产活动时应当尊重他人的专利成果，时刻关注自己的产品是否侵犯他人的专利权，以免陷入专利纠纷。

（覃宛玉）

7 专利侵权纠纷中惩罚性赔偿如何适用[1]

裁判要旨

被告主观上具有侵害涉案专利权的故意，其不仅拒不履行前案生效判决确定的专利侵权责任，还重复实施侵害涉案专利权的行为，而且侵权时间长，至今未能举证证实已停止被诉侵权行为，属于侵权情节严重的情形。故意侵害他人知识产权，情节严重的，被侵权人有权请求相应的惩罚性赔偿。设立惩罚性赔偿制度的初衷在于强化法律威慑力，打击恶意严重侵权行为，威慑、阻吓未来或潜在侵权人，有效保护创新活动。对长期恶意从事侵权活动之人应从重处理。

裁判依据

《民法典》第 179 条、第 1165 条第 1 款、第 1167 条、第 1185 条

《专利法》（2008）第 59 条第 1 款、第 65 条、第 70 条

《最高人民法院关于审理专利纠纷案件适用法律问题的若干规定》第 18 条

《最高人民法院关于审理侵犯专利权纠纷案件应用法律若干问题的解释》第 7 条

《最高人民法院关于审理侵犯专利权纠纷案件应用法律若干问题的解释（二）》第 25 条

基本案情

雷盟光电股份有限公司（以下简称"雷盟公司"）是位于我国台湾地区新北市三重区的一家公司，其于 2014 年 12 月 11 日向国家知识产权局申请名称为"发光二极管灯泡结构改良"的实用新型专利，并于 2015 年 5 月 6 日获准授权。雷盟公司是名称为"发光二极管灯泡结构改良"、专利号为 ZL201420776830.9 的实用新型专利的专利权人。在 2018 年，雷盟公司曾在（2018）粤 73 民初 200 号案件中主张中山

---

[1] 雷盟光电股份有限公司与中山市美高照明有限公司侵害实用新型专利权纠纷一案。一审：（2018）粤 73 民初 200 号。执行：（2019）粤 20 执 3 号。一审：（2020）粤 73 知民初 57 号。

市美高照明有限公司（以下简称"美高公司"）侵害其涉案实用新型专利权。该案判决如下：①被告美高公司于判决发生法律效力之日起立即停止制造、销售、许诺销售侵害原告雷盟公司名称为"发光二极管灯泡结构改良"、专利号为ZL201420776830.9 的实用新型专利权的产品；②被告美高公司于判决发生法律效力之日起 10 日内赔偿原告雷盟公司经济损失及维权合理费用共计 60000 元；③驳回原告雷盟公司的其他诉讼请求。即法院已经认定美高公司的行为侵害了雷盟公司的专利权，并判令美高公司停止制造、销售、许诺销售侵害雷盟公司的涉案专利，赔偿经济损失及维权合理开支共 60000 元。但美高公司并未主动履行判决。执行法院在（2019）粤 20 执 3 号民事裁定书中作出了如下说明：在该案执行过程中，法院向被执行人邮寄送达执行通知书、报告财产令、财产申报表等文书，但其未主动履行，也未报告财产。经法院在全国财产网络查控系统调查，未发现有可供执行的财产。法院另行发函原中山市国土资源局对被执行人名下的不动产财产进行调查未发现有可供执行的财产信息。因此，执行法院裁定（2019）粤 20 执 3 号民事裁定终结执行。但是，一段时间之后，雷盟公司发现美高公司再次实施涉嫌侵害专利号为ZL201420776830.9 的名称为"发光二极管灯泡结构改良"实用新型专利权的行为，因此再次向法院提起诉讼。

争议焦点

关于赔偿责任的确定问题。《专利法》（2008）第 65 条规定："侵犯专利权的赔偿数额按照权利人因被侵权所受到的实际损失确定；实际损失难以确定的，可以按照侵权人因侵权所获得的利益确定。权利人的损失、侵权人获得的利益难以确定的，参照该专利许可使用费的倍数合理确定。赔偿数额还应当包括权利人为了制止侵权行为所支付的合理开支。权利人的损失、侵权人获得的利益和专利许可使用费难以确定的，人民法院可以根据专利权的类型、侵权行为的性质和情节等因素，确定给予一万元以上一百万元以下的赔偿。"该案中，雷盟公司主张美高公司的被诉行为属于恶意侵权，应受法律严惩，并据此要求美高公司赔偿经济损失和维权合理开支 25 万元。雷盟公司未举证证明其因被侵权所受到的实际损失及美高公司因侵权所获得的利益，亦无可供参考的专利许可使用费标准，因此，法院综合考虑以下因素酌情确定美高公司因侵权所得获利。

一、关于侵权性质，美高公司故意实施专利侵权行为

（2018）粤 73 民初 200 号民事判决书中已查明，雷盟公司曾于 2018 年就相关实用新型专利对美高公司提起侵害专利权诉讼，该判决认定美高公司的被诉行为构成专利侵权，并判令美高公司停止侵权、赔偿损失。由此可见，美高公司明确知悉相关专利的技术方案，但上述案件宣判一年多后，雷盟公司于 2019 年 9 月 3 日经公证

购买取得的被诉侵权产品仍侵害雷盟公司的同一专利权，故可认定美高公司故意实施被诉侵权行为。

二、关于侵权情节，美高公司存在重复侵权行为，侵权情节严重

（2018）粤73民初200号案件已认定美高公司侵害雷盟公司相关专利权的事实，而美高公司不仅拒不履行前案的生效判决，且其制造、销售、许诺销售的被诉侵权产品再次侵害雷盟公司同一专利权，故雷盟公司主张美高公司重复实施侵权行为的意见合理。从雷盟公司提交的（2019）粤20执3号执行裁定来看，在前案判决生效后，美高公司存在拒不履行生效判决并导致该案至今未能执行完毕的情况。即美高公司在拒不履行生效判决认定的侵权责任的情况下，再次就同一专利实施侵权行为，可见其侵权性质恶劣，不仅重复实施侵权行为，而且侵权时间长。

三、关于美高公司的经营规模

美高公司同时实施有制造、销售、许诺销售被诉侵权产品的行为，并在宣传册中自称为"一家集研发，生产，销售LED照明系列产品的综合性高科技企业"，可初步证实其经营规模较大。

四、关于被诉侵权产品的价格

虽双方未指出被诉产品的单价，但涉案"中山市美高照明有限公司订货单"载明"规格型号G412V2W"的产品单价为2.8元，"规格型号G412VCob2W"的产品单价为3.8元，而被诉侵权产品外包装盒上标有"LEDCOBG42W"，故可认定该案被诉侵权产品的单价是3.8元。

五、关于维权合理费用的问题

雷盟公司支出公证费800元、购买产品费用33元的事实，有涉案公证书、公证费发票等予以证实，法院予以采纳。虽雷盟公司未提交证据证实其律师费支出情况，但考虑到雷盟公司的律师确有到庭参与诉讼的事实，法院对上述律师费用中的合理部分予以酌情支持。关于雷盟公司主张的调查取证费用，因其对此未能举证证实，其应对此承担举证不能的法律责任，法院对此不予采信。

六、关于赔偿基数及数额的确定

依据《民法典》第1185条规定，故意侵害他人知识产权，情节严重的，被侵权人有权请求相应的惩罚性赔偿。设立惩罚性赔偿制度的初衷在于强化法律威慑力，打击恶意严重侵权行为，威慑、阻吓未来或潜在侵权人，有效保护创新活动，对长期恶意从事侵权活动之人应从重处理。该案中，鉴于美高公司主观上具有侵害涉案专利权的故意，其不仅拒不履行前案生效判决确定的专利侵权责任，还重复实施侵害涉案专利权的行为，而且侵权时间长，至今未能举证证实已停止被诉侵权行为，属于侵权情节严重的情形。雷盟公司主张美高公司的涉案被诉行为属于恶意侵权、

应受法律严惩的意见合理，涉案侵权行为应适用惩罚性赔偿。关于惩罚性赔偿的计算基数，鉴于《民法典》于 2021 年 1 月 1 日施行，该案被诉侵权行为发生于 2021 年 1 月 1 日之前且持续至 2021 年 1 月 1 日之后，根据法不溯及既往的一般原则，对于发生在《民法典》施行之前的行为不适用惩罚性赔偿，赔偿数额应以 2021 年 1 月 1 日为界进行分段计算。综合考虑前述在案证据，法院对美高公司于 2021 年 1 月 1 日之前因侵权所获得的利益酌情确定为 15 万元，对其于 2021 年 1 月 1 日后因侵权所获得的利益酌情确定为 5 万元，并对其于 2021 年 1 月 1 日《民法典》施行后的侵权行为按侵权获利的 3 倍适用惩罚性赔偿。因所确定的上述赔偿责任总金额已超出雷盟公司主张的经济损失及维权合理开支 25 万元，故此，对于雷盟公司要求美高公司赔偿其经济损失和维权合理开支 25 万元的主张，法院予以全额支持。

综上所述，依照《民法典》第 179 条、第 1165 条第 1 款、第 1167 条、第 1185 条，《专利法》（2008）第 59 条第 1 款、第 65 条、第 70 条，《最高人民法院关于审理专利纠纷案件适用法律问题的若干规定》第 18 条，《最高人民法院关于审理侵犯专利权纠纷案件应用法律若干问题的解释（二）》第 25 条，《最高人民法院关于审理侵犯专利权纠纷案件应用法律若干问题的解释》第 7 条之规定，判决如下：①被告美高公司于判决发生法律效力之日起停止制造、销售、许诺销售侵害原告雷盟公司专利名称为"发光二极管灯泡结构改良"、专利号为 ZL201420776830.9 的实用新型专利权的产品；②被告美高公司于判决发生法律效力之日起 10 日内赔偿原告雷盟公司经济损失及维权合理费用共计 25 万元；③驳回原告雷盟公司的其他诉讼请求。

案例评析

2021 年 6 月 1 日正式施行的第四次修正的《专利法》在强化专利权人知识产权保护方面着墨颇多，其中一大亮点就是新增了惩罚性赔偿制度。该案是探索适用《民法典》关于惩罚性赔偿的规定来保障科技创新的有益尝试。惩罚性赔偿加重了故意侵权人的经济负担，对于遏制故意侵权行为具有重大意义，可以起到良好的警示作用。第四次修正的《专利法》从原本的补偿性原则改为适用惩罚性原则，是一次巨大的制度突破，对保护权利人的合法权益、严厉打击故意进行专利侵权的行为有着重大意义，也对从根本上激励科技创新提供了立法上的支持。

《专利法》（2020）第 71 条第 1~3 款规定："侵犯专利权的赔偿数额按照权利人因被侵权所受到的实际损失或者侵权人因侵权所获得的利益确定；权利人的损失或者侵权人获得的利益难以确定的，参照该专利许可使用费的倍数合理确定。对故意侵犯专利权，情节严重的，可以在按照上述方法确定数额的一倍以上五倍以下确定赔偿数额。

"权利人的损失、侵权人获得的利益和专利许可使用费均难以确定的，人民法院可以根据专利权的类型、侵权行为的性质和情节等因素，确定给予三万元以上五百万元以下的赔偿。

赔偿数额还应当包括权利人为制止侵权行为所支付的合理开支。"

相比于第四次修正前的《专利法》，《专利法》（2020）有以下几个变化和亮点。首先，提高了法定赔偿额，将法定赔偿额上限提高至 500 万元、下限提高至 3 万元。法定赔偿的数额和之前相比，上下限都进行了较大幅度的提升，较好地改善了之前长期以来存在的司法判赔额低、不足以弥补权利人损失，不足以有效地打击侵权行为的问题。其次，增加了惩罚性赔偿制度。对故意侵权且情节严重的，法院可以在按照权利人被侵权所受到的实际损失、侵权人所获得的利益或者专利许可使用费倍数确定数额的 1 倍以上 5 倍以下来确定赔偿数额。对于主观故意且情节严重的侵权行为，在基于实际损失赔偿基础上，可以对其要求进行惩罚性赔偿，进一步彰显法律的威力，加大力度打击专利侵权行为，发挥知识产权价值为导向的作用。

此外，为了确保正确实施知识产权侵权惩罚性赔偿制度，最高人民法院发布了《最高人民法院关于审理侵害知识产权民事案件适用惩罚性赔偿的解释》，对适用惩罚性赔偿案件的请求内容和时间、故意和情节严重的认定、计算基数和倍数的确定等作出了具体规定，对惩罚性赔偿制度的适用给出了更加具体的操作层面的指引。根据第四次修正的《专利法》的规定，对于惩罚性赔偿的认定，"主观故意"和"情节严重"是两个重要标准。而如何对这两个标准进行认定，该解释给了更具体的规定。该解释第 3 条规定：

对于侵害知识产权的故意的认定，人民法院应当综合考虑被侵害知识产权客体类型、权利状态和相关产品知名度、被告与原告或者利害关系人之间的关系等因素。

对于下列情形，人民法院可以初步认定被告具有侵害知识产权的故意：

（一）被告经原告或者利害关系人通知、警告后，仍继续实施侵权行为的；

（二）被告或其法定代表人、管理人是原告或者利害关系人的法定代表人、管理人、实际控制人的；

（三）被告与原告或者利害关系人之间存在劳动、劳务、合作、许可、经销、代理、代表等关系，且接触过被侵害的知识产权的；

（四）被告与原告或者利害关系人之间有业务往来或者为达成合同等进行过磋商，且接触过被侵害的知识产权的；

（五）被告实施盗版、假冒注册商标行为的；

（六）其他可以认定为故意的情形。

而该解释第 4 条则对如何认定情节严重进行了细化。该条规定：

对于侵害知识产权情节严重的认定，人民法院应当综合考虑侵权手段、次数，侵权行为的持续时间、地域范围、规模、后果，侵权人在诉讼中的行为等因素。

被告有下列情形的，人民法院可以认定为情节严重：

　　（一）因侵权被行政处罚或者法院裁判承担责任后，再次实施相同或者类似侵权行为；

　　（二）以侵害知识产权为业；

　　（三）伪造、毁坏或者隐匿侵权证据；

　　（四）拒不履行保全裁定；

　　（五）侵权获利或者权利人受损巨大；

　　（六）侵权行为可能危害国家安全、公共利益或者人身健康；

　　（七）其他可以认定为情节严重的情形。

　　该解释第5条和第6条则规定了惩罚性赔偿额的计算方法。该解释第5条规定：人民法院确定惩罚性赔偿数额时，应当分别依照相关法律，以原告实际损失数额、被告违法所得数额或者因侵权所获得的利益作为计算基数。该基数不包括原告为制止侵权所支付的合理开支；法律另有规定的，依照其规定。

　　前款所称实际损失数额、违法所得数额、因侵权所获得的利益均难以计算的，人民法院依法参照该权利许可使用费的倍数合理确定，并以此作为惩罚性赔偿数额的计算基数。

　　人民法院依法责令被告提供其掌握的与侵权行为相关的账簿、资料，被告无正当理由拒不提供或者提供虚假账簿、资料的，人民法院可以参考原告的主张和证据确定惩罚性赔偿数额的计算基数。构成《民事诉讼法》第111条规定情形的，依法追究法律责任。

　　该解释第6条规定：人民法院依法确定惩罚性赔偿的倍数时，应当综合考虑被告主观过错程度、侵权行为的情节严重程度等因素。

　　因同一侵权行为已经被处以行政罚款或者刑事罚金且执行完毕，被告主张减免惩罚性赔偿责任的，人民法院不予支持，但在确定前款所称倍数时可以综合考虑。

　　第四次《专利法》修正体现了当前对知识产权加强保护的总体趋势，对于知识产权的保护具有重要意义。其通过惩罚性赔偿，大幅提高了侵权人的侵权成本，使侵权无利所图，有效地警示和震慑了侵权行为。在该次《专利法》修正前，我国采用专利侵权赔偿的"填平"原则，即补偿性原则。补偿性原则意在填平权利人因侵权所受到的"实际损失"，其思想是通过权利人因被侵权所受到的"实际损失"来确定赔偿数额。但是由于专利权的特性，在实践中，专利侵权的证据往往难以获得。证据不足使得我国大多数案件采取了法定赔偿的方式进行赔偿，其数额一般低于权利人的实际损失。由于专利侵权案件一般较为复杂，维权成本高，诉讼周期长，对于权利人来说，维权成本较高。但是，对于侵权人来说侵权成本相对较低，这就导致了专利侵权行为多发易发的现象。现实中也有一些不法者进行规模性、持续性侵权行为，社会影响恶劣。而采用了惩罚性赔偿的原则后，赔偿数额会大幅提高，以确定的赔偿数额上乘以1~5倍作为侵权赔偿额。惩罚性原则不仅需要填平权利人的实际损失，还要对故意侵权人进行经济上的惩罚，让侵权人额外给权利人金钱上的赔偿。增加惩罚性，能够显著提高侵权成本，能够有效地警示专利侵权行为，这对于加强专利制度对于创新驱动的作用力，在全社会打造尊重知识产权的氛围，鼓励创新都有重要意义。

启示与企业应对

对于企业来说，在第四次修正的《专利法》实施之后，无论是专利权人还是潜在侵权者，均可以根据惩罚性规定的适用要素来调整自己的策略，从而在维权或面对侵权风险时可以充分使用或者避免惩罚性赔偿的适用。

作为专利权人，若知晓对方存在故意及侵权情节严重的情况，则可以在诉讼请求中明确提出要求惩罚性赔偿。甚至在对侵权方提起侵权诉讼之前的收集赔偿证据阶段，就可以按照惩罚性赔偿适用的主观和客观要件，有针对性地收集证明侵权方主观故意及情节严重的相关证据。权利人利用好惩罚性赔偿制度有以下两个优势：一方面，如果权利人胜诉，则可以获得更多的经济赔偿；另一方面，惩罚性赔偿的高额赔偿金有利于促使侵权人在诉讼程序中主动进行和解，有效地节约权利人诉讼的时间成本和金钱成本。

对于有专利侵权风险的企业，则需要根据惩罚性赔偿的适用要件认真比对自己的行为，注意避免落入惩罚性赔偿的适用情形。例如，在收到专利权人的侵权警告函时，及时地进行专利侵权比对，评估侵权风险；若发现自己可能确实存在侵权行为，则及时停止实施相关的潜在侵权行为，避免被认定为主观故意而被加重赔偿数额。

当然，除了采取具体的诉讼层面的措施去合理利用好惩罚性赔偿制度，在当前我国对知识产权的保护力度不断增强的大环境下，企业的经营活动应当注重以下几个方面的工作。首先，提升技术创新能力。企业需要在研发端加大投入，增强自主创新能力，保持在核心技术上的竞争优势，这才是企业繁荣发展的根本保证。其次，丰富专利价值实现途径，通过策略性的专利运营实现专利价值的最大化，积极盘活专利资产。最后，可以加强过程文件管理，为可能面临的维权及应诉程序保留充足的证据。❶

（覃宛玉）

---

❶ 薛浩，徐军，牛力. 我国引入专利侵权惩罚性赔偿制度下企业的应对策略：从中美两个专利侵权案例谈起［J］. 中国发明与专利，2020，17（S1）：70-74.

8 专利侵权纠纷中请求停止侵害后的诉中保全申请[1]

人民法院可以对当事人的部分诉讼请求进行判决，并允许当事人对部分判决进行上诉。

在专利侵权案件中，当发生申请人利益被侵害的紧急情况或者给申请人造成损害的其他情况时，若判令停止侵害的部分判决因处于上诉状态而尚未发生效力，责令停止侵害的诉中行为保全措施可以起到及时制止侵权行为的效果，更加有效地保护专利权。当事人在诉讼中既申请责令停止被诉侵权行为，又申请诉中保全的，人民法院认为需要作出停止侵害先行判决的，应当同时对行为保全申请予以审查。

裁判依据

《专利法》（2008）第 59 条

《最高人民法院关于审理侵犯专利权纠纷案件应用法律若干问题的解释（二）》第 8 条

基本案情

瓦莱奥公司是涉案"机动车辆的刮水器的连接器及相应的连接装置"发明专利的专利权人，该专利仍在保护期内。各方当事人都确认被诉侵权产品具备涉案专利权利要求 2、3、6~10 的附加技术特征，其主要争议在于被诉侵权产品是否具备涉案专利权利要求 1 中的三个技术特征以及权利要求 4、5 中的附加技术特征。一审法院认为：该案可以就被诉侵权产品是否落入涉案专利权利要求 1~10 的保护范围先行作出认定，对瓦莱奥公司有关先行作出部分判决的请求予以支持。一审法院判决：

---

[1] 瓦莱奥清洗系统公司诉厦门卢卡斯汽车配件有限公司等侵害发明专利权纠纷案。一审：（2016）沪73民初859号。二审：（2019）最高法知民终2号。

卢卡斯公司、富可公司于判决生效之日起立即停止对涉案发明专利权的侵害。

此外，该案一审过程中，瓦莱奥公司依法向一审法院提出责令卢卡斯公司、富可公司及陈某某停止侵害涉案专利权的诉中行为保全申请，并提供了100万元的现金担保，一审法院对瓦莱奥公司的诉中行为保全申请尚未作出处理。二审过程中，瓦莱奥公司坚持其责令卢卡斯公司、富可公司停止侵害涉案专利权的诉中行为保全申请，并请求法院予以支持。

争议焦点

一、关于部分判决

一审法院认为：该案可以就被诉侵权产品是否落入涉案专利权利要求1~10的保护范围先行作出认定，对瓦莱奥公司有关先行作出部分判决的请求予以支持。各方当事人确认被诉侵权产品具备涉案专利权利要求2、3、6~10的附加技术特征，其主要争议在于被诉侵权产品是否具备涉案专利权利要求1中的三个技术特征以及权利要求4、5中的附加技术特征。

一审法院判决：卢卡斯公司、富可公司于判决生效之日起立即停止对涉案发明专利权的侵害。一审法院对赔偿数额问题暂未作出判决。

二审法院在是否应当停止侵害的问题上维持原判。同时，二审法院指出，该判决为终审判决，该案侵权损害赔偿等部分由一审法院继续审理。

二、关于部分判决与诉中行为的关系

瓦莱奥公司在该案一审过程中提出责令卢卡斯公司、富可公司及陈某某停止侵害涉案专利权的诉中行为保全申请，并提供了相应担保。一审法院作出支持专利权人关于停止侵害专利权诉请的部分判决后，对于诉中行为保全申请尚未作出处理，该部分判决进入上诉审理程序。对于瓦莱奥公司的上述诉中行为保全申请应如何处理，法院分析如下。

（一）关于该案诉中行为保全申请的管辖

《最高人民法院关于适用〈中华人民共和国民事诉讼法〉的解释》第161条规定："对当事人不服一审判决提起上诉的案件，在第二审人民法院接到报送的案件之前，当事人有转移、隐匿、出卖或者毁损财产等行为，必须采取保全措施的，由第一审人民法院依当事人申请或者依职权采取。第一审人民法院的保全裁定，应当及时报送第二审人民法院。"参照上述规定，对当事人不服一审判决提起上诉的案件，当事人在第一审程序中提出行为保全申请的，在第二审人民法院接到报送的案件之前，由第一审人民法院管辖；在第二审人民法院接到报送的案件之后，应由第二审人民法院管辖。该案中，由于案件已经由法院受理，与该案有关的行为保全申请亦

应由该法院管辖和处理。

（二）关于该案诉中行为保全申请的具体处理

该案需要考虑的特殊情况是，一审法院虽已作出关于责令停止侵害涉案专利权的部分判决，但并未生效，专利权人继续坚持其在一审程序中的行为保全申请。虽然该行为保全申请与判令停止侵害的部分判决在内容上存在重叠的可能，在功能上具有尽快明确各方当事人之间的法律关系状态、提高纠纷解决效率的类似之处，但作为两种不同的制度设计，责令停止侵害的行为保全申请在特定情况下仍具有独特价值。例如，当发生申请人利益被侵害的紧急情况或者给申请人造成损害的其他情况，而判令停止侵害的部分判决因处于上诉状态而尚未发生效力时，责令停止侵害的诉中行为保全措施可以起到及时制止侵权行为的效果，更加有效保护专利权。特别是，在我国相关民事诉讼法律并未规定未生效判决临时执行制度的现实情况下，责令停止侵害的行为保全的价值更加明显。鉴此，第二审人民法院对于停止侵害专利权的行为保全申请，可以考虑如下情况，分别予以处理：如果情况紧急或者可能造成其他损害，专利权人提出行为保全申请，而第二审人民法院无法在行为保全申请处理期限内作出终审判决的，应当对行为保全申请单独处理，依法及时作出裁定；符合行为保全条件的，应当及时采取保全措施。此时，由于一审判决已经认定侵权成立，第二审人民法院可根据案情对该行为保全申请进行审查，且不要求必须提供担保。如果第二审人民法院能够在行为保全申请处理期限内作出终审判决，则可以及时作出判决并驳回行为保全申请。该案中，瓦莱奥公司在二审程序中坚持其责令卢卡斯公司、富可公司停止侵害涉案专利权的诉中行为保全申请，但是瓦莱奥公司所提交的证据并不足以证明发生了给其造成损害的紧急情况，且法院已经当庭作出判决，该案判决已经发生法律效力，另行作出责令停止侵害涉案专利权的行为保全裁定已无必要。因此，对于瓦莱奥公司的诉中行为保全申请，法院不予支持。

案例评析

一、先行判决

该案中，一审法院作出支持专利权人关于停止侵害专利权诉请的部分判决后，对于诉中行为保全申请尚未作出处理，该部分判决进入上诉审理程序。即一审法院只对该案有关停止侵害专利权的部分作出了判决，而对权利人的其他要求尚未进行处理。而部分判决也可以先行进入上诉程序。

该案的一审法院对停止侵害专利权的部分进行了先行判决。《民事诉讼法》（2021）第156条规定："人民法院审理案件，其中一部分事实已经清楚，可以就该部分先行判决。"这表明我国《民事诉讼法》明确了人民法院可以根据具体案情，采取分段审理的程序审理民事案件。"先行判决"制度设置的初衷，是防止由于诉讼的周期过长，从而导致原告的合法权益受到持续的、进一步的侵害。先行判决制度有利于及时保障当事人的合法权益，显然具有重大的实践价值。特别是在专利侵权领域，在停止侵害的问题上若能早一些得到既定的判决，会给企业避免后续更大的损失。在最高人民法院确认了先行判决的效力后，可以预见，在未来，在专利侵权领域的先行判决的案件会越来越多，法院也会充分保护当事人的权益。此外，该案的二审法院还指出了"有关本案侵权损害赔偿等部分由一审法院继续审理。"也就是说，有关损害赔偿的数额可以由一审法院继续审理，若当事人对审判结果不服则仍然有上诉的权利。这表明部分判决并不会影响企业请求赔偿损失的权利，也不会因部分判决和部分上诉而影响拿到赔偿的数额。同时，更为复杂的赔偿数额的计算的问题还可以让一审法院有更为充足的时间审理，也不会让双方当事人的损失继续扩大。

因此，在先行判决的制度下，企业若是遇到了专利侵权案件并进入了诉讼阶段，可以培养企业分别要求停止侵害的请求和要求损害赔偿的请求的思维，即及时地向法院提出作出停止专利权侵害的部分判决的要求，让停止侵害的部分更快地得到既定的判决，得到法律强制力的保障，以避免企业后续更大的损失。而对于暂时不会对企业的损失扩大有太大影响的损失赔偿数额的计算问题，若是一时无法解决，可以请求法院先不对此进行判决，让法院花更多时间慢慢审理。

二、判令停止侵害的部分判决制度和临时禁令的关系

临时禁令是指在诉讼过程中，人民法院应权利人的请求而发出的迫使侵权行为人临时停止侵权行为，责令一方当事人作为或者不作为的强制措施。其目的是为制止即将发生的侵权行为。临时禁令来源于英美法系，随后被引入我国。我国将临时禁令的内容规定在《民事诉讼法》之外的知识产权实体法中。《专利法》第72条规定，专利权人或者利害关系人有证据证明他人正在实施或者即将实施侵犯专利权、妨碍其实现权利的行为，如不及时制止将会使其合法权益受到难以弥补的损害的，可以在起诉前依法向人民法院申请采取财产保全、责令作出一定行为或者禁止作出一定行为的措施。《专利法》系知识产权法体系的实体法，而临时禁令的内容构建以我国的程序法《民事诉讼法》的"财产保全和先予执行"的内容为主要依据，因此，临时禁令制度仍然主要是一项程序性的救济措施，但兼具实体和程序两方面的特点。在我国积极加入世界贸易大潮的趋势之下，各种知识产权纠纷也就随之而来。而临时禁令制度就像知识产权保护领域的"及时雨"，有效地保护了知识产权人权益，极大地鼓励和激励了社会的创造与创新精神。

临时禁令分为诉前禁令与诉中禁令，二者的成立都需要以紧急性作为前提要件，即存在若不采取临时禁令就会给权利人造成损害的紧急情况。也就是说，临时禁令制度是为了让侵权人尽快停止侵权行为，避免权利人的损失进一步扩大。权利人可

借助临时禁令制度实现预防损失进一步扩大的预防性目的，提前实现全部或部分诉讼请求。

有学者认为，部分判决的功能和临时禁令的功能存在相似之处和重叠之处，可以一方之优势弥补另一方之缺憾。[1] 在专利权诉讼案件中，由于专利的认定较为复杂，案件的审理时间往往较长。但是案件的悬而未决往往会导致侵权的继续，从而导致权利人的损失扩大。因此权利人会请求法院对停止侵权的部分以部分判决。部分判决的核心价值在于满足权利人对于效率价值的追求，避免诉讼过度迟延，达到诉讼经济的目的。[2] 可以看出，临时禁令和部分判决都是为了避免诉讼过度迟延，满足了权利人对于诉讼效率的追求，从而达到尽量减少诉讼的时间成本以及防止损失进一步扩大的诉讼经济的目的。虽然临时禁令和部分判决有相似或相同的价值和功能，但是其也有优劣。例如，部分判决因为系终局的实体生效判决，因此更具确定性；由于无须提供担保，金钱成本更低，但是其并不是立即生效，而是要等到终局判决以后才能生效，因此时间成本更高。而临时禁令只是一个临时性的保全措施，其确定性不如部分判决；加上其需要提供一定的担保，导致金钱成本更高，但是临时禁令即时生效，且可以马上执行，因此时间成本较低。而对于二者出现的先后关系，若是停止侵权的部分判决已经生效，而行为保全没有作出，类似该案的情况，由于临时禁令具有独立的价值，判令停止侵害的部分判决尚未生效时，临时禁令可以起到及时强制执行的效果，因此法院应当针对临时禁令申请作出裁定，以保护权利人的合法权益。若是停止侵权的部分判决作出前，行为保全已经作出，则此时法院的部分判决不会影响已经作出的行为保全的效力。若法院判决停止侵权，此时，相同的侵权行为既有临时禁令，又有停止侵权的判决，二者并不冲突。

启示与企业应对

该案的审理法院针对部分判决的上诉案件，允许就侵权判定问题先行作出部分判决并提起上诉，这样有助于节省司法资源、提高审判效率。同时，最高人民法院还在该案判决中首次探讨了判令停止侵害的部分判决制度和诉中保全的关系，阐明了判令停止侵害的部分判决尚未发生效力时保全的价值，允许在部分判决尚未生效时申请诉中保全并同意裁定诉中保全。该案倡导人民法院在作出部分判决的同时，支持专利权人关于责令停止侵权行为的诉中保全申请，通过裁判引领了提升司法保护力度和降低维权成本的良好导向。

因此，企业在面临专利侵权纠纷时，应当根据制度本身的优势和自身的需要利用好临时禁令和部分判决这两项制度，尽可能地避免自身经济损失的进一步扩大。

---

[1][2] 丁金钰. 我国民事部分判决的掣制与突围：以最高人民法院指导案例 115 号为中心 [J]. 知识产权，2020（12）：67－79.

企业作为维权人，若是维权极具时间上的紧迫性，可积极地申请诉中保全，争取保全时间；若是暂时不具备提供担保的能力申请诉中保全，则可以积极地申请部分判决。对于专利权侵权诉讼案件，由于其案情较为复杂，举证较为烦琐，其审理周期常常会超过 6 个月的一审法定审限，因此权利人从发现侵权存在，到提起诉讼，再到获得胜诉是一个漫长的过程。在这个过程中，如果不采取措施，很容易导致损失继续扩大。因此，企业可以积极地利用现有的制度，在审判过程中积极地预防损失扩大，从而保障自身的合法权益。

（覃宛玉）

9 行政投诉能否作为侵权警告的一种形式[1]

裁判要旨

没有参与到行政处理程序中的机会的当事人，无法在该行政处理程序中主张相应权利，其是否会被认定构成侵权已经处于一种不确定的状态，并且其权益在相应行政处理程序中无法得到保障。不侵害专利权之诉的目的，在于尽快通过司法程序确认被控侵权产品未落入涉案专利权的保护范围，从而自可能面临侵权指控的不确定状态中解脱出来并稳定其相应市场。因此，行政投诉的行为可以被认定为侵权警告。

裁判依据

《最高人民法院关于审理侵犯专利权纠纷案件应用法律若干问题的解释》第18 条

基本案情

2018 年 5 月 24 日，苏州市知识产权局受理了萨驰苏州公司提交的固铂昆山公司侵犯其涉案专利权的纠纷处理请求。同年 6 月 12 日，苏州市知识产权局基于案件管辖原因将该行政投诉案件移送至江苏省知识产权局。同年 7 月 5 日，江苏省知识产权局受理了萨驰苏州公司提交的固铂昆山公司侵犯其涉案专利权的纠纷处理请求。同年 8 月 15 日，江苏省知识产权局出具中止处理通知书，载明因固铂昆山公司向原国家知识产权局专利复审委员会提出涉案专利权无效宣告的请求被受理，固铂昆山公司请求江苏省知识产权局中止处理，故江苏省知识产权局决定中止对案件的审理。同年 9 月 24 日，VMI 公司向萨驰苏州公司邮寄催告函，其中记载萨驰苏州公司向苏州市知识产权局提起了专利侵权行政投诉，声称固铂昆山公司使用的 VMI 公司的

---

[1] VMI 荷兰公司诉萨驰华辰机械有限公司、萨驰机械工程（苏州）有限公司侵害发明专利权纠纷案。一审：（2018）苏 05 民初 1453 号。二审：（2019）最高法知民终 5 号。

MAXX 型号轮胎一次法成型机涉嫌侵犯了萨驰苏州公司包含涉案专利在内的共计 6 项专利权，萨驰苏州公司的行政投诉使得 VMI 公司和其中国客户的生产经营处于极为不稳定状态，因此要求萨驰苏州公司撤回行政投诉或依法提起侵权诉讼。萨驰苏州公司于同年 9 月 26 日签收了该函件。同年 9 月 30 日，萨驰苏州公司向 VMI 公司回函。在该回函中，萨驰苏州公司称其将会毫不迟疑地提起针对任何包括固铂昆山公司和 VMI 公司在内的侵权者的诉讼或行政投诉，并且萨驰苏州公司已经这样做了。同年 10 月 19 日，江苏省苏州市中级人民法院收到了萨驰苏州公司起诉 VMI 公司和固铂昆山公司侵犯其涉案专利权的专利侵权诉讼材料。萨驰苏州公司请求判令两被告立即停止侵权行为，连带赔偿萨驰苏州公司经济损失人民币 100 万元并承担诉讼费。

争议焦点

一、萨驰苏州公司提起行政投诉是否构成专利法意义上的"侵权警告"

江苏省苏州市中级人民法院认为，《最高人民法院关于审理侵犯专利权纠纷案件应用法律若干问题的解释》第 18 条规定："权利人向他人发出侵犯专利权的警告，被警告人或者利害关系人经书面催告权利人行使诉权，自权利人收到该书面催告之日起一个月内或者自书面催告发出之日起二个月内，权利人不撤回警告也不提起诉讼，被警告人或者利害关系人向人民法院提起请求确认其行为不侵犯专利权的诉讼的，人民法院应当受理。"该规定明确了被警告人或者利害关系人提起确认不侵权之诉的受理条件：①权利人发出了侵权警告；②被警告人或利害关系人提出了书面催告；③权利人未在合理期限内撤回警告或提起诉讼。

争议焦点一是萨驰苏州公司的行政投诉是否构成专利法意义上的"侵权警告"。上述司法解释并未对"侵权警告"进行明确界定，因此要正确认定何为"侵权警告"需结合确认不侵权诉讼的立法本意来理解。在专利法语境中，侵权警告应是指权利人通过直接或间接的方式向相对方主张侵权，但又怠于通过法定程序解决纠纷，致使相对方对是否侵权问题长期处于不确定状态。根据《专利法》（2008）第 60 条的规定，我国对于知识产权的保护采取司法保护和行政保护的双轨制模式。司法保护和行政保护都属于解决知识产权纠纷的法定形式。只要权利人的行为足以在其与相对方之间形成争议的事实，且权利人怠于诉诸法定的纠纷解决程序，或虽启动了行政投诉程序，但因权利人的过错或原因导致行政投诉程序未能或无法就双方争议的事实作出确定性的裁决，致使当事人双方陷入法律关系不确定的状态，就应该被认定为实质上构成对相对方的侵权警告。

该案中，萨驰苏州公司认为 VMI 公司和固铂昆山公司涉嫌侵害其专利权，通过直接向知识产权局投诉的方式对其权利予以救济。知识产权局对于萨驰苏州公司的投诉予以立案受理，并组织了专门的行政执法人员进行行政调查。萨驰苏州公司和VMI公司、固铂昆山公司之间的专利侵权纠纷已经进入法定的纠纷解决程序，且未有证据显示萨驰苏州公司有不配合或阻碍行政程序正常开展的情形，故VMI公司和固铂昆山公司可以通过该行政程序确定其是否构成侵权。此种方式与专利法意义上的"侵权警告"有本质区别。即便行政调查程序因固铂昆山公司向原国家知识产权局专利复审委员会申请宣告涉案专利无效而中止，但是中止的原因和结果均非萨驰苏州公司所掌控和推动。就确认不侵权诉讼的立法初衷和定位而言，其是为了制止对知识产权的滥用，保障和发展当事人的诉权。在萨驰苏州公司依法进行法定维权行为，未有滥用知识产权的情况下，萨驰苏州公司的行政投诉不构成《专利法》意义上的"侵权警告"。

二审法院认为，权利人主张相对方侵权，但又不通过法定程序予以解决，使相对方处于不确定状态。确认不侵权诉讼的制度目的在于赋予相对方诉权，使其有途径消除这种不确定状态。确认不侵害专利权之诉，其审理范围在于确定原告所实施的技术方案是否落入被告专利权的保护范围，其目的也在于消除原告对其所实施的技术方案是否落入他人专利权保护范围不确定的状态，以利于其经营决策。在专利侵权纠纷中，对于纠纷由专利行政部门处理还是由人民法院审理，专利权人有一定的选择权，但无论该纠纷由专利行政部门处理还是由人民法院审理，关键均在于确定被控侵权产品或方法是否落入涉案专利权的保护范围。首先，该案中萨驰公司向专利行政部门提起处理专利侵权纠纷的请求，表明其认为涉案的型号为MAXX的轮胎成型机侵害其涉案专利权。虽然该行政处理程序的相对方为被控侵权设备的使用者固铂公司，但对于该型号设备生产者的VMI公司，其必然认识到其所生产、销售的设备可能受到侵权指控，一旦纠纷处理机关认定其构成侵权，其设备市场必然受到影响，因此，该案中行政处理程序对VMI公司经营的影响是客观存在的。其次，萨驰公司提起的专利侵权纠纷处理请求，被请求人仅为设备使用者固铂公司，而设备的制造者VMI公司并非被请求人，VMI公司没有参与该行政处理程序的机会，无法在该行政处理程序中主张相应权利。对于VMI公司而言，其所制造、销售的被控侵权设备是否会被专利行政部门认定构成侵权，已经处于一种不确定的状态，其产品销售市场可能因此受到影响，并且其权益在相应行政处理程序中无法得到保障。VMI公司提起该案确认不侵害专利权之诉的目的，在于尽快通过司法程序确认其生产、销售的MAXX型号轮胎成型机未落入萨驰公司涉案专利权的保护范围，从而自可能面临侵权指控的不确定状态中解脱出来并稳定其相应市场。无论如何，尽快确定MAXX型号轮胎成型机是否落入萨驰公司涉案专利权的保护范围，既符合该案涉案各方的利益，也有利于节约行政和司法资源。该案中权利人请求专利行政部门处理专利侵权纠纷，其处理结果可能直接影响未作为被请求人的VMI公司的利益，可认为其已受到侵权警告。因此，该案中对于VMI公司而言，应将萨驰公司提起的专利侵权纠纷处理请求认定为属于《最高人民法院关于审理侵犯专利权纠纷案件应用法律若干问题的解释》第 18 条所称的侵权警告，VMI 公司关于萨驰公司专利侵权纠纷处理请求属于侵权警告的上诉理由具有合理性，一审法院适用法律不当，法院予以纠正。此外，专利权人是否滥用其权利并非认定其行为是否构成侵权警告的前提，确认不侵权之诉本身并不处理专利权人是否滥用其权利的问题，一审法院并未对萨驰公司是否滥用其知识产权进行单独认定，VMI 公司、固铂公司关于一审法院未认定萨驰公司滥用知识产权属事实认定错误的上诉理由不能成立。

二、司法解释规定的"提起诉讼"时机的判断标准

一审法院认为，如何认定司法解释中"提起诉讼"的时机的问题，关键在于如何正确理解我国设定"提起诉讼"为知识产权确认不侵权之诉受理条件的立法理由。司法解释将权利人未在合理期限内撤回警告或提起诉讼作为确认不侵权之诉的受理条件之一，原因在于确认不侵权之诉本身的制度定位在于将被警告人或利害关系人从法律权利和义务的不安定状态中解救出来，制止权利人对知识产权的滥用，实现当事人之间的利益平衡。这一立法目的也决定确认不侵权之诉是当事人的一种辅助救济手段。若权利人在合理期限内撤回了警告，或提起了诉讼，则被警告人或利害关系人已被从不确定状态中解救，无须通过这一制度解决当事人之间的纷争。因此，当权利人提起诉讼，请求公权力机关行使公权力救济自己的权利时，请求的意思表示到达法院即发生法律效力，即应认定权利人积极主张了权利。因此，此处的"提起诉讼"是指权利人起诉的行为，而非法院受理的行为。"提起诉讼"的时机应为权利人主张权利提起诉讼的时间，而非法院受理的时间。该案中，萨驰公司于 2018 年 10 月 19 日向法院提交了针对涉案专利的起诉材料，于 10 月 26 日预缴了案件受理费。上述两个时间点均在萨驰公司收到催告函之后的一个月内。由此可见，萨驰公司在收到催告函之后一个月内积极寻求人民法院对其权利进行救济的意思表示是明确的，也是及时的。故在权利人积极行使权利，已在合理期限内启动诉讼程序的情形下，VMI 公司和固铂公司不应当就相同的法律关系再提起确认不侵权诉讼。

因此，即便萨驰公司发出过侵权警告，基于萨驰公司在合理期限内提起了诉讼，该案也不符合确认不侵权之诉的受理条件，应驳回 VMI 公司和固铂昆山公司的起诉。同时，鉴于 VMI 公司和固铂公司提起过该案确认不侵权之诉，从维护双方权益、提高审判效率的角度出发，在侵权诉讼中，法院将视情况对萨驰苏州公司的撤诉权进行一定的审查或限制。

二审法院认为，确认不侵害专利权之诉与同一范围的专利侵权之诉，实质上均是处理被诉侵权行为人所实施的技术方案是否落入涉案专利权保护范围的问题，如专利侵权之诉在先，则相对方可提出不侵权抗辩，并无必要进行相应的确认不侵害专利权之诉。专利权人未在合理期限内撤回警告或提起诉讼是确认不侵害专利权之诉的受理条件之一。如权利人在合理期限内撤回警告或提起诉讼，则被警告人或利

害关系人已从不确定状态中解脱，或者可在专利侵权诉讼中解决纠纷，而无须再通过确认不侵权诉讼来解决纠纷。该案中，一审法院于 2018 年 10 月 19 日即已收到萨驰公司提交的起诉材料，萨驰公司亦于同月 26 日预交了案件受理费，因此可将萨驰公司提起侵权诉讼的时间确定为 2018 年 10 月 19 日，而此时间点尚在 VMI 公司发出催告函两个月之内、萨驰公司收到催告函一个月之内。因此，虽然该案中萨驰公司请求专利行政部门处理侵权纠纷属于侵权警告，但萨驰公司作为专利权人已在合理期限内提起侵权诉讼，VMI 公司、固铂公司提起的该案确认不侵害专利权之诉，并不符合司法解释规定的相应受理条件。综上，VMI 公司、固铂公司关于萨驰公司提起诉讼的时间应以法院受理时间为准、确认不侵权之诉应独立存在的上诉理由不能成立。

三、二审法院确认不侵害专利权之诉的请求是否超越涉案专利侵权纠纷处理请求的范围

根据确认不侵害专利权之诉的制度目的，其请求确认的范围不应超出权利人侵权警告的范围，否则其将是无本之木，即专利权人的侵权警告是相对方提起确认不侵害专利权之诉的前提。凡相对方超出专利权人侵权警告范围的诉讼请求，均不应纳入确认不侵害专利权之诉的审理范围。该案二审中，各方当事人均确认 MAXX 型号轮胎成型机与 VMI 公司增加诉讼请求申请书中的 VMI245 全自动一次法轮胎成型机属于不同的设备。该案中萨驰公司的专利侵权纠纷处理请求仅涉及 MAXX 型号轮胎成型机，其所使用的"包括但不限于"一语，并不意味着其请求处理事项可无限扩展至其他设备，且相关专利行政部门亦仅针对 MAXX 型号轮胎成型机展开相应处理程序，这意味着萨驰公司的侵权警告仅指向 MAXX 型号轮胎成型机。当事人不能提起超出侵权警告范围的确认不侵害专利权之诉，因此对 VMI 公司所增加的诉讼请求不应在该案中予以处理。如 VMI 公司认为其 VMI245 全自动一次法轮胎成型机收到了其他侵权警告，可另行寻求救济。据此，VMI 公司、固铂公司关于其增加的诉讼请求不应被驳回、一审法院违反法定程序的上诉理由，法院不予支持。

案例评析

一、确认不侵权之诉之受理条件之侵权警告形式

确认不侵权之诉，属于《民事诉讼法》中规定的确认之诉，是通过请求法院对一定的权利或者法律关系的存在与否予以判决确认的诉讼。若有些权利人滥用权利，向竞争对手发出侵权警告，使得竞争对手的商誉受损，但是又不在合理时间内向法院起诉，使得竞争对手是否侵权处于不确定的状态的，则竞争对手可以向法院提起确认不侵权之诉，以让自己是否处于侵权的状态得以尽快确定，从而尽快地作出应

对和调整。但是，这种诉讼具有天然的不安全性，若不对其加以限制和规范，任凭当事人提起诉讼，也容易滋生滥诉之风险。因此，要提起确认不侵权之诉应当满足一些受理要件。

《最高人民法院关于审理侵犯专利权纠纷案件应用法律若干问题的解释》第 18 条规定："权利人向他人发出侵犯专利权的警告，被警告人或者利害关系人经书面催告权利人行使诉权，自权利人收到该书面催告之日起一个月内或者自书面催告发出之日起二个月内，权利人不撤回警告也不提起诉讼，被警告人或者利害关系人向人民法院提起请求确认其行为不侵犯专利权的诉讼的，人民法院应当受理。"该条规定了提起确认不侵犯专利权诉讼的受理条件。根据该条的规定，确认不侵犯专利权诉讼之受理条件有以下三个：①权利人向他人发出侵犯专利权的警告；②被警告人或者利害关系人书面催告权利人行使诉权；③权利人收到该书面催告之日起一个月内或者自书面催告发出之日起二个月内，不撤回警告也不提起诉讼。

该案中，争议焦点之一就在于萨驰苏州公司向知识产权局提交的行政投诉是否构成专利法意义上的"侵权警告"。侵权警告是指权利人自行实施的以非法定纠纷解决方式对相对人主张侵权，致使相对人长期处于侵权事实不明的不稳定状态的维权行为。相比于诉讼、仲裁、调解等纠纷解决机制，侵权警告具有经济成本低廉、有助于过滤和分流案件、减少司法成本和有利于成本最小化地解决纠纷的优势。❶ 侵权警告是提起确认不侵权之诉的受理条件之一，但是上述司法解释第 18 条并未对"侵权警告"进行明确的界定，因此实践中存在不同形式的侵权警告，法院也存在审查标准不一的问题。司法实践中可能被认定为侵权警告的方式主要包括：知识产权海关保护、知识产权主管机关行政保护、书面函件、申请专门机构仲裁、权利人与利害关系人存在纠纷、权利人提起侵权之诉又撤诉等。❷ 其中，大多数权利人以书面函件形式进行侵权警告，法官在裁判时将其明确认定为侵权警告也并无争议。该案所采用的侵权警告形式为行政投诉，而行政投诉是否能作为侵权警告的形式，实践中则存在一定的争议。有的法官支持行政投诉是一种侵权警告的形式，认为判断行政投诉是否构成侵权警告，要看其对于认定构成侵权"已经处于一种不确定的状态"。权利人向行政管理部门投诉后，行政管理部门未作出行政裁决导致当事人权利处于争议状态，因而原告可提起确认不侵权之诉。如该案的法官则采取此种支持的观点。但是也有少数法官持反对观点，认为行政程序启动后不能提起确认不侵权之诉。因为接到权利人行政投诉后，行政管理部门已予以立案，被警告人若认为其行为不构成侵权，完全可以通过行政诉讼程序得到救济。❸

虽然该案中的二审法院认可行政投诉可以作为侵权警告的一种形式，但是实践中依然存在少数法官持不同观点。侵权警告的认定在司法上存在一定的混乱，部分原因是立法上没有对侵权警告的形式进行更加细化的规定，是立法上的疏漏和缺失，法律应该对侵权警告形式进行进一步的细化规定。因此，在现阶段，企业若面临专利权纠纷需要提起侵权警告时，可以尽量采取实践中争议更小的侵权警告形式，即以书面函件形式进行侵权警告，例如采用警告信、律师函等形式，并且至少需要明确被侵犯的权利事项、权利人、具体侵权行为三项事由，以让被警告人明确自己被警告的侵权行为，也让法院在审理案件时可以更明确地作出判断，以免产生争议和纠纷。

二、确认不侵权之诉之受理条件之提起诉讼的时机

该案中，双方对"提起诉讼"的时机的判断标准也有争议。"提起诉讼"的时机的判断标准关系到是否超出催告期，因此对其有一个准确的认定也是必要的。一审法院认为，"提起诉讼"是指权利人起诉的行为，而非法院受理的行为，其时间点应为权利人主张权利提起诉讼的时间，而非法院受理的时间，并列举了萨驰公司于2018年10月19日向法院提交针对涉案专利的起诉材料，10月26日预缴案件受理费的行为。二审法院则进一步明确萨驰公司于2018年10月19日向法院提交针对涉案专利的起诉材料的时间点为提起诉讼的时间点，并指出判断的关键在于权利人的行为是否将被警告人从是否侵权的不确定状态当中解救出来。可见，二审法院以当事人提交诉讼材料的日期作为提起诉讼的时间点。其认为，既然2018年10月19日萨驰公司已经向法院提交针对涉案专利的起诉材料，那么其就已经确定要进入诉讼程序，这就表明被警告人此时也已经可以确定地进入诉讼状态。

因此，企业在发出侵权警告后，应当注意法律规定的提起诉讼的时间点，尤其需要关注提交诉状和诉讼材料的时间节点，保证在法律规定的时间内及时提起诉讼。

三、确认不侵权之诉之受理条件之书面催告前置程序

《最高人民法院关于审理侵犯专利权纠纷案件应用法律若干问题的解释》第18条规定，要提起确认不侵权之诉，要求被警告人或者利害关系人书面催告权利人行使诉权，也就是说，需要以被警告人或者利害关系人的书面催告作为前置程序。这样规定的目的可能是避免重复起诉，并为权利人行使诉权设置合理的期限，以防止被警告人或者利害关系人滥诉，避免司法资源的浪费。但是，在实践中，法院并未完全认可将"书面催告"作为提起确认不侵权之诉的前置条件。在实践中，大量确认不侵害知识产权纠纷案件的当事人选择在受到侵权警告后，没有任何的书面催告，就提起确认不侵权之诉，仅有少数当事人在尝试和解等交涉方式无果后才起诉。司法裁判方面则表现为部分法官舍弃书面催告要件，仅在认定侵权警告的情形下受理

了知识产权确认不侵权之诉。由此显现出该要件在实践中适用的差异化倾向。❶ 这一要件不仅在实践中没有被法院严格适用，其在学界也存在争议。有学者认为，书面催告程序的存在，使得权利人的"侵权之诉"优于义务人的"不侵权之诉"，这种将诉权区分高低贵贱的做法不公平，也极不恰当，而且会使权利人发出侵权警告后不用担心会马上招致诉讼，被警告人要想起诉必须先函请权利人起诉，这就保证了权利人不会在没有心理准备的情况下收到法院传票，对权利人的保护有过之而无不及。❷ 因此，应当将书面催告的程序删除。

启示与企业应对

企业可以从确认不侵权之诉中得到以下启示。

一方面，企业若作为被控侵权人，首先应及时进行自查。企业一旦收到对侵权行为的指控，应立即进行内部调查和自查，确认自己的产品或服务是否实际构成侵权行为。例如仔细研究对方的专利权和专利文本，与企业产品或服务进行比较，并与专门律师团队合作进行详细的专利侵权分析等。其次，企业可以对对方的专利进行密切审查，评估该专利的有效性。这包括检查专利的合法性、可执行性和是否符合专利法的要求。如果企业发现对方的专利存在合法性问题，可以提出专利无效宣告请求，以捍卫自己的权益。再次，企业应该尽可能收集并保留与侵权指控相关的证据，例如技术文件、研发记录、产品文档、市场数据等，用于支持自己的辩护。最后，针对不侵权之诉，企业应该寻求专业的法律支持，与经验丰富的专利律师团队合作，让律师团队为企业提供专业意见、帮助理解专利法规定以及规划及执行合适的法律策略，与对方进行沟通并代表企业进行诉讼。

另一方面，企业若需要提起确认不侵权之诉，有关书面催告要件的存废问题或是进一步的细化规定的问题，目前理论和实践都存在争议，有待于学者的进一步研究和立法的进一步规定。对于现阶段的企业来说，如果作为被警告人的企业没有对权利人进行书面催告，在大多数情况下不会影响不确认侵权之诉的受理。企业也可以采取与权利人进行交涉、沟通等更为灵活的多元模式解决纠纷，达到更经济、更快捷、更和谐的纠纷解决效果。

通过以上的启示，企业可以更好地进行不侵权之诉，捍卫自己的权益，并避免不必要的法律风险。

（覃宛玉）

❶ 占善刚, 张一诺. 知识产权确认不侵权之诉受理条件实证研究 [J]. 知识产权, 2020 (3)：27-46.
❷ 宋红波. 知识产权确认不侵权之诉受理制度研究：从一条司法解释说开去 [J]. 苏州科技学院学报（社会科学版）, 2011, 28 (3)：43-49.

10 我国知识产权领域禁诉令裁定的适用[●]

裁判要旨

颁布跨国禁诉令需考量五项因素：域外判决临时执行对中国诉讼的影响、采取行为保全措施是否确属必要、损益平衡、采取行为保全措施是否损害公共利益，以及国际礼让原则。为了保证禁诉令被有效执行，可以按日设置违反禁诉令的罚金。

裁判依据

《民事诉讼法》（2017）第 100 条、第 104 条、第 115 条

《最高人民法院关于民事诉讼证据的若干规定》第 86 条第 2 款

基本案情

康文森无线许可有限公司（以下简称"康文森公司"）是一家注册于卢森堡的 NPE^❷。2011 年，康文森公司从诺基亚公司获得了一个包含 2000 多项专利在内的专利包，该专利包覆盖全球 40 个国家。该案涉及的是其中一系列与 4G 手机下载和发送数据所使用的 LTE 标准有关的专利。

2017 年 7 月，康文森公司在英国高等法院起诉华为技术有限公司（以下简称"华为技术公司"）及其英国关联公司，请求英国法院判定华为技术公司及其关联公司侵犯其 4 件英国专利，并裁定其全球专利包的全球 FRAND（公平、合理、无歧视）许可费率。同年 12 月，康文森公司向华为技术公司提供了其主张标准必要专利的清单，该清单包括其在中国获得授权的 10 个专利同族的 11 件专利。同月，华为

---

❶ 华为技术有限公司等与康文森无线许可有限公司确认不侵害专利权纠纷案。一审：（2018）苏 01 民初 100 号、101 号、102 号。二审：（2019）最高法知民终 335 号、336 号、337 号。管辖权异议裁定：（2019）最高法知民辖终 157 号。禁诉令裁定：（2020）最高法知民终 1336 号。

❷ 全称为 Non - practicing Entity，中文名为非专利实施主体，泛指拥有大量专利但不从事实体生产销售等经营活动的市场主体。

技术公司致函康文森公司，要求其在中国法院就中国专利权提起诉讼。

2018 年 1 月 25 日，华为技术公司认为康文森公司怠于针对其中国专利在中国行使诉权的行为，造成华为移动终端产品是否侵权处于模糊状态，故华为技术公司、华为终端有限公司、华为软件技术有限公司（以下合称"华为公司"）向江苏省南京市中级人民法院提起诉讼，请求确认其未侵害康文森公司 3 项中国专利权并请求确认中国地区标准必要专利的许可费率。2018 年 4 月 20 日，为反制华为公司的中国诉讼，康文森公司向德国杜塞尔多夫地区法院（以下简称"杜塞尔多夫法院"）提起诉讼，请求判令华为公司停止侵权并赔偿损失。康文森公司在德国诉讼中主张的欧洲专利分别与其在上述三起案件中主张的专利为同族专利。

2019 年 9 月 16 日，南京市中级人民法院作出一审判决，认定华为公司在中国制造、销售、许诺销售移动终端产品的行为侵害了康文森公司的专利权，并对华为公司与康文森公司所涉及的标准必要专利许可费率予以确认。康文森公司不服一审判决，向最高人民法院提起上诉。

在最高人民法院二审审理期间，2020 年 8 月 27 日，杜塞尔多夫法院作出一审判决，认定华为技术公司及其德国关联公司侵害康文森公司欧洲专利，判令禁止华为技术公司及其德国关联公司提供、销售、使用或为上述目的进口或持有相关移动终端，销毁并召回侵权产品。该判决可在康文森公司提供 240 万欧元担保后获得临时执行。同时，该判决认定，康文森公司向华为技术公司提出的标准必要专利许可费率要约未违反 FRAND 原则。康文森公司前述要约中的标准必要专利许可费率约为该三案一审判决所确定中国标准必要专利许可费率的 18.3 倍。

当日，华为技术公司向最高人民法院提出行为保全申请，请求禁止康文森公司在最高人民法院终审判决作出前申请执行杜塞尔多夫法院判决。最高人民法院在华为技术公司提供担保的基础上，作出行为保全裁定：康文森公司不得在最高人民法院作出终审判决前申请执行上述德国判决，如违反该裁定，则自违反之日起，处每日罚款人民币 100 万元，按日累计。该裁定于当日送达。康文森公司在复议期内提起复议。最高人民法院组织双方听证后，裁定驳回康文森公司的复议请求。

争议焦点

该案的争议焦点为：华为技术公司禁止康文森公司在该三案终审判决作出之前申请执行杜塞尔多夫法院判决的申请是否应得到支持。

一、申请保全裁定程序中最高人民法院的观点

最高人民法院认为，华为技术公司关于禁止康文森公司在该三案终审判决作出之前申请执行杜塞尔多夫法院判决的申请，性质上属于行为保全申请。对于禁止申请执行域外法院判决的行为保全申请，应当考虑被申请人申请执行域外法院判决对

中国诉讼的影响，采取行为保全措施是否确属必要，不采取行为保全措施对申请人造成的损害是否超过采取行为保全措施对被申请人造成的损害，采取行为保全措施是否损害公共利益，以及采取行为保全措施是否符合国际礼让原则等因素进行综合判断。

（一）被申请人申请执行域外法院判决对中国诉讼的影响

对于申请人申请采取行为保全措施，禁止被申请人申请执行域外法院判决的，人民法院首先应当审查被申请人实施该行为是否会对案件审理和裁判执行产生实质影响。被申请人的相关行为可能阻碍案件审理或者造成案件裁判难以执行的，可针对该行为采取禁止性保全措施。具体到该三案而言，首先，从诉讼主体看，该三案当事人为华为技术公司及其中国关联公司和康文森公司，德国诉讼当事人为康文森公司和华为技术公司及其德国关联公司，两国诉讼的当事人基本相同。其次，从审理对象看，该三案中华为技术公司及其中国关联公司请求就康文森公司的中国标准必要专利确定许可使用费率。在德国诉讼中，康文森公司主张华为技术公司及其德国关联公司侵害康文森公司的标准必要专利权，请求杜塞尔多夫法院判令华为技术公司及其德国关联公司停止侵权。杜塞尔多夫法院作出的停止侵权判决以标准必要专利权利人康文森公司在与华为技术公司等协商过程中提出的许可费要约符合FRAND原则为前提。因此，虽然该三案与德国诉讼在纠纷性质上存在差异，但审理对象存在部分重合。最后，从行为效果看，一旦康文森公司申请执行杜塞尔多夫法院的停止侵权判决并获得准许，将对该三案的审理造成干扰，并很可能使该三案的审理和判决失去意义。综上，康文森公司申请执行杜塞尔多夫法院停止侵权判决的行为将对该三案的审理推进和裁判执行产生实质消极影响，华为技术公司申请最高人民法院禁止康文森公司实施上述行为具备该类行为保全的前提条件。

（二）采取行为保全措施是否确属必要

审查采取行为保全措施是否具有必要性，应着重审查不采取行为保全措施是否会使申请人的合法权益受到难以弥补的损害或者造成案件裁决难以执行等损害。原则上，仅当确有必要时，方可采取禁止性保全措施。该三案中，杜塞尔多夫法院的停止侵权判决已经作出，一旦康文森公司提出申请并得以执行，在此紧急情形下，华为技术公司及其德国关联公司将仅有两种选择：要么被迫退出德国市场，要么被迫接受康文森公司要价并与之达成和解。对于前者情形，华为技术公司及其德国关联公司因退出德国市场所遭受的市场损失和失去的商业机会难以在事后通过金钱获得弥补。对于后者情形，华为技术公司及其德国关联公司慑于停止侵权判决的压力，不得不接受康文森公司按一审法院确定的标准必要专利许可费率18.3倍的要价，并可能被迫放弃在该三案中获得法律救济的机会。无论该三案如何认定中国费率，其判决事实上将难以获得执行。无论发生上述何种情形，华为技术公司所受损害均属难以弥补，该三案具备采取行为保全措施的必要性，且情况确属紧急。

（三）对申请人和被申请人相关利益的合理权衡

判断是否可以采取禁止被申请人为特定行为的行为保全措施，还应当权衡不采取行为保全措施对申请人造成的损害和采取行为保全措施对被申请人造成的损害，兼顾双方利益。不采取行为保全措施对申请人造成的损害超过采取行为保全措施对被申请人造成的损害的，可以认定采取行为保全措施具有合理性。而且，不采取行为保全措施对申请人造成的损害超过采取行为保全措施对被申请人造成的损害的程度越高，采取保全措施的合理性就越强。该三案中，前已述及，一旦康文森公司申请执行杜塞尔多夫法院的停止侵权判决并获得准许，如最高人民法院不采取相应行为保全措施，则华为技术公司将遭受被迫退出德国市场或者被迫接受许可要价、放弃在中国法院的法律救济等难以弥补的损害。相反，如果最高人民法院采取行为保全措施，则对康文森公司的损害仅仅是暂缓执行杜塞尔多夫法院的一审判决。杜塞尔多夫法院的判决并非终审判决，暂缓执行该判决并不影响康文森公司在德国的其他诉讼权益。同时，康文森公司系标准必要专利权利人，其在德国诉讼的核心利益是获得经济赔偿，暂缓执行杜塞尔多夫法院的停止侵权判决对于康文森公司造成的损害较为有限。两者相比较，不采取行为保全措施对华为技术公司造成的损害明显超过采取行为保全措施对康文森公司的损害，故采取行为保全措施具有合理性。同时，中国工商银行股份有限公司深圳华为支行为华为技术公司的行为保全申请提供了相应担保，可依法保障康文森公司的利益。

（四）采取行为保全措施是否会损害公共利益

判断是否可以采取禁止被申请人为特定行为的行为保全措施，还应该审查采取该行为保全措施是否会损害公共利益。该三案及关联德国诉讼主要涉及华为技术公司和康文森公司的利益。同时，该三案中，行为保全的对象是禁止康文森公司在最高人民法院终审判决作出前申请执行杜塞尔多夫法院的停止侵权判决，不影响公共利益。综上，该三案中采取行为保全措施不会损害公共利益。

（五）国际礼让因素的考量

对于禁止当事人申请执行域外法院裁判以及禁止其在域外寻求司法救济的行为保全申请，审查是否应予准许时，还应考量国际礼让因素。考虑国际礼让因素时，可以考查案件受理时间先后、案件管辖适当与否、对域外法院审理和裁判的影响是否适度等。从受理时间看，一审法院受理该三案的时间为2018年1月，杜塞尔多夫法院受理关联德国诉讼的时间为2018年4月，该三案受理在先。同时，禁止康文森公司在该三案终审判决作出之前向杜塞尔多夫法院申请执行有关判决，既不影响德国诉讼的后续审理推进，也不会减损德国判决的法律效力，仅仅是暂缓了其判决执行，对杜塞尔多夫法院案件审理和裁判的影响尚在适度范围之内。

综上所述，最高人民法院裁定：康文森公司不得在最高人民法院就该三案作出终审判决前申请执行杜塞尔多夫法院于 2020 年 8 月 27 日作出的一审停止侵权判决，如违反该裁定，则自违反之日起，处每日罚款人民币 100 万元，按日累计。

二、复议程序中最高人民法院的观点

最高人民法院认为，根据康文森公司的复议请求及华为技术公司的答辩意见，该三案复议程序有如下六个争议焦点：一是原裁定对德国法院裁判的影响是否超出了适度范围；二是康文森公司申请临时执行德国法院一审判决对该三案审理的影响；三是若不作出原裁定，华为技术公司是否可能面临难以弥补的损害；四是原裁定对双方利益的权衡是否失衡；五是该三案是否符合《民事诉讼法》（2017）第 104 条规定的解除保全条件；六是原裁定对违反裁定行为采取按日计罚方式处以罚款是否违反法律规定。

（一）原裁定对德国法院裁判的影响是否超出了适度范围

康文森公司复议主张，原裁定限制了康文森公司基于德国法律所享有的权利，违反了中国法律关于司法裁决效力应限于本国的司法原则，亦构成对德国法律的违反，中国法院对德国诉讼审理及执行没有管辖权；原裁定危及国际司法秩序，致使他国法院判决无法得到执行。对此，最高人民法院认为：

第一，原裁定系依据中国法作出，该三案并不受德国法的约束，更不可能违反德国法。该三案审理中，华为技术公司向最高人民法院提起行为保全申请，应当适用我国《民事诉讼法》第 100 条之规定予以审查，德国法律对该三案没有约束力。一国法院依据本国法律行使审判权是司法主权的应有之义。康文森公司主张原裁定构成对德国法律的违反，明显缺乏事实和法律依据。

第二，原裁定亦不存在对德国诉讼行使管辖权的情形。对于在我国领域内发生的民事纠纷案件，我国法院具有司法管辖权。原裁定系在该三案审理中基于当事人申请及我国法律相关规定作出，是最高人民法院行使中国司法管辖权的结果。原裁定限制康文森公司在最高人民法院就该三案作出终审判决前申请临时执行德国法院一审判决，既未涉及德国诉讼所涉欧洲专利的侵权认定，又未对德国判决或者执行作出任何评价，更未干涉德国诉讼实体审理及裁判效力。康文森公司将原裁定理解为中国法院对德国诉讼及判决的申请执行行使管辖权，系对管辖权以及原裁定内容的曲解。因此，康文森公司的该项主张不能成立。

第三，原裁定遵循国际礼让原则，符合国际司法惯例。原裁定作出时充分考虑了国际礼让因素，符合国际司法惯例。特别是，原裁定考虑了其可能对德国诉讼产生的影响。该三案受理时间较德国法院在先，原裁定仅仅是暂缓康文森公司申请执行德国法院一审判决，既不影响德国诉讼的后续推进，也不会减损德国判决的法律效力。康文森公司的相应主张，实质上是将暂缓申请执行德国法院一审判决等同于否定德国判决的效力，将原裁定对其个体权益的限制等同于对德国判决及其效力的限制，是错误的。

第四，康文森公司的主张与其既往行为存在一定矛盾。最高人民法院注意到，康文森公司在全球开展的诉讼活动中，曾经主动向域外法院提出申请，要求域外法院颁发禁诉令，禁止特定当事人在中国法院提起关联诉讼。康文森公司的上述既往行为似乎没有认为该禁诉令对中国法院司法管辖权及国际诉讼秩序有不利影响。康文森公司关于原裁定作出对德国法院裁判影响超出了适度范围的主张以及其陈述的具体理由，与其既往行为难以自洽。

（二）康文森公司若申请临时执行德国法院一审判决对该三案审理的影响

康文森公司复议主张：申请临时执行德国判决对该三案终审判决不会造成影响，该三案为确认之诉，终审判决将不包含可执行的内容，无法满足使判决难以执行的行为保全措施适用条件；该三案诉讼与德国诉讼审理内容不重合；原裁定与管辖权异议裁定存在冲突，根据管辖权异议裁定内容，德国诉讼即便与该三案在审理对象上存在部分重合，也不会对该三案产生实质消极影响。对此，最高人民法院认为：

第一，该三案终审判决具有执行力。首先，在审查行为保全申请时，对于是否可能因当事人一方的行为造成案件判决难以执行等损害这一要件，应当结合行为保全的特点予以理解。行为保全具有保全性和应急性，其目的是确保将来的判决能够获得执行、申请人依据判决确定的权益能够最终得以实现。因此，在行为保全的语境下，考察当事人一方的行为是否会造成案件判决难以执行时，聚焦的核心是：如果不采取保全措施，一旦当事人实施该行为，能否确保判决对当事人发生拘束力和执行力，申请人依据判决确定的权益能否最终得以实现。至于判决内容本身是否适合直接强制执行，并非判断当事人的行为是否可能造成案件判决难以执行时需要考虑的内容。康文森公司关于该三案终审判决不具有执行力的主张，错误地将判决的执行力混同于判决内容是否适合强制执行。其次，该三案终审判决将确定涉案标准必要专利许可费率，该费率对双方均具有约束力，亦具有可执行内容。标准必要专利许可纠纷的核心是诉请法院确定特定许可条件或者内容，促使双方最终达成或者履行许可协议。在该三案判决作出后，各方当事人均有义务遵守判决确定的许可费率标准，非经对方当事人同意，标准必要专利权利人不得要求高于判决确定的许可费率，专利实施者不得支付低于判决确定的许可费率。这是该三案终审判决约束力和执行力的重要表现。最后，如康文森公司申请临时执行德国法院一审判决，华为技术公司可能迫于退出德国市场等严重后果，不得不与康文森公司达成和解，接受远高于该三案一审判决确定的许可费率，导致最高人民法院的后续审理和裁判确定的许可费率无法得到遵守，失去意义。

第二，该三案与德国诉讼审理对象存在部分重合。该三案中华为技术公司及其中国关联公司请求就康文森公司的中国标准必要专利确定许可费率。在德国诉讼中，康文森公司主张华为技术公司及其德国关联公司侵害康文森公司的标准必要专利权，请求德国法院判令华为技术公司及其德国关联公司停止侵权。德国法院作出的停止侵权判决以标准必要专利权利人康文森公司在与华为技术公司等协商过程中提出的许可费要约符合 FRAND 原则为前提。在该三案听证程序中，康文森公司亦认可德国判决评述并认定了该公司提出的包括中国在内的许可费要约未违反 FRAND 原则。因此，原裁定认定该三案与德国诉讼审理对象存在部分重合并无不当。

第三，原裁定与管辖权异议裁定并不存在冲突。首先，管辖权异议裁定与原裁定的性质不同，二者所要解决的争议焦点区别明显。管辖权异议裁定中双方争议焦点在于中国法院是否对该案具有管辖权，而该三案原裁定为禁止特定当事人为一定行为的行为保全裁定，两者处理的是截然不同的法律问题。其次，从管辖权异议裁定中无法得出康文森公司所主张的结论。在管辖权异议裁定中，最高人民法院以存在适当联系为管辖标准，认为国外正在进行的平行诉讼不影响中国法院对案件的管辖权，仅就中国法院对该案是否具有管辖权进行评述，并未涉及实体法律问题，更未涉及国际平行诉讼审理对象存在部分重合时是否会对他国诉讼造成实质消极影响的问题。

（三）若不作出原裁定，华为技术公司是否可能面临难以弥补的损害

康文森公司复议主张，德国法院判决华为技术公司承担的法律后果属于法律义务，并不构成其损失；没有证据证明存在华为技术公司所称的"难以弥补的损害"；其提供 240 万欧元担保后申请执行德国判决，足以弥补华为技术公司损失；即使康文森公司在该三案终审判决作出之前不申请执行德国判决，因德国法院不会考虑中国判决认定的专利许可费率，德国诉讼不受中国诉讼的影响，原裁定的作出不能避免华为技术公司所称的"难以弥补的损害"。对此，最高人民法院认为：

第一，执行德国判决可能使华为技术公司遭受难以弥补的损害。首先，在该三案行为保全申请审查中，应该关注的是，在德国法院一审判决作出和最高人民法院正在对该三案进行审理的特定时间段内，如果康文森公司申请临时执行德国法院一审判决，可能给华为技术公司造成的损害。在此时间段内，一旦德国法院一审判决得以执行，则华为技术公司将仅余两种选择：要么被迫退出德国市场，要么被迫接受康文森公司要价并与之达成和解。前一情形下，其将承受相关市场损失和商业机会损失；后一情形下，其将被迫接受康文森公司的超高专利许可费要价，甚至放弃该三案的司法救济机会。故此，华为技术公司因康文森公司申请临时执行德国法院一审判决所可能遭受的损害既包括有形的物质损害，又包括商业机会和市场利益等无形损害；既包括经济利益损害，又包括诉讼利益损害；既包括在德国的利益损害，又包括在中国的利益损害。其次，由上可知，华为技术公司因康文森公司申请临时执行德国法院一审判决所可能遭受损害的范围超出了德国法院一审判决的范围，与其根据德国法院一审判决应当承担的法律责任并无直接关联性。况且，德国法院一审判决所确定的华为技术公司的法律责任仅仅是一种可能性，该法律责任在当前承

担与否取决于康文森公司是否申请临时执行。

第二，原裁定认定华为技术公司可能遭受难以弥补的损害具有证据支持。根据《最高人民法院关于民事诉讼证据的若干规定》第86条第2款之规定，与诉讼保全、回避等程序事项有关的事实，人民法院结合当事人的说明及相关证据，认为有关事实存在的可能性较大的，可以认定该事实存在。华为技术公司申请的行为保全属于诉讼保全范畴，有关事实认定适用优势证据证明标准，而非高度盖然性标准。华为技术公司提供了德国法院一审判决，就临时执行德国法院一审判决可能使其遭受前述难以弥补的损害作出了合理说明，该说明符合一般商业逻辑和既有商业实践，可以初步证明其所称的难以弥补的损害。

第三，康文森公司提供240万欧元担保并不足以弥补华为技术公司可能遭受的损害。首先，前已述及，华为技术公司因康文森公司在当前特定时刻申请临时执行德国法院一审判决所可能遭受的损害包括有形损害和无形损害、经济利益损害和诉讼利益损害，以及在德国的利益损害和在中国的利益损害，超出了德国判决的范围，与其根据德国判决应当承担的法律责任并无直接关联。其次，即便德国判决认定240万欧元担保足以弥补华为技术公司在德国所可能遭受的损害，亦无法弥补华为技术公司在中国的诉讼利益的损害。华为技术公司基于该三案寻求确定康文森公司中国标准必要专利许可费率的司法救济，构成其在中国的诉讼利益。若德国法院一审判决得以临时执行，华为技术公司可能为保留德国市场而被迫接受上述超高要价并与康文森公司达成和解，则其势必将放弃在中国的司法救济，其诉讼利益将遭受重大损失，该三案的审理亦将难以推进。

第四，德国法院是否考虑中国判决认定的专利许可费率并受中国诉讼影响，与原裁定缺乏关联性。首先，原裁定的意旨在于，根据华为技术公司的申请，暂缓康文森公司申请德国判决的执行，维护该三案的审理秩序和裁决执行，并非影响德国诉讼或者德国判决。德国法院如何看待该三案判决，以及德国诉讼是否受到中国诉讼影响，并非作出原裁定的考虑因素。其次，原裁定法律效力的实现，不取决于其是否得到德国法院的承认与执行，而取决于康文森公司是否遵守原裁定确定的法律义务。最后，原裁定所指向的难以弥补的损害，是康文森公司在该三案终审判决作出之前申请临时执行德国法院一审判决所带来的损害，而非其他。原裁定系针对康文森公司作出，只要康文森公司遵守原裁定确定的法律义务，不得在该三案终审判决作出之前申请临时执行德国法院一审判决，该损害即可以避免。

（四）原裁定对双方利益的权衡是否失衡

康文森公司复议主张，原裁定未充分考量和保护其利益；超出华为技术公司诉讼请求范围保护其利益，属于法律适用错误；原裁定混淆华为技术公司应受保护的法律利益与其最大商业利益，超越中国法律确定的可保护利益范围，将其无限扩张为华为技术公司的最大商业利益。对此，最高人民法院认为：

第一，行为保全裁定中对于当事人利益的考量以利益受损比较为基本方法，即比较不采取行为保全措施对申请人造成的损害和采取行为保全措施对被申请人造成的损害，两害相权取其轻。该三案中，如前所述，不采取行为保全措施的情形下，华为技术公司将遭受难以弥补的损害，包括有形损害和无形损害、经济利益损害和诉讼利益损害、在德国的利益损害和在中国的利益损害。该三案听证过程中，康文森公司认可其德国诉讼的核心利益是经济利益，具体而言是德国诉讼所涉标准必要专利的许可使用费。比较华为技术公司的受损利益和康文森公司德国诉讼的核心利益，原裁定认定不采取行为保全措施对华为技术公司造成的损害超过采取行为保全措施对康文森公司造成的损害，并无不当。原裁定综合考虑上述利益衡量的情况，在华为技术公司提供了与康文森公司德国诉讼中专利侵权损害赔偿请求数额相当的担保的前提下，仅限期暂缓康文森公司申请临时执行德国法院一审判决，已经充分考虑了康文森公司的利益。

第二，原裁定的利益衡量范围与华为技术公司的诉讼请求范围并无直接关联。行为保全裁定不同于案件实体判决。行为保全的申请人不限于原告，应予考虑的受损利益也不限于原告诉讼请求。审查行为保全申请时，利益衡量的范围和限度取决于作为行为保全申请对象的行为对申请人和被申请人的影响范围和程度。该三案中，康文森公司申请临时执行德国法院一审判决是行为保全申请的对象，该行为给华为技术公司造成的利益影响均可纳入考量范围，原裁定的利益衡量范围并无不当。

第三，原裁定并未考虑最大化华为技术公司的商业利益。首先，原裁定系基于华为技术公司的申请，依据《民事诉讼法》关于行为保全的规定作出。作出原裁定所考虑的是，华为技术公司因康文森公司在当前特定时刻申请临时执行德国法院一审判决所可能遭受的损害，而非最大化华为技术公司的商业利益。康文森公司所谓原裁定混淆华为技术公司应受保护的法律利益与其最大商业利益等主张，是对原裁定的曲解。其次，除华为技术公司因康文森公司在当前特定时刻申请临时执行德国法院一审判决所可能遭受的损害外，原裁定更关注的是，康文森公司在当前特定时刻申请临时执行德国法院一审判决可能对该三案审理和执行造成的干扰和妨碍。此外，原裁定还考虑了康文森公司的利益、国际礼让等因素。

（五）该三案是否符合《民事诉讼法》（2017）第104条规定的解除保全条件

康文森公司复议主张，因其申请执行德国判决需要提供担保，故其符合《民事诉讼法》（2017）第104条关于"财产纠纷案件，被申请人提供担保的，人民法院应当裁定解除"之规定，该三案有关行为保全措施应当解除。对此，最高人民法院认为：

第一，康文森公司向德国法院提供担保不属于《民事诉讼法》（2017）第104条规定的情形，不构成解除原裁定行为保全措施的充分条件。相反，一旦康文森公司向德国法院提供担保申请执行德国判决，将构成对原裁定的违反，应当受到相应处罚。

第二，《最高人民法院关于审查知识产权纠纷行为保全案件适用法律若干问题的规定》第 12 条规定，人民法院采取的行为保全措施，一般不因被申请人提供担保而解除，但是申请人同意的除外。据此，即便康文森公司向最高人民法院提供相应担保，原裁定所采取的行为保全措施亦不能被当然解除。

（六）原裁定对违反裁定行为采取按日计罚方式处以罚款是否违反法律规定

为确保裁定中的行为保全措施得到有效执行，原裁定明确了康文森公司拒不执行的法律后果："自违反之日起，处每日罚款人民币 100 万元，按日累计。"康文森公司主张按日计罚处罚方式不符合法律规定。对此，最高人民法院认为：

第一，按日计罚处罚方式符合法律规定。《民事诉讼法》（2017）第 115 条规定："对单位的罚款金额，为人民币五万元以上一百万元以下。"禁止被申请人为一定行为的行为保全措施具有特殊性，其核心是针对被申请人未来的行为，要求其不得为一定行为，不得违法改变现有状态。倘若被申请人拒不遵守法院裁定确定的义务，改变现有状态，则属于积极、故意违法行为。被申请人此种故意违法行为系持续性地违反裁定和改变现状，该行为与一次性的、已经实施完毕的违法行为具有明显区别，应视为被申请人每日均实施了单独的违法行为。对于该种每日持续发生的妨害民事诉讼的行为，应当以按日计罚的方式确定处罚。

第二，按日计罚处罚方式与该三案违反行为保全措施可能产生的后果相适应。妨害民事诉讼强制措施的强度需要与妨害民事诉讼行为可能产生的后果相适应。该三案中，康文森公司若故意违反原裁定，申请临时执行德国法院一审判决，不仅可能使华为技术公司的德国市场利益受到严重损害，还可能致使其被迫放弃在中国法院寻求司法救济的机会，也将使该三案判决难以执行甚至失去意义。相反，一旦康文森公司申请临时执行德国法院一审判决，则可能在双方后续的许可费谈判中获得显著优势地位，并基于该优势地位获得巨额利益。因此，对于康文森公司可能的故意违反原裁定所确定的义务的行为，采取按日计罚方式，既与该违法行为的恶性程度和损害后果相适应，也为维护原裁定的法律效力所必需。因此，原裁定对违反裁定行为采取按日计罚方式处以罚款符合法律规定，并无不当。

综上所述，最高人民法院裁定：驳回康文森无线许可有限公司的复议请求。

案例评析

一、禁诉令的含义与发展

禁诉令是指在管辖权冲突的情况下，由一国法院发布的禁止当事人在他国法院提起或继续诉讼的命令。广义上的禁诉令主要包括三种限制性命令：禁诉令、反禁

诉令、禁执令。该案作出的行为保全裁定属于禁执令，即禁止当事人在一定期限内执行其他外国法院作出的裁判。❶

禁诉令起源于英国，最早用于衡平法院签发禁令以阻止原告利用普通法法院的缺陷压迫被告，是针对其国内法院诉讼程序所颁发的禁令，之后逐渐扩张适用于域外。受英国禁诉令制度的影响，美国、加拿大、澳大利亚等国家也纷纷建立了各自的禁诉令制度。近年来，大型通信企业在全球范围内提起了大量的标准必要专利诉讼，禁诉令往往与此类案件如影随形，成为企业间竞争的有力武器，并在全球掀起了一场"禁诉令大战"。

与此同时，我国法院在司法实践中也面临着其他国家法院签发禁诉令以及当事人申请禁诉令的情况。目前，我国并没有关于禁诉令制度的相应法律规范，仅是由法院在个案中进行裁量，根据行为保全制度作出相应裁决。

二、禁诉令的效力

虽然禁诉令是针对诉讼当事人签发的，要求其不得在外国法院提起诉讼或申请执行外国法院判决，但其本质是对外国法院管辖权的干预，会对其他国家的裁判效力和司法主权产生影响。正因如此，一国法院可能对其他国家批准的禁诉令不予承认或执行，也可能通过颁发"反禁诉令"的方式阻止禁诉令的生效。

三、作出禁诉令的考虑因素

该案中，法院提到，作出禁诉令需要根据被申请人申请执行域外法院判决对中国诉讼的影响，采取行为保全措施是否确属必要，不采取行为保全措施对申请人造成的损害是否超过采取行为保全措施对被申请人造成的损害，采取行为保全措施是否损害公共利益，以及采取行为保全措施是否符合国际礼让原则等因素进行综合判断。

第一，被申请人的相关行为可能阻碍案件审理或者造成案件裁判难以执行的，可以针对该行为采取禁止性保全措施。该案中，法院认为，一旦康文森公司申请执行杜塞尔多夫法院的停止侵权判决并获得准许，将对该三案的审理造成干扰，并很可能使该三案的审理和判决失去意义。由此，华为技术公司申请禁诉令符合申请该类行为保全的前提条件。

第二，审查采取行为保全措施是否具有必要性，应着重审查不采取行为保全措施是否会使申请人的合法权益受到难以弥补的损害或者造成案件裁决难以执行等损害。原则上，仅当确有必要时，方可采取禁止性保全措施。该案中，一旦康文森公司申请执行杜塞尔多夫法院的判决，则华为技术公司仅有被迫退出德国市场，或被迫接受康文森公司高额要价并与之达成和解两种选择。无论哪种选择，华为技术公

---

❶ 宾岳成. 禁诉令性质的行为保全裁定之考量因素及保障措施：我国知识产权诉讼首例禁诉令裁定解读[J]. 法律适用，2021（4）：90－100.

司均面临难以弥补的损害，因此，该案具备采取行为保全措施的必要性，且情况确属紧急。

第三，判断是否可以采取禁止被申请人为特定行为的行为保全措施，还应当权衡不采取行为保全措施对申请人造成的损害和采取行为保全措施对被申请人造成的损害，兼顾双方利益。若不采取行为保全措施对申请人造成的损害超过采取行为保全措施对被申请人造成的损害的，则可以认定采取行为保全措施具有合理性。如前所述，一旦康文森公司申请执行杜塞尔多夫法院的判决，华为技术公司将面临难以弥补的损害。相反，如果采取行为保全措施，对康文森公司的损害仅仅是暂缓执行杜塞尔多夫法院的一审判决，损害程度有限。由此可以看出，不采取行为保全措施对华为技术公司造成的损害明显超过采取行为保全措施对康文森公司的损害，因此，采取行为保全措施具有合理性。

第四，判断是否可以采取禁止被申请人为特定行为的行为保全措施，还应该审查采取该行为保全措施是否会损害公共利益。该案涉及的只是两公司的经济利益和交易机会，同时，行为保全的对象是禁止康文森公司在终审判决作出前申请执行杜塞尔多夫法院的停止侵权判决，不会对公共利益产生影响。

第五，禁诉令虽然是针对诉讼当事人签发的，但其实质是要求当事人不得在他国提起诉讼或者放弃申请执行他国法院判决，不可避免地会涉及外国法院的管辖权，影响其裁判效力，甚至还会影响正常的国际交往和国家关系。因此，国际礼让原则是作出禁诉令所必须考量的因素。考虑国际礼让因素时，可以考查案件受理时间先后、案件管辖适当与否、对域外法院审理和裁判的影响是否适度等。从受理时间看，该三案受理在先，同时，禁止康文森公司在该三案终审判决作出之前向杜塞尔多夫法院申请执行有关判决，既不影响德国诉讼的后续审理，也不会减损德国判决的法律效力，仅仅是暂缓了其判决执行，对杜塞尔多夫法院案件审理和裁判的影响尚在适度范围之内。

综合上述原因，最高人民法院对康文森公司作出禁止其在该三案作出终审判决前申请执行杜塞尔多夫法院一审停止侵权判决的裁定。

启示与企业应对

该案是我国知识产权领域的首例禁诉令裁定，入选 2020 年度人民法院十大案件，并被评为 2020 年最高人民法院知识产权法庭七个典型案例之一。虽然我国立法中尚无"禁诉令"这一概念与相关规定，但"禁诉令"已被我国法院在涉外知识产权案件中多次以"行为保全"的方式使用。该案拓宽了我国行为保全制度的适用范围和边界，明晰了作出禁诉令所应考虑的因素，并首次探索违反禁诉令的日罚金制度，初步构建起我国禁诉令的司法实践路径。

对我国企业而言，首先，为预防争议发生且避免交易相对方的外国企业在国外申请执行对我国企业不利的判决，从维护我国企业权益出发，建议在与外国企业进行标准必要专利许可谈判的过程中，在拟签署的相关协议中明确约定互相不申请颁发禁诉令的条款，并可以约定对应的违约责任条款，以降低我国企业面临的不利诉讼及执行风险。

其次，若发生诉讼、仲裁等纠纷，我国企业为维护自身利益，可以考虑向我国法院申请禁诉令，以在专利侵权诉讼，尤其是标准必要专利诉讼中夺得话语权。但由于我国禁诉令制度亟待完善，以及可能出现反禁诉令等对抗性禁令的风险，企业也需要在申请禁诉令的基础上与对方当事人开展积极的商业谈判，以求达成合意，真正结束双方的跨境平行诉讼。

（肖恭晴）

商标权篇

11 规范使用注册商标，避免"撤三"风险[❶]

裁判要旨

法院认为，该案的诉争商标在相关商品上于指定期间内进行了真实、合法、有效的商业使用。虽然上述相关商品与诉争商标核定使用的商品类目不完全一致，但其在功能用途、生产部门、消费渠道等方面相近，消费群体重叠，属于类似商品，故不影响法院对商标权利人真实、合法、有效的商业使用的认定。

裁判依据

《商标法》第 49 条第 2 款

基本案情

"渴望"商标由遂宁市渴望饲料有限公司于 2004 年 12 月 13 日申请注册，于 2007 年 8 月 7 日获准注册，核定使用在第 31 类"饲料，动物栖息用品，酿酒麦芽，植物种籽，新鲜蔬菜，植物，未加工的稻，活动物，鲜水果"商品上。2006 年 8 月 14 日，该商标注册人变更为该案第三人四川渴望生物科技有限公司（以下简称"渴望公司"）。

原告加拿大冠军宠物食品有限合伙公司（以下简称"冠军公司"）是一家全球知名宠物食品企业，于 2013 年 12 月 17 日、2018 年 1 月 29 日先后 2 次向国家知识产权局申请第 31 类"渴望"商标，均被国家知识产权局驳回，未能注册成功。2019 年，原告冠军公司诉至北京知识产权法院，请求撤销被诉决定，并责令被告重新作出决定，理由为第三人提交的证据尚不足以证明在指定期间内对诉争商标进行了真实、合法、有效的商业使用，对诉争商标应予以撤销。

[❶] 冠军宠物食品有限合伙公司与国家知识产权局及四川渴望生物科技有限公司注册商标撤销复审行政纠纷案。一审：（2019）京 73 行初 14520 号。二审：（2020）京行终 910 号。

争议焦点

　　该案的争议焦点为诉争商标于指定期间内在核定的商品上是否进行了真实、合法、有效的商业使用。

　　该案中，第三人提交的商标使用许可合同能够证明第三人将核定使用在第 31 类商品上的诉争商标授权给四川普升农业发展有限公司许可使用。第三人提交的饲料生产许可证、添加剂预混合饲料产品批准文号审批表、经销协议书、经公证的销售发票及产品图片可以证明第三人将诉争商标于指定期间内在"饲料"商品上进行了商业使用。第三人提交的 2015 年 1 月 7 日、2015 年 10 月 8 日第三人与四川普升农业发展有限公司、遂宁市安居区天利绿色生猪专业合作社签订的合作养猪协议及经公证的发票、银行转账凭证、产品图片等证据可以证明诉争商标在"黑猪"商品上于指定期间内进行了商业使用。第三人提交的经公证的 2017 年 6 月 21 日与四川普升农业发展有限公司签订的猪栏设备定制定购合同、发货单、付款凭证及产品图片均足以证明诉争商标在"猪栏设备"商品上进行了使用，其中定购合同金额与付款凭证之间相互印证，形成了对应关系。第三人提交的经公证的酿酒麦芽、稻谷、玉米种籽、胡豆苗购销合同、发货单、付款凭证及产品图片的相关证据能够证明诉争商标在"酿酒麦芽、稻谷、玉米种籽、胡豆苗"商品上进行了真实有效的实际使用。第三人提交的经公证的 2016 年 9 月 12 日签订的购销合同、发货单及产品图片可以证明第三人于指定期间内将诉争商标使用在"鲜柠檬、鲜胡豆"商品上，进行了商标法意义上的使用。综上，诉争商标在"饲料、黑猪、猪栏设备、酿酒麦芽、稻谷、玉米种籽、胡豆苗、鲜柠檬、鲜胡豆"商品上于指定期间内进行了真实、合法、有效的商业使用。诉争商标核定使用的"饲料、动物栖息用品、酿酒麦芽、植物种籽、新鲜蔬菜、植物、未加工的稻、活动物、鲜水果"商品与"饲料、黑猪、猪栏设备、酿酒麦芽、稻谷、玉米种籽、胡豆苗、鲜柠檬、鲜胡豆"商品在功能用途、生产部门、消费渠道等方面相近，消费群体重叠，属于类似商品。据此，在案证据形成了完整的证据链足以证明诉争商标在核定使用的"饲料、动物栖息用品、酿酒麦芽、植物种籽、新鲜蔬菜、植物、未加工的稻、活动物、鲜水果"商品上于指定期间内进行了真实、合法、有效的商业使用，对诉争商标应当予以维持注册。原告不服一审判决，提起上诉。

　　二审法院经审理认为，诉争商标在"饲料、黑猪、猪栏设备、酿酒麦芽、稻谷、玉米种籽、胡豆苗、鲜柠檬、鲜胡豆"商品上于指定期间内进行了真实、合法、有效的商业使用。诉争商标核定使用的"饲料、动物栖息用品、酿酒麦芽、植物种籽、新鲜蔬菜、植物、未加工的稻、活动物、鲜水果"商品与"饲料、黑猪、猪栏设备、酿酒麦芽、稻谷、玉米种籽、胡豆苗、鲜柠檬、鲜胡豆"商品在功能用途、生产部门、消费渠道等方面相近，消费群体重叠，属于类似商品。因此，一审法院认定诉争商标在核定使用的"饲料、动物栖息用品、酿酒麦芽、植物种籽、新鲜蔬菜、植物、未加工的稻、活动物、鲜水果"商品上于指定期间内进行了真实、合法、有效的商业使用，并无不当，遂判决驳回上诉，维持原判。

案例评析

该案为"撤三"（撤销连续3年不使用注册商标）案件。根据《商标法》第49条第2款规定，注册商标成为其核定使用的商品的通用名称或者没有正当理由连续三年不使用的，任何单位或者个人可以向商标局申请撤销该注册商标。商标的主要功能在于区分不同商品或者服务的不同来源。商标的功能需要借助于商标的实际商业使用。商标只有通过实际使用，才能使相关公众对商标产生认知力，即将特定的商标和特定的商品或者服务联系起来。相反，如果商标被核准注册后没有使用，则不但浪费了有效的商标资源，还会对在后他人申请商标造成一定的障碍。"没有正当理由连续三年不使用"的"撤三"申请具有现实意义，但如何慎重地撤销，平衡注册商标权利人、撤销申请人的利益，避免社会资源浪费，仍然存在诸多问题。因此，对于商标使用中的真实、合法、商业和公开使用的理解就尤为重要。在该案中，争议焦点为诉争商标于指定期间内在核定的商品上是否进行了真实、合法、有效的商业使用。

一、关于真实、合法、有效的商业使用

关于何为商业使用的问题，法院认为：商标的商业使用是指将商标用于商品、商品包装或者容器，以及将商标用于广告宣传、展览以及其他商业活动中，投入流通领域用以区分商品或服务来源的使用行为。

《最高人民法院关于审理商标授权确权行政案件若干问题的规定》（2020）第26条规定："商标权人自行使用、他人经许可使用以及其他不违背商标权人意志的使用，均可认定为商标法第四十九条第二款所称的使用。实际使用的商标标志与核准注册的商标标志有细微差别，但未改变其显著特征的，可以视为注册商标的使用。没有实际使用注册商标，仅有转让或者许可行为；或者仅是公布商标注册信息、声明享有注册商标专用权的，不认定为商标使用。商标权人有真实使用商标的意图并且有实际使用的必要准备，但因其他客观原因尚未实际使用注册商标的，人民法院可以认定其有正当理由。"商标的使用，包括将商标用于商品、商品包装或者容器以及商品交易文书上，或者将商标用于广告宣传、展览以及其他商业活动中。据此，法院在审理涉及"撤三"的行政案件时，应当正确判断所涉行为是否构成实际使用，如果商标权人有真实使用商标的意图并且有实际使用的必要准备，但因不可抗力等客观事由而未能实际使用或者停止使用注册商标，则均可认定有正当理由。注册商

标构成连续三年停止使用的,其被撤销的是注册商标的专用权,而注册商标的专用权范围不同于注册商标的保护范围或禁用权范围。通常来说,注册商标的专用权范围小于注册商标的保护范围或禁用权范围。注册商标的专用权以核准注册的商标和核定使用的商品为限。因此,因连续三年停止使用而撤销注册商标的,也应当以核准注册的商标和核定使用的商品为限。

该案中,法院认定诉争商标在"饲料、黑猪、猪栏设备、酿酒麦芽、稻谷、玉米种籽、胡豆苗、鲜柠檬、鲜胡豆"商品上于指定期间内进行了真实、合法、有效的商业使用。虽然上述商品与诉争商标核定使用的"饲料、动物栖息用品、酿酒麦芽、植物种籽、新鲜蔬菜、植物、未加工的稻、活动物、鲜水果"商品不完全一致,但其在功能用途、生产部门、消费渠道等方面相近,消费群体重叠,属于类似商品,故不影响法院对真实、合法、有效的商业使用的认定。

二、关于相关使用证据的提供

（一）指定三年内的使用证据

商标权人提供的使用证据应当在指定的三年期间内,并且要体现具体的时间信息。该案的指定期间为2015年1月29日至2018年1月28日。第三人渴望公司提交的证据均在指定期间,得到了法院的认可。

（二）真实的商业使用证据

相关的使用证据需要客观真实,避免虚假的合同、发票、广告宣传。该案中,渴望公司提交的证明其使用事实的证据包括有生产许可证、产品批准文号审批表,其购销合同、发货单、发票均经过公证。

（三）公开的使用证据

商标的使用并非内部使用,应当以相关公众为识别群体。商标需要在公开的商业领域进行使用,使得相关公众能够知晓商标的存在。例如,内部办公文具、标识、办公场所的标志等通常不能认为是对外的公开使用。该案中渴望公司提交了其与四川普升农业发展有限公司、遂宁市安居区天利绿色生猪专业合作社等其他商业主体在公开的商业领域进行使用的证据,即提供了公开的使用证据。

（四）避免单方面提供的使用证据

所有提供的商标使用证据要形成一一对应关系,形成商标使用的完整证据链,销售合同、销售发票、显示商标的产品要一一对应。例如,企业自行印制的发货单、收款收据等单据,仅供单位内部管理使用,本身无法被辨别真伪,无法确认是否发生实际的商业交易,证明力非常有限。该案中,渴望公司提供了相关合同、订单、发票、付款凭证等材料相互佐证,起到了证明的作用。

启示与企业应对

我国《商标法》第49条第2款明确规定："注册商标成为其核定使用的商品的通用名称或者没有正当理由连续三年不使用的，任何单位或者个人可以向商标局申请撤销该注册商标。……"该制度起到了激活商标资源，促进商标使用的作用。目前，随着经济的发展和企业对知识产权重视程度的提升，实践中对"撤三"制度的应用也越来越频繁。然而，实践中存在一些企业实际上使用了商标，却因使用不规范、未保留使用证据等原因而无法在他人提出"撤三"申请时作出良好应对的情况。这提示企业关注"撤三"制度及风险，重视商标的规范使用并留证。该案是四川本土企业应对"撤三"风险的一例成功案例，从中可以得到企业规范使用注册商标、正确留存使用证据的启示。

随着中国企业和中国市场的发展壮大，国外企业觊觎中国企业商标的案件开始涌现。国内企业商标务必要加强商标保护意识，避免经过多年努力培育起来的优秀品牌被外国企业占为己有。企业怎样才能更好地保护商标？该案给予了以下启示。

第一，企业应规范使用注册商标。

（1）建立企业内部商标管理体系，做好商标注册、使用、许可、续展等工作。

（2）商标注册后应及时投入使用，并应严格按照商标注册证核定的商标图形、文字、颜色、核定范围等规范使用。商标的整体布局、字体、颜色等设计一经改变，应重新申请注册，以免构成冒充注册商标行为或是在商标被"撤三"时，无法被认定为对商标的使用。

第二，企业应做好注册商标专用权使用证据留存。

这就要求商标权人在使用商标的过程中，一定要注意以下问题。

（1）日常经营的商业文书上能够显示出使用的商标标志、能够显示出商标使用的商品或服务项目、能够显示出商标使用的时间。

（2）对户外广告宣传推广要及时注意归档留存，通常把广告宣传的合同、发票和广告载体进行整理装订，必要时可对其进行商标使用公证。

（3）有关的产品宣传册、宣传单张制作要及时更新，明确印刷日期，同时留存产品宣传册、宣传单制作合同及发票。

（4）出具的发票内容尽量详细写明具体的商标，并需要与相关的合同内容相吻合。

（5）企业务必完善商标品牌档案管理，留存上述交易文件的原件。

（蒋　悦）

12 注册商标损害在先姓名权应予宣告无效^❶

裁判要旨

该案中，国外自然人作为知名设计师，将其姓名作为产品的品牌进行使用推广。在争议商标申请注册前，其姓名在中国的相关公众中具有一定知名度。法院认为，该案的争议商标完全包含了该自然人姓名，相关公众认为争议商标指代了该自然人，或者认为标记有争议商标的商品系经过该自然人许可或者与该自然人存在特定联系的，争议商标的注册损害了该自然人的姓名权。

裁判依据

《商标法》（2001）^❷ 第 10 条第 1 款（7）～（8）项、第 13 条第 1 款、第 32 条

《商标法实施条例》第 62 条

《最高人民法院关于审理商标授权确权行政案件若干问题的规定》第 20 条第 1 款

基本案情

该案原告马诺娄·布拉尼克（MANOLO BLAHNIK）是世界知名的西班牙鞋履设计大师。广州市白云区矿泉宇舟鞋行于 1999 年 1 月 28 日在第 25 类"足球鞋；鞋垫；鞋底；鞋和靴的金属附件；靴跟；木鞋；凉鞋；运动鞋；靴；鞋"等商品上申请"马诺罗·贝丽嘉 MANOLO&BLAHNIK"商标（注册号 1387094，以下简称"诉争商标"）。该诉争商标于 2007 年 12 月 10 日核准转让至方某名下。马诺娄·布拉尼

---

❶ 马诺娄·布拉尼克与国家知识产权局、方某商标权无效宣告请求行政纠纷案。一审：（2016）京 73 行初 849 号。二审：（2019）京行终 753 号。再审：（2021）最高法行再 75 号。

❷ 根据《最高人民法院关于审理商标案件有关管辖和法律适用范围问题的解释》（2001）第 9 条，《商标法》修改决定施行后人民法院受理的商标民事纠纷案件，涉及该决定施行前发生的民事行为的，适用修改前《商标法》的规定。该案争议商标于 1999 年申请注册，该行为发生在《商标法》（2001）施行前，因此应适用《商标法》（2001）。

克于 2015 年对诉争商标向原国家工商行政管理总局商标评审委员会（以下简称"商评委"）提出注册商标无效宣告申请。商评委作出商评字〔2015〕第 62227 号关于第 1387094 号"马诺罗·贝丽嘉 MANOLO&BLAHNIK"商标无效宣告请求裁定书（以下简称"被诉裁定"），对争议商标予以维持。马诺娄·布拉尼克向北京知识产权法院提起诉讼，在其诉求未获得一审和二审法院支持后，向最高人民法院申请再审。

争议焦点

一审法院认为，原告在无效宣告程序中虽然补充提交了异议复审程序中未提交的外文证据的中文译文及其他证据，但证明目的仍然与异议复审程序相同。而且，原告补充提交的其他与原告姓名及其"MANOLO BLAHNIK"商标有关的决定、裁定或人民法院判决，其作出时间均在诉争商标申请日之后，不足以证明原告姓名及其"MANOLO BLAHNIK"商标在诉争商标申请日之前的知名度，不应被认定为新证据。因此，原告依据《商标法》（2001）第 13 条第 1 款、第 31 条中的"在先姓名权"及"已经使用并有一定影响的商标"对诉争商标提出无效宣告请求，违反了"一事不再理"原则，商评委对此认定有误。但是，商评委对"一事不再理"原则适用错误并未影响该案审查结果。该案中，诉争商标并未对我国社会公共利益和公共秩序产生消极、负面影响，亦不足以证明诉争商标的注册采取了欺骗或不正当手段，故驳回原告诉讼请求。原告不服一审判决提起上诉。

二审法院认为，在"一事不再理"的问题上，对于一个已有生效裁决的商标评审案件，并非只要提交了不同于前一程序的证据就可以认定构成了新的事实。新的事实应该是以新证据证明的事实，而新证据应该是在原裁定或者决定之后新发现的证据，或者确实是在原行政程序中因客观原因无法取得或在规定的期限内不能提供的证据。该案中，马诺娄·布拉尼克提交的在被诉裁定、一审后商标局、商评委、国家知识产权局新作出的裁定，其形成时间远远晚于争议商标申请日，不能证明在争议商标申请日之前马诺娄·布拉尼克及其商标的知名程度。马诺娄·布拉尼克提交的争议商标申请日之前的少量宣传报道并非在商评字〔2007〕第 9095 号关于第 1387094 号"马诺罗·贝丽嘉 MANOLO&BLAHNIK"商标异议复审裁定书（以下简称"第 9095 号裁定"）之后新发生的事实。马诺娄·布拉尼克有能力在此前的商标异议程序中提交上述证据但并未提供，其对未及时提交相关证据的解释不具有说服力。综合考虑全案情形，应当认定马诺娄·布拉尼克在该案中提交的证据与其在商标异议程序中提交的证据并无实质性差异，属于相同事实。因此，马诺娄·布拉尼克基于《商标法》（2001）第 13 条第 1 款、第 31 条所提无效宣告请求属于《商标法实施条例》第 62 条所指"以相同的事实和理由再次提出评审申请"的情形，基于该条规定的"一事不再理"原则，对此不应再予以审理。该案中，争议商标并不存在对核定使用商品的质量、功能等特点做夸大宣传的情况，相关公众对商品的质量、功能等特点亦不会产生错误认识，因此争议商标并未违反《商标法》（2001）第10条第1款（7）项的规定，马诺娄·布拉尼克的相关上诉理由不能成立，二审法院不予支持。同时，该案中的争议商标标志并未违反《商标法》（2001）第10条第1款（8）项的规定，马诺娄·布拉尼克亦并未提供有效证据证明争议商标的申请注册采用了欺骗手段，损害了公共秩序、公共利益，或者妨碍了商标注册管理秩序。综上，二审法院判决驳回上诉，维持原判。

一、关于是否违反"一事不再理"原则

马诺娄·布拉尼克除在原异议、异议复审及诉讼过程中提交的未经翻译的外文证据外，在该案商标权无效宣告程序及一审、二审程序中还提交了大量新证据材料，包括国家图书馆科技查新中心出具的文献复制证明、大量媒体杂志报道等。上述证据证明的事实已构成与前案证据存在实质性差异的新的事实，不属于《商标法实施条例》第62条所指"以相同的事实和理由再次提出评审申请"的情形，因此马诺娄·布拉尼克在商标权无效宣告程序中主张争议商标的注册违反《商标法》（2001）第31条的规定并未违反"一事不再理"原则。据此，再审法院纠正了一审、二审法院对此问题的错误认定。

二、关于争议商标的注册是否违反《商标法》（2001）第31条的规定

《最高人民法院关于审理商标授权确权行政案件若干问题的规定》第20条第1款规定，当事人主张诉争商标损害其姓名权，如果相关公众认为该商标标志指代了该自然人，容易认为标记有该商标的商品系经过该自然人许可或者与该自然人存在特定联系的，人民法院应当认定该商标损害了该自然人的姓名权。首先，争议商标为文字商标，由中文"马诺罗·贝丽嘉"和外文"MANOLO&BLAHNIK"组成，中文部分为外文的音译，核定注册在第25类鞋等商品上。MANOLO BLAHNIK（马诺娄·布拉尼克）是西班牙语的姓与名，并不是现有固定搭配的词汇。马诺娄·布拉尼克是世界知名的鞋履设计师，争议商标完全包含其姓名 MANOLO BLAHNIK，且方某并未对争议商标来源作出合理解释，难谓巧合。其次，马诺娄·布拉尼克提交的证据证明表明 MANOLO BLAHNIK 在中国相关公众尤其是时尚人士中有一定的知名度，且在争议商标申请日前 MANOLO BLAHNIK 在境外的知名度在一定程度上会辐射至境内，因此可以认定相关公众认为争议商标指代了该自然人，或者认为标记有争议商标的商品系经过该自然人许可或者与该自然人存在特定联系。最后，方某及其相关企业长年从事鞋业生产，是同行业经营者，应当知道马诺娄·布拉尼克及其同名品牌在境外的知名度，不然无法解释争议商标的外文部分完全与马诺娄·布拉尼克的姓名相同。综上所述，争议商标的注册损害了马诺娄·布拉尼克的姓名权，应予以无效。

案例评析

在该案中，有以下两个方面的问题值得探讨。

一、注册商标损害在先姓名权的认定标准

《最高人民法院关于审理商标授权确权行政案件若干问题的规定》第 20 条第 1 款规定，当事人主张诉争商标损害其姓名权，如果相关公众认为该商标标志指代了该自然人，容易认为标有该商标的商品系经过该自然人许可或者与该自然人存在特定联系的，人民法院应当认定该商标损害了该自然人的姓名权。该案并非涉及注册商标损害在先姓名权法律问题的孤案。2016 年，耗时 4 年多的"乔丹"商标案尘埃落定，我国最高人民法院支持了迈克尔·杰弗里·乔丹的诉求，判决撤销了商评委对"乔丹"商标的裁定，判决的核心是确定"乔丹"作为体育名人的姓名可以受到商标权的保护。最高人民法院的判决实际上将《商标法》第 32 条（原 31 条）"申请商标注册不得损害他人现有的在先权利"中的"在先权利"扩张适用于姓名权，否认了一审、二审法院认定的姓名唯一对应标准，确立了自然人就特定名称主张姓名权保护的三个条件，即稳定对应标准：其一，该特定名称在我国具有一定的知名度、为相关公众所知悉；其二，相关公众使用该特定名称指代该自然人；其三，该特定名称已经与该自然人之间建立了稳定的对应关系。

在该案中，再审法院认为 MANOLO BLAHNIK 在中国相关公众尤其是时尚人士中有一定的知名度，且在争议商标申请日前 MANOLO BLAHNIK 在境外的知名度在一定程度上会辐射至境内，因此可以认定相关公众认为争议商标指代了该自然人，或者认为标记有争议商标的商品系经过该自然人许可或者与该自然人存在特定联系。可见，在先姓名权保护的核心在于特定商品、服务领域内的商标标识与自然人姓名之间的指代关系是否成立且为相关公众所知悉。而判断境外自然人姓名及其同名品牌的知名度情况，首先应考虑其在中国境内的影响力及为相关公众知悉的情况，其次是形成于境外的知名度证据并辐射至中国境内的情况亦应当被考虑，尤其是对于尚未进入中国境内的品牌欲在我国寻求受保护时，境外证据若能证明可以辐射至中国境内为相关公众所知悉，则该证据可以作为知名度证据被法院予以采纳。这正是该案在这一问题的认定上相较于"乔丹"商标案的突破之处。

二、"一事不再理"原则的适用要通过证据判断其实质是否为"一事"

如新证据所证明的事实已构成与前案证据存在实质性差异的新的事实，则不属于《商标法实施条例》第 62 条所指"以相同的事实和理由再次提出评审申请"的情形。该案的一审、二审中，法院强调了"新证据"的发现时间，认为新证据应该是在原裁定或者决定之后新发现的证据，或者确实是在原行政程序中因客观原因无

法取得或在规定的期限内不能提供的证据。而再审法院则审查了新证据材料证明的事实是否为与前案证据存在实质性差异的"新的事实"，就此认定该案并未违反"一事不再理"原则。可见，"一事不再理"原则的适用应当通过证据判断其实质是否为"一事"。

启示与企业应对

名人的姓名有显著的商业价值，这也令其成为商标抢注的重灾区。实践中，一些企业看中公众人物的姓名能带来的经济利益，在不经许可的情况下将其姓名抢先注册并从中获取利益。这样的做法不仅会造成权利人的损失，还会误导消费者、扰乱市场秩序。最高人民法院发布的 113 号指导案例❶明确认定"姓名权"属于《商标法》中所规定的"在先权利"，体现出我国对知识产权的保护力度不断加强，对恶意抢注商标行为的打击亦日趋严厉。该案是注册商标损害在先姓名权被宣告无效的典型案例，进一步明确了认定注册商标损害公众人物姓名权的标准，也给一些意图"搭便车"、"傍名牌"、借助海外名人效应获取利益从而恶意抢注商标的企业敲响了警钟。

随着知识产权保护意识的增强，我国企业已经意识到申请注册商标保护品牌的重要性。然而，这并不意味着谁先申请注册商标就取得了商标权利，未申请注册的商标不受法律保护，从而可以通过抢注他人商标而攫取利益。改革开放以来，越来越多的中国企业走出国门，亦有越来越多的外国企业进入中国市场。相比发达国家，我国的知识产权保护发展较晚，创新水平较为落后，因此一些企业为投机取巧，攫取他人合法的商业价值，意图"搭便车""傍名牌"，借助海外名人效应获取利益从而恶意抢注商标，虽然可以获得短期利益，但终究有损我国自主品牌的创立。

该案的判决进一步明确了认定注册商标损害公众人物姓名权的标准，也给一些意图"搭便车"、"傍名牌"、借助海外名人效应获取利益从而恶意抢注商标的企业敲响了警钟。这有益于我国更好地营造尊重知识产权价值的营商环境，给进入中国市场的海外品牌释放良好信号，亦护航我国自主品牌的发展。为保护我国企业商标权不受非法侵害，也避免前期商标选择的不恰当或者恶意"搭便车"，企业应当做到以下几点。

第一，在我国企业创立品牌或进入国际市场时，为避免商标可能存在的对域外公众人物姓名权益的侵害风险，应进行商标比对分析，收集有关的海外公众人物姓名商品化信息，建立海外信息库。在申请注册商标时，若构成与公众人物姓名的相

---

❶ 迈克尔·杰弗里·乔丹与国家工商行政管理总局商标评审委员会、乔丹体育股份有限公司"乔丹"商标争议行政纠纷案。

似或相同，需对该商标的申请与使用作合理化解释并提供必要证明文件。如果有导致混淆的可能性，应重新注册商标或添加区分标示，承担混淆避免义务。

第二，设立以创新为导向的企业品牌战略的应以创新为导向，杜绝"搭便车""傍名牌"，积极自信地创建自主品牌。"搭便车""傍名牌"可能使企业在短时间迅速发展起来，但是其带来的风险和长远影响也难以预估。乔丹商标案是典型的例子。2000 年"乔丹体育"成立，在第 25 类、第 28 类等商品或者服务上拥有"乔丹""QIAODAN"等注册商标，并在生产的运动鞋服上使用"乔丹"商标，其通过"蹭"篮球明星迈克尔·杰弗里·乔丹的热度得到了迅速的发展，但是在申请上市时因重大未决诉讼而未能成功。2011 年 11 月，"乔丹体育"IPO 上会审核获得中国证券监督管理委员会通过，按计划在 2012 年 4 月前可以挂牌上市。就在上市的关键时期，2012 年 2 月，美国篮球明星迈克尔·乔丹认为"乔丹体育"的企业名称和商标侵害其姓名权并提起诉讼。迈克尔·乔丹以争议商标的注册损害其姓名权，违反《商标法》（2001）第 31 条"申请商标注册不得损害他人现有的在先权利"等理由，向商评委提出撤销争议商标的申请。商评委此前均裁定驳回其申请。最高人民法院的终审判决认定，涉及汉字"乔丹"的 3 件争议商标的注册损害了再审申请人对"乔丹"享有的在先姓名权，应予撤销，判令商评委重新作出裁定。同时，迈克尔·乔丹认为"乔丹体育"未经原告许可，擅自在其商号、产品和商业推广活动中使用原告的姓名"乔丹"，对广大消费者造成了误导，已构成对原告姓名权的侵害，因此向上海市第二中级人民法院提起诉讼。法院审理认定"乔丹体育"将"乔丹"作为商号及商标均可能让公众产生误解，为避免市场混淆和误导公众，切实维护权利人和消费者的合法权益，优化营商环境，促进社会信用体系建设，"乔丹体育"应当停止使用"乔丹"作为企业的商号。❶ 2021 年"乔丹体育股份有限公司"更名为"中乔体育股份有限公司"。2024 年 5 月 17 日，中乔体育股份有限公司撤回发行上市申请，上海证券交易所终止其发行上市审核。

（蒋　悦）

---

❶　迈克尔·杰弗里·乔丹（Michael Jeffrey Jordan）诉乔丹体育股份有限公司等姓名权纠纷案。一审：（2012）沪二中民一（民）初字第 1 号。

13 网店评论数可作为确定侵权商品销售量之参考[1]

裁判要旨

在侵权判定上，法院认为，涉案网站、店铺及商品使用的被诉侵权标识与原告涉案商标构成近似商标，以相关公众的一般注意力为标准，易使其对被诉侵权产品的来源产生混淆和误认，或者认为其来源与原告享有权利的注册商标的商品有特定的联系，且被诉侵权标识因与原告注册商标构成使用在同种或类似商品上的近似商标，已被依法宣告无效或不予注册，被告使用上述标识的行为构成商标侵权。同时，被告将被诉侵权标识注册为域名，用于宣传和销售与原告同类的产品，使相关公众对被告及其提供的商品产生误认，主观上存在侵权的恶意，其行为侵犯了原告的涉案注册商标专用权。

在侵权赔偿数额认定上存在举证难的问题。法院综合考虑原告涉案注册商标的知名度及数量，被告的主观过错、侵权形式、期间、后果以及权利人为制止侵权行为所支付的合理开支等因素，酌情认定了赔偿数额。

裁判依据

《涉外民事关系法律适用法》第 50 条

《商标法》第 48 条，第 57 条（2）、（3）、（7）项，第 63 条

《最高人民法院关于审理商标民事纠纷案件适用法律若干问题的解释》第 1 条第 3 项、第 9 条第 2 款、第 10 条、第 11 条、第 16 条、第 17 条

《最高人民法院关于审理侵害知识产权民事案件适用惩罚性赔偿的解释》第 2 条、第 5 条

---

[1] 乔治·阿玛尼有限公司（GIORGIO ARMANI S. P. A.）与广州利登表业有限公司、邓某、广州邓某贸易有限公司侵害商标权纠纷案。一审：（2021）粤 0111 民初 5836 号。

基本案情

原告乔治·阿玛尼有限公司（GIORGIO ARMANI S. P. A.）（以下简称"阿玛尼公司"）是 Armani 品牌的经营者，同时也是第 G655416 号"ARMANI"商标、第 G833727 号"阿玛尼"等注册商标的注册商标专用权人。Armani 品牌及涉案专利商标具有较高知名度和影响力。

被告邓某为"LIDENAMANI""利登阿玛尼"及其大量关联商标的申请人或持有人。同时，其亦为被告广州利登表业有限公司（以下简称"利登公司"）的前任监事及前股东、被告广州邓某贸易有限公司（以下简称"邓某公司"）的总经理。被告利登公司为淘宝店铺"意大利阿玛尼总部"，京东店铺"利登阿玛尼兆邦专卖店""利登阿玛尼旗舰店""利登阿玛尼兆邦专卖店"，1688 店铺"广州兆邦皮具有限公司"，1 号店店铺"利登阿玛尼兆邦专卖店""利登阿玛尼旗舰店"的经营人。被告邓某公司为上述店铺所销售产品的"总经销商"。

被告利登公司在其运营的上述店铺中大量销售带有与原告注册商标相同或近似的文字及图案标识的商品，包括鞋、皮带、皮包、眼镜等。阿玛尼公司认为，三被告在多个平台通过多个授权商销售多种、多型号侵权产品，侵权范围广，侵权获利巨大，对权利人的商誉、市场份额等合法权益造成严重损害，三被告的上述行为侵害了其注册商标专用权。故原告诉至法院，请求判令停止侵权，消除影响，并赔偿损失及合理开支共计 280 余万元。

争议焦点

法院认为，该案的争议焦点为：①涉案网站、店铺及商品使用的被诉侵权标识是否侵害原告注册商标专用权；②"lidenamani. com""lidenamani. cn"域名是否侵害原告注册商标专用权；③若判定侵权，赔偿数额如何认定。

一、关于涉案网站、店铺及商品使用的被诉侵权标识是否侵害原告注册商标专用权的问题

法院认为，被告利登公司、邓某公司以及案外人经营网店销售的该案被诉侵权产品为皮带，与原告第 G695685 号、第 G655416 号、第 G833727 号注册商标核定使用在第 18 类"皮革及人造皮革"的商品属同种商品。将被诉侵权标识与原告第 G695685 号商标比对，两者均为老鹰图标，且在图形要素、外观设计及整体视觉效果方面未形成显著区别，构成近似商标。将被诉侵权标识"LIDENAMANI"与原告第 G655416 号商标"ARMANI"比对，两者均为英文字母构成，在字母组成、排列顺序、呼叫及整体视觉效果等方面无显著区别，构成近似商标。将被诉侵权标识

"利登阿玛尼"与原告第 G833727 号商标"阿玛尼"比对，两者呼叫相近，构成近似商标。"LIDENAMANI""利登阿玛尼"共同使用形成的组合标识，与原告三枚涉案商标的主要识别部分无显著区别，均构成近似商标。原告第 G833727 号、第 G655416 号注册商标具有较高知名度和影响力，而被告利登公司、邓某公司均宣传称其产品"源自意大利"，以相关公众的一般注意力为标准，其易对被诉侵权产品的来源产生混淆和误认，或者认为其来源与原告享有权利的注册商标的商品有特定的联系，且"LIDENAMANI""利登阿玛尼"标识因与原告注册商标构成使用在同种或类似商品上的近似商标，已被依法宣告无效或不予注册，该案三被告使用上述标识的行为构成商标侵权。

二、关于"lidenamani. com""lidenamani. cn"域名是否侵害原告注册商标专用权的问题

法院认为，原告的"ARMANI"商标依法经核准注册且处于法律保护的有效期内，受法律保护。被诉域名中的"lidenamani"与原告的"ARMANI"注册商标相比，均为英文字母构成，在字母组成、排列顺序、呼叫及整体视觉效果等方面无显著区别，构成近似。互联网对英文字母的识别不区分大小写，被告利登公司及邓某公司分别通过其"lidenamani. com""lidenamani. cn"域名下的网站所宣传招商的商品为皮带、皮鞋等皮革制品，与原告"ARMANI"注册商标核定使用的商品类别相同。原告对外展示的企业英文名称为"GIORGIO ARMANI S. P. A."，而"ARMANI"无论是作为字号还是商标，经过原告多年的宣传和使用，已在相关市场上享有一定的知名度。被告利登公司及邓某公司与原告为同业经营者，应当熟知"ARMANI"标识的市场影响力和对于原告的商业价值，其擅自将"lidenamani"标识注册为域名，用于宣传和销售与原告同类的产品，使相关公众对被告及其提供的商品产生误认，主观上存在侵权的恶意，违反了诚实信用原则和商业道德，不应受到法律保护，故法院认定被告利登公司及邓某公司没有使用"lidenamani. com""lidenamani. cn"域名的正当权益，其行为侵犯了原告的涉案注册商标专用权。

三、关于赔偿数额如何认定的问题

该案中，原告主张计算基数为该案被告利登公司、邓某公司及案外人经营店铺的侵权获利，即侵权产品销售量×销售价格×原告子公司正品毛利润计算为530万元，并在此基础上主张一倍的惩罚性赔偿，实际主张赔偿250万元。对此，法院认为，原告计算基数将案外人经营店铺获利计入该案被告侵权获利，将原告关联公司毛利润率作为被告公司毛利润率，不符合《最高人民法院关于审理侵害知识产权民事案件适用惩罚性赔偿的解释》第5条的规定。鉴于两被告因侵权所获得的利益难以确定，法院对于原告的这一主张不予认可。鉴于法院调取的销售数据期间为三年，销售数据低于店铺显示的累计评论数、已拼数及成交数，无法完整反映涉案店铺交易情况，原告主张以店铺评论数作为销售情况参考。对此法院认为，按照涉案京东网、淘宝网等电商平台的一般评价规则，用户完成一次订单交易后在一定的期限内可以对商品作出一次评价，即评价数与交易次数具有高度对应关系，以评论数作为销售量的参考依据具有合理性，故予以支持。三被告抗辩店铺存在刷单，但无证据证实，法院不予采信。据此，法院综合考虑原告涉案注册商标的知名度（有较高影响力）及数量（三枚）、三被告的主观过错（侵权恶意明显）、侵权形式（生产并通过网络平台销售被诉侵权产品，共同实施侵权行为）、期间（时间较长）、后果（被告经营店铺评论数及销售价格的乘积为 5779340 元）以及权利人为制止侵权行为所支付的合理开支等因素，酌情认定三被告因商标侵权行为的共同赔偿数额为 1000000元（含合理费用）。

案例评析

在该案中，在被告是否侵害原告注册商标专用权的问题上争议不大，值得讨论的是赔偿数额如何认定的问题。

一、商标侵权赔偿数额的计算方法

根据我国《商标法》第 63 条的规定，确定商标侵权损害赔偿数额的计算方法（或计算标准）主要有权利人所受损失、侵权人所获利益、许可使用费合理倍数、法定赔偿四项。在前述四项计算方法的基础上，《商标法》还引入了惩罚性赔偿制度，而人民法院在审判实践中用以确定损害赔偿数额的还有约定赔偿、酌定赔偿、裁量性赔偿等计算方法。在该案中，关于赔偿经济损失部分，原告主张适用惩罚性赔偿。根据《最高人民法院关于审理侵害知识产权民事案件适用惩罚性赔偿的解释》第 2、5 条的规定，原告请求惩罚性赔偿的，应当在起诉时明确赔偿数额、计算方式以及所依据的事实和理由。人民法院确定惩罚性赔偿数额时，应当分别依照相关法律，以原告实际损失数额、被告违法所得数额或者因侵权所获得的利益作为计算基数。该基数不包括原告为制止侵权所支付的合理开支；法律另有规定的，依照其规定。前款所称实际损失数额、违法所得数额、因侵权所获得的利益均难以计算的，人民法院依法参照该权利许可使用费的倍数合理确定，并以此作为惩罚性赔偿数额的计算基数。众所周知，如果商标侵权惩罚性赔偿案件能完全适用惩罚性赔偿条款，则权利人大多可以得到满意的赔偿数额。但是，大多数惩罚性赔偿案件由于权利人"举证难"而无法适用，法官最终以法定赔偿进行判决，且赔偿额度较低。

二、涉案商标侵权赔偿数额的计算

该案在商标侵权赔偿数额的计算上出现了"举证难"的问题。原告主张计算基数为该案被告利登公司、邓某公司及案外人经营店铺的侵权获利，即侵权产品销售量×销售价格×原告子公司正品毛利润计算。对此法院认为，计算基数将案外人经营店铺获利计入该案被告侵权获利，将原告关联公司毛利润率作为被告公司毛利润率，不符合《最高人民法院关于审理侵害知识产权民事案件适用惩罚性赔偿的解释》第5条的规定。

在案件审理中，京东、阿里巴巴等平台提供了案涉店铺被诉侵权产品近3年的销售数据。对于上述交易数据，阿玛尼公司认为，三被告从2015年起持续侵权，至今共7年，但上述平台仅提供近3年的销售数据，数据并不完整。为此，阿玛尼公司根据涉案店铺商品的评论数及销售价格计算出相应店铺的销售额用于主张被告侵权获利。三被告认为，店铺显示及平台反馈的销售数据均存在刷单的情况，无法证明实际获利。对此，法院认为：鉴于平台提供的销售数据期间为3年，销售数据低于店铺显示的累计评论数、已拼数及成交数，无法完整反映涉案店铺交易情况，对于原告主张以店铺评论数作为销售情况参考，法院予以支持。

启示与企业应对

根据《最高人民法院关于审理商标民事纠纷案件适用法律若干问题的解释》第14条的规定，商标法所规定的侵权所获得的利益，可以根据侵权商品销售量与该商品单位利润乘积计算。因此，在商标侵权纠纷中依据"侵权获利"计算损害赔偿，其关键就在于确定侵权商品销售量与该商品单位利润。但是因"举证难"等问题，很有可能造成侵权商品销售量难以确定或认定数额偏低的情况，这就要求权利人加强举证，通过多方面多途径的数据确定侵权商品销售量。该案的审理明确了电商平台留下的销售数据可以作为确定侵权商品销售量之参考。权利人可通过收集相应销售量、评价量等数据以计算侵权商品销售量。

该案的典型意义在于起诉前，被告抢注了商标，原告对抢注商标提起无效行政程序，至抢注商标宣告无效历时4年。原告提起该案民事诉讼时，被告侵权行为已达6年，而淘宝网、京东网等电商平台通常只能调取近3年的销售数据，该案调取的销售量仅有几十万元，难以体现被告实际侵权获利。原告提出以侵权店铺商品评论数乘以销售价格计算销售额，作为被告侵权获利参考，获得了法院的支持，有效弥补了调取数据偏少的缺憾，维护了品牌方的合法权益。

目前，随着电子商务的兴起，京东网、淘宝网等电子商务平台成为商品销售的重要途径。电商领域的企业在商标侵权纠纷中，应利用平台留下的销售数据，据以计算侵权商品销售量。同时，企业应注意电商平台的数据时效，收集多维数据；不仅可以收集相应销售量，还可以收集评价量等数据，以提升损害赔偿计算数额。电子商务确定侵权商品销售量的途径有：①根据向电商平台调取的网店销售数据来确定；②根据侵权人网店中显示的销售量和评价数来确定，将根据评论数量计算的结果与调取的数据对比，会发现以评论数量计算的销售量及销售额并不准确，可能低于实际的销售量及销售额，原因是部分消费者在交易后未发表评论，该部分交易在店铺的评论中未能体现。同理，销售数据也可能低于店铺显示的累计评论数、已拼数及成交数，无法完整反映涉案店铺交易情况，此时也可以店铺评论数作为销售情况参考。按照涉案京东网、淘宝网等电商平台的一般评价规则，用户完成一次订单交易后在一定的期限内可以对商品作出一次评价，即评价数与交易次数具有高度对应关系，故以评论数作为销售量的参考依据具有合理性。

此外，站在被诉企业的立场，被诉侵权人应当积极收集提供如下方面证据，以期降低损害赔偿金额：①侵权商品销售数据，以对商标权人主张过高的销售量予以抗辩；②同行业类似企业财务数据，以抗辩商标权人提出的利润率过高；③被诉侵权产品的宣传、报道、销售情况，以抗辩侵权获利与使用被诉侵权商标无关，减小商标贡献率数值。

（蒋　悦）

14 平行进口应注意保持商标原貌[1]

裁判要旨

人民法院审理商标平行进口案件，主要围绕平行进口中的被诉侵权商品是否属于正品、被诉侵权标识是否容易导致消费者混淆，以及被诉侵权标识是否属于正当使用等问题进行审理。该案中，二审法院认定被诉侵权商品属于平行进口正品，且由于被诉侵权商品上所贴附的标志与该案商标权人的注册商标完全相同，对于中国市场的相关公众来说，被诉侵权商标不会割裂商标权人与贴附相同商标标志的平行进口商品之间的唯一指向关系，不会导致混淆误认的可能性，故被诉侵权行为难以被认定为侵害商标权的行为。

裁判依据

《商标法》第 48 条、第 57 条（1）项

基本案情

百威投资（中国）有限公司（以下简称"百威公司"）经德国弗兰齐丝卡纳公司授权，获得第 G1241072 号、第 G807592 号等多件商标（以下简称"涉案商标"）在中国市场的使用及维权等权利。2019 年 1 月，广东珠海海关扣留了一批广州市东方科苑进出口有限公司（以下简称"东方科苑公司"）申报进口的"Franziskaner"教士小麦啤酒。百威公司认为该批啤酒涉嫌侵犯自己就涉案商标享有的注册商标专用权，于是将东方科苑公司起诉至法院。

对于百威公司的起诉，东方科苑公司辩称，被诉产品由商标权人弗兰齐丝卡纳公司生产制造，获得了商标权人母公司百威英博集团及其控股企业的合法授权；该产品系东方科苑公司合法进口的正品，有合法来源并依法履行了进口报关手续，属

---

[1] 广州市东方科苑进出口有限公司与百威投资（中国）有限公司侵害商标权纠纷案。一审：(2019) 粤 0104 民初 11378 号。二审：(2020) 粤 73 民终 1944 号。

于平行进口贸易中的合法进口产品，自己已尽到进口商的合理注意义务，不应承担任何赔偿责任。

一审法院经审理认为，东方科苑公司提供的证据不能证明涉案被控侵权啤酒属于商标注册人弗兰齐丝卡纳公司生产或授权生产的啤酒正品，因此不构成商标平行进口行为；被诉商品上使用与百威公司获得许可使用的商标构成近似，侵犯了百威公司就涉案商标享有的注册商标专用权。

对此，东方科苑公司不服一审判决，提起上诉。广州知识产权法院经审理后，结合在案证据，支持了东方科苑公司的上诉请求，改判被诉侵权商品属于平行进口的正品，被诉行为不侵犯原告就涉案商标享有的注册商标专用权。

争议焦点

一审法院认为，该案的争议焦点为：被诉侵权商品是否属于平行进口的正品。

商标平行进口是指在国际贸易中，进口商未经本国商标权人或商标使用权人许可，从境外进口经合法授权生产的标有相同商标的同类商品的行为。商标平行进口行为应当包括如下构成要件：①平行进口的商品为正品，不是假冒伪劣商品；②平行进口的商品是合法购得，不是非法渠道获得；③进口商品上标注的商标与本国商标权人的注册商标来源于同一商标权人；④进口商的进口行为未得到本国商标权人的许可。

关于涉案被控侵权啤酒是否属于正品，东方科苑公司出示的比利时王国联邦食品链安全局出口食品和其他产品健康证书载明：出口商声明生产商为 Spaten - Franziskaner Brau Gmbh，出口商和地址为 INBEVBELGIUM - BROUWERIJPLEIN 1 - B3000 - LEUVEN。但该健康证书所附原产地证书显示涉案被控侵权啤酒的发货人是 "Anheuser - Busch InBev NV/SA"，原产地一栏记载为"空白"，备注为"欧盟（德国）"，收货人是新加坡 OKUNI TRADING。现有证据无法证实发货人 "Anheuser - BuschInBev NV/SA" 获得了 "SPATEN - FRANZISKANER - BRAU GMBH"（即"弗兰齐丝卡纳公司"）的授权或许可生产涉案被控侵权啤酒，特别是该健康证书及原产地证书属于在中国领域外形成的证据，在没有办理公证认证转递手续的前提下，其证据形式不符合我国民事诉讼证据的要求。一审法院对上述健康证书及原产地证书的证明效力不予采信，东方科苑公司所举该项证据不能证明涉案被控侵权啤酒属于商标注册人弗兰齐丝卡纳公司生产或授权生产的啤酒正品，即现有证据无法证实涉案啤酒是弗兰齐丝卡纳公司生产的正品。

二审法院认为该案的争议焦点为：①被诉侵权商品是否属于平行进口的正品；②一审法院认定被诉侵权行为构成侵害商标权是否正确；③允许商标平行进口是否符合我国的公共政策。关于第一个争议焦点，二审法院认为生产商、出口商、发货商作为百威英博集团所控股的子公司，其通过分工合作方式将被诉侵权商品出口到新加坡的授权经销商；百威公司主张被诉侵权商品不是平行进口的正品，理据不足，依法不予支持。东方科苑公司在一审过程中对被诉侵权商品由制造商生产，由销售商进行销售并经比利时的政府职能部门以及国际商会认证的证据材料未履行公证认证手续，在二审中予以补强，一审法院对被诉侵权商品属于平行进口的正品这一事实认定存在部分错误，二审法院依法予以纠正。

关于第二个争议焦点，该案中，被诉侵权商品是由商标权人弗兰齐丝卡纳公司生产的正品。百威公司主张权利的该案商标由商标权人在中国注册并许可其使用。商标权人使用该案商标的真正目的在于标识其所生产、销售的啤酒来源并与其他商品进行区分。被诉侵权商品贴附的商标与该案注册商标均指向商标权人 Spaten – Franziskaner Brau Gmbh。无论是商标权人同意在中国授权销售的啤酒，还是商标平行进口的啤酒，由于被诉侵权商品上所贴附的标志与该案商标权人的注册商标完全相同，对于在中国市场的相关公众来说，被诉侵权商标不会割裂商标权人与贴附相同商标标志的平行进口商品之间的唯一指向关系，不会导致混淆误认的可能性，故被诉侵权行为难以认定为侵害商标权的行为。被诉侵权商品由境外市场原样输入中国，仅仅改变了商品的销售渠道，不会导致混淆、误认行为，不会损坏权利人的商标权。人民法院在进行混淆可能性判断时，应当以《商标法》所规定的功能价值加以诠释其是否具有正当性。一审法院认定被诉侵权商品使用的标识与该案两商标构成近似进而构成侵权，并未将混淆可能性作为认定侵权的裁判标准，不仅认定事实部分不当，而且适用法律存在错误，二审法院对此予以纠正。

关于第三个争议焦点，法院认为从国家公共政策的角度看，东方科苑公司通过正常的跨境贸易进口了被诉侵权商品并且依法履行了合法的进口报关手续，不违反我国公共利益和法律的禁止性规定，且符合当下经济全球化背景下鼓励跨境货物自由流动的趋势。商标平行进口是国际跨境贸易的重要方式，这一贸易方式符合经济全球化与贸易自由化的价值导向，不应当受到司法的否定性评判。

案例评析

该案是典型的平行进口知识产权纠纷。平行进口作为一种常见国际贸易方式，可能使货物在跨境转移时产生知识产权与所有权冲突，进而引发法律纠纷。被诉侵权商品是否属于平行进口的正品，其与商标权人授权销售的商品是否存在实质性差异，以及被诉侵权商品与授权商品是否属于由同一主体实质控制，系此类案件的争议焦点。

一、平行进口商品的认定

侵害商标权的认定主要在于该侵权行为破坏或割裂了商标与商品之间的指向关

系，通过假冒或者仿冒来混淆视听，篡夺交易机会。故平行进口的商品是否为正品是认定构成商标侵权的第一步。如该产品本身就是假冒商标的产品，则不存在平行进口的抗辩余地。

平行进口的正品通常由商标权人在境外生产或销售，并依该国法律合法贴附商标，但未经商标权人或其被许可人同意，通过海关进口到本国境内并销售。该案中，法院认为平行进口应符合以下五个要件：①权利人对商品上贴附的商标在出口国与进口国均享有合法权利；②平行进口商品为贴附商标的正品；③出口国与进口国的商标权人实质性归属于同一权利人（两者之间存在管理上、经济上的控制关系，虽然形式上可能存在法律上的独立关系，但可以认为实质上属于同一人）；④未经商标权人同意；⑤平行进口商品履行正常合法的海关监管手续进入国内。

在该案中，产品制造者与销售者均为百威英博集团的关联公司，发货者属于百威英博集团 100% 控股子公司。该案制造商、销售商、进口商之间流转的销售合同、代理合同、货物清单、运输单证、比利时政府主管部门的文件、商会原产地证明、海运单、产品编码、合同编号单证、一审法院调取的海关资料均能够单单对应，相互印证了被诉侵权商品属于平行进口正品。

二、平行进口商品是否构成商标侵权的认定

平行进口商品原则上不侵权。但商标不仅具有识别商品来源的功能，还具有品质保障功能。如存在改变包装、擅自另行使用商标、损害商标功能等行为，将可能因其攀附、贬损了商标权利人的商誉而构成商标侵权。

在该案中，被诉侵权商品贴附的商标与该案注册商标均指向商标权人 Spaten – Franziskaner Brau Gmbh。无论是商标权人同意在中国授权销售的啤酒，还是商标平行进口的啤酒，由于被诉侵权商品上所贴附的标志与该案商标权人的注册商标完全相同，对于在中国市场的相关公众来说，被诉侵权商标不会割裂商标权人与贴附相同商标标志的平行进口商品之间的唯一指向关系，不会导致混淆误认的可能性，即不存在改变包装、擅自另行使用商标、损害商标功能等行为，未攀附、贬损商标权利人的商誉，故被诉侵权行为难以被认定为侵害商标权的行为。从该案可知，人民法院在涉及平行进口的商标侵权纠纷案件中，裁判标准相对统一，即当平行进口商品本身是商标权利人或者其授权的主体在国外合法销售的商品，且平行进口商品与国内市场上销售的商品无实质性差异时，法院通常不认定该行为构成对国内商标权的侵害；只有当进口商对商标权利人或者其授权的主体在国外合法销售的商品实施了一定行为再在国内市场销售时，比如重新包装、磨掉产品识别码，导致进口商品与国内商品存在实质性差异时，法院才会认定该行为构成对商标权利人合法权利的侵害。

启示与企业应对

　　商标平行进口是指进口商未经商标权人或其被许可人的同意，通过海关将商标权人在境外生产或销售的合法贴附商标的商品进口到本国境内以及进行销售的跨境贸易方式。该案是涉及商标平行进口的典型案例。该案的裁判进一步明确了我国法院对商标平行进口案件的司法审理标准，阐释了商标平行进口中的被诉侵权商品是否属于正品、被诉侵权商标标识是否容易导致消费者混淆，以及被诉侵权商标标识是否属于正当使用等问题，对于企业在销售平行进口商品的过程中规避商标侵权风险具有一定的启示意义。

　　从该案的裁判结果来看，我国法院认为平行进口商品原则上不侵权，但如存在改变包装、擅自另行使用商标、损害商标功能等行为，则另当别论。这提示各企业在销售平行进口商品的过程中，应遵守我国法律法规的相关规定，保持进口商品原貌，不改变进口商品的原标识、包装及装潢。加之我国法律未强制要求翻译外文商标，故即使在需要加贴中文标签的情况下，也应当使用进口商品上标注的原外文商标，以免侵害商标权人在我国境内对中文商标享有的合法权益，保障商标权人、消费者和经营者的利益。

　　需要强调的是，跨境贸易需要跨法域，需要通关，并伴有检验检疫、中文标签等要求，造成了商标使用的场景杂、环节多的现实情况。在平行进口的情况下，进口企业将面临权利人或被许可人出于渠道清理等目的维权等问题，因此跨境贸易进口商从事进口贸易过程中，在涉及商标标识使用时应加强商标侵权防范意识、做好相关防范措施，特别是在通关文书等行政类书面材料中尽可能避免使用标识或应原貌使用，因为在报关单、检验检疫文件等行政类文本上使用商标标识不被排除在商标法上的商标性使用之外，在没有授权也没有说明为合理使用的情况下，造成商标侵权的可能性非常高。因此，通关文书等行政类文本上的商标标识使用应注意：①境外品牌商标的使用应保持原貌，不作任何变更和附加；②境内对应商标的使用亦应保持原貌，尤其是音译商标，须严格按照权利人音译原貌使用，不作任何变更，即便是同音、近形的翻译使用；③通关文书上的商标标识使用并非强制必须项，可尽量避免商标标识的使用。

　　平行进口还需要注意商品的质量，要符合我国对特定商品的质量要求，有国家标准的要符合国家标准。以汽车为例，平行进口汽车应符合机动车国家安全技术标准、质量标准、排放标准、技术规范的强制性要求。海关要加强平行进口汽车检验，对于不符合机动车国家安全技术标准和排放标准，未依法获得强制性产品认证，未依法依规在国家机动车和非道路移动机械环保信息公开平台公开排放检验信息和污染控制技术信息的车型车辆，不予进口。各地公安交管部门在办理进口汽车注册登记时，要严格执行机动车国家安全技术标准，重点查验车辆识别代号、发动机号、产品标牌、车速表、外部灯具和信号装置等，对不符合国家标准的，不得办理注册登记。❶

（蒋　悦）

---

❶ 《商务部等七部门关于进一步促进汽车平行进口发展的意见》（商建函〔2019〕462 号）。

15　在先作品的"商品化"权（益）保护[1]

裁判要旨

　　商标的申请注册及使用要遵守相关的法律法规，不得损害他人现有的在先权益。虽然我国法律并未明确规定"商品化权"，但对权利人的"商品化"权（益）不可"一刀切"地认为均不应当受到保护。

裁判依据

　　《商标法》（2001）第 10 条第 1 款（8）项、第 31 条、第 41 条第 1 款

基本案情

　　上诉人美国梦工厂动画影片公司（以下简称"梦工厂"）自 2008 年起以熊猫为主角出品了系列动画电影《功夫熊猫》，并于 2006 年申请注册了"KUNGFUPANDA"商标（以下简称"引证商标"），商标注册号为第 5400892 号，核定使用在第 28 类"活动玩偶玩具"等商品上（案件审理时该商标仍为有效商标）。

　　一审第三人胡某于 2008 年向原国家工商行政管理总局商标局（以下简称"商标局"）提出了第 7124656 号"功夫熊猫 KUNGFUPANDA"商标（以下简称"被异议商标"）的注册申请，指定使用在第 27 类"浴室防滑垫；汽车毡垫；汽车用垫毯；地毯"等商品上。

　　上诉人梦工厂在发现一审第三人胡某的这一商标申请后，于法定期限内提出了异议。原国家工商行政管理总局商标评审委员会（以下简称"商标评审委员会"）作出了商评字〔2013〕第 106814 号关于第 7124656 号"功夫熊猫 KUNGFUPANDA"的商标异议复审裁定（以下简称"涉案裁定"）。

　　在涉案裁定中，商标评审委员会裁定被异议商标核准注册，其理由如下。

---

　　[1] 梦工厂动画影片公司等诉中华人民共和国国家工商行政管理总局商标评审委员会商标异议复审行政纠纷案。一审：（2014）一中行（知）初字第 4268 号。二审：（2015）高行（知）终字第 1973 号。

第一，被异议商标与引证商标不构成使用在同一种或类似商品上的近似商标。被异议商标指定使用在第 27 类"浴室防滑垫、地毯"等商品上，与引证商标指定使用的"活动玩偶玩具"等商品在功能、用途、销售渠道等方面具有较大差异，不属于同一种或类似商品，被异议商标与引证商标并存使用不会使消费者对商品来源产生混淆，未构成《商标法》（2001）第 29 条所指的使用在同一种或类似商品上的近似商标。

第二，我国尚未有法律明文规定原告所主张的"商品化权"，且原告梦工厂并未指出这一权利的内容及权利边界。

第三，《著作权法》保护的是作品表现形式，而不包括作品名称。该案中"功夫熊猫 KUNGFUPANDA"作为梦工厂美术作品的名称，不属于《著作权法》关于美术作品的保护范畴，因此被异议商标的注册损害在先著作权的理由不成立。

第四，梦工厂提交的证据尚不足以证明在被异议商标申请注册前，其将"功夫熊猫/KUNGFUPANDA"作为商标在与被异议商标核定使用的塑料板等商品相同或类似的商品上在先使用，并已具有一定影响。因此被异议商标的注册未构成《商标法》（2001）第 31 条所指的以不正当手段抢先注册他人已经使用并有一定影响商标的情形。

第五，《商标法》（2001）第 10 条第 1 款（8）项所指的具有不良影响是指商标本身的图形、文字或其他构成要素对我国政治、经济、文化、宗教、民族等社会公共利益和公共秩序产生消极的、负面的影响。《商标法》（2001）第 41 条第 1 款所指的"以欺骗手段或者其他不正当手段取得注册"的情形涉及的是撤销商标注册的绝对事由，这些行为损害的是公共秩序或公共利益，或是妨碍商标注册管理秩序的行为。被异议商标不属于上述条款所指的情形。

原告梦工厂因不服被告商标评审委员会作出的涉案裁定，故向一审法院提起诉讼，请求法院依法撤销涉案裁定并判令被告重新作出复审裁定。

争议焦点

一、一审法院

（一）诉争商标是否违反《商标法》（2001）第 31 条的有关规定

《商标法》（2001）第 31 条规定，申请商标注册不得损害他人现有的在先权利，也不得以不正当手段抢先注册他人已经使用并有一定影响的商标。

一审法院认为这一条的立法目的在于尽可能避免在同一标志上同时存在两种以上相互冲突的有效的民事权利或权益。所谓的"在先权利"既包括法定权利，也包括受法律保护的其他民事权益，但不包括注册商标专用权。要判断诉争商标是否损害他人现有的在先权利，一般以诉争商标申请日为准。因此，原告如果要证明诉争商标的注册违反了这一条的规定，则应当举证证明其于诉争商标申请日之前在中国形成了除注册商标专用权外的其他合法权利。

该案中，原告所主张的在先权利为"商品化权"。一审法院认为首先法定权利是指法律明确设定，并对其取得要件、保护内容等均作出相应明确规定的权利；法律未明确设定的权利均不被认定为法定权利。从我国现有的相关规定来看，我国并未在法律条文中明确设定"商品化权"，因此其并不属于该条规定的"在先权利"中的法定权利。其次，"商品化权"也不属于法律所保护的民事权益，无论是其权益内容还是权益边界都尚不清晰明确，难以认定原告对"功夫熊猫 KUNGFUPANDA"名称在商标领域享有绝对、排他的权利空间。

因此，诉争商标的申请注册并未违反《商标法》（2001）第 31 条的规定。

（二）诉争商标是否违反《商标法》（2001）第 10 条第 1 款（8）项的有关规定

《商标法》（2001）第 10 条第 1 款（8）项规定，有害于社会主义道德风尚或者有其他不良影响的标志不得作为商标使用。

一审法院指出，该规定的目的在于防范使用损害社会公共利益、破坏社会公共秩序，或者危及社会全体成员所普遍认同和遵循的道德准则或习惯的标志的行为，从而协调个人利益与社会公共利益、国家利益之间的冲突，弘扬社会公共道德，维护良好的风俗习惯和正常的社会经济生活秩序。如果有关标志的注册仅仅损害特定主体的民事权益，因我国《商标法》另有规定救济方式和程序，不宜通过该规范对其进行救济。

该案中，原告所称诉争商标的注册违反了上述法律规定的主要理由是造成市场混淆从而损害原告或相关消费者的利益，其仍强调的是对原告自身权益的维护，但上述内容已经为一审法院已给予全面评述的《商标法》（2001）相关条款的内容所涵盖，与《商标法》（2001）第 10 条第 1 款（8）项的内容无关。在原告未能举证证明诉争商标的注册损害了社会公众利益的情况下，其所提诉争商标违反了《商标法》（2001）第 10 条第 1 款（8）项规定的主张缺乏事实依据，因此一审法院不予支持。

除此之外，原告还主张《商标法》（2001）第 41 条第 1 款、第 2 款的规定可适用于该案。对此，一审法院分析指出，《商标法》（2001）第 41 条第 1 款规定："已经注册的商标，违反本法第十条、第十一条、第十二条规定的，或者是以欺骗手段或者其他不正当手段取得注册的，由商标局撤销该注册商标；其他单位或者个人可以请求商标评审委员会裁定撤销该注册商标。"《商标法》（2001）第 41 条第 2 款规定："已经注册的商标，违反本法第十三条、第十五条、第十六条、第三十一条规定的，自商标注册之日起五年内，商标所有人或者利害关系人可以请求商标评审委员会裁定撤销该注册商标。对恶意注册的，驰名商标所有人不受五年的时间限制。"由此可知,《商标法》(2001)第41条第1~2款的适用对象均为已经获得注册的商标,而非尚未获得注册的诉争商标,故《商标法》第41条第1~2款之规定均不适用于该案。因此,原告有关主张缺乏法律依据,一审法院不予支持。

一审判决涉案裁定认定事实清楚,适用法律正确,程序合法,应予维持。原告的诉讼请求均不具备事实与法律依据,法院对此不予支持。

二、二审法院

(一)诉争商标是否违反《商标法》(2001)第31条的有关规定

二审法院认为,《商标法》(2001)第31条中的"在先权利"不仅包括法律明确规定的在先法定权利,也包括根据《民法通则》(现已废止)和其他法律的规定应予保护的合法权益。虽然梦工厂主张的"商品化权"确实不是我国法律明确规定的民事权利或法定的民事权益类型,但当电影名称或电影人物形象及其名称因具有一定知名度而不再单纯局限于电影作品本身,而是与特定商品或服务的商业主体或商业行为相结合,电影相关公众将其对于电影作品的认知与情感投射于电影名称或电影人物名称之上,并对与其结合的商品或服务产生移情作用,使权利人据此获得电影发行以外的商业价值与交易机会时,该电影名称或电影人物形象及其名称可构成适用《商标法》(2001)第31条"在先权利"予以保护的在先"商品化权"。如将上述知名电影名称或知名电影人物形象及其名称排斥在受法律保护的民事权益之外,允许其他经营者随意将他人知名电影名称作品、知名电影人物形象及其名称等作为自己商品或服务的标识注册为商标,借此快速占领市场,获取消费者认同,则不仅助长其他经营者搭车抢注商标的行为,而且会损害正常的市场竞争秩序。这显然与商标法的立法目的相违背。因此,将知名电影作品名称、知名电影人物形象及其名称作为民事权益予以保护,将鼓励智慧成果的创作激情与财产投入,促进文化和科学事业的发展与繁荣,亦符合相关法律规定及知识产权司法保护的本意。

此外,二审法院指出,在被异议商标申请日前,梦工厂出品的《功夫熊猫》影片已经在中国进行了广泛的宣传且已公映,"功夫熊猫KUNGFUPANDA"作为梦工厂知名影片及其中主角的名称已为相关公众所了解,具有较高知名度,且该知名度的取得也是梦工厂创造性劳动的结果,其所带来的商业价值和商业机会也是梦工厂投入大量劳动和资本所获得。因此,从这个角度出发,"功夫熊猫KUNGFUPANDA"作为在先知名的电影名称及其中的人物形象名称应当作为在先"商品化权"得到保护。

综上,二审法院认为商标评审委员会和一审法院有关"商品化权"并非法定权利或法定权益类型,因而不构成《商标法》(2001)第31条规定的"在先权利"的认定有误,并对此予以了纠正。

(二)诉争商标是否违反《商标法》(2001)第10条第1款(8)项的有关规定

由于该案的被异议商标并未涉及对社会公序良俗产生负面影响,更多是对民事主体私权的伤害，因此被异议商标并非该条所调整的内容，二审法院对梦工厂认为被告违反了这一条规定的主张不予支持。

（三）诉争商标是否违反《商标法》（2001）第 41 条第 1 款的有关规定

虽然一审法院以该条规定主要针对的是已注册的商标为由驳回了原告梦工厂的请求，但二审法院认为，根据"举重以明轻"的法律解释方法，已经注册的商标尚且可以撤销其注册，对于处于异议阶段、尚未获准注册的商标，如其违反了法律的上述规定，更不应该核准注册。因此，二审法院认为一审法院以该案诉争商标尚未注册而不能适用该条规定的认识不当，予以纠正。但同时，二审法院也指出，该条规定中的"其他不正当手段"是指商标注册申请人在申请商标注册时采用针对商标注册行政机关的不正当注册手段，或者不针对特定主体的不正当行为，即该条款中的"其他不正当手段"仅适用于损害公共利益和公共秩序等事由。虽然一审第三人申请注册被异议商标具有一定的主观恶意，但并不构成上述规定中的"其他不正当手段"。因此二审法院未支持梦工厂的相关上诉理由。

二审法院判决：①撤销北京市第一中级人民法院（2014）一中行（知）初字第 4268 号行政判决。②撤销商标评审委员会作出的商评字〔2013〕第 106814 号关于第 7124656 号"功夫熊猫 KUNGFUPANDA"商标异议复审裁定书。③商标评审委员会就第 7124656 号"功夫熊猫 KUNGFUPANDA"商标重新作出异议复审裁定。

案例评析

一、关于该案的商标异议

我国《商标法》（2019）第 33 条规定了在先权利人、利害关系人可以针对他人的商标注册申请提出异议的情形，即违反《商标法》（2019）第 13 条第 2~3 款、第 15 条、第 16 条第 1 款、第 30~32 条的规定。与此同时，任何人认为违反《商标法》（2019）第 4 条、第 10~12 条、第 19 条第 4 款规定的，也可以向商标局提出异议。

上述规定主要是根据被异议商标可能侵犯权益类型的不同进行划分的。该条规定中，前半段可以由在先权利人、利害关系人提出异议的情形，所可能侵犯的主要是特定权利人的相关权益；而后半段任何人都可以提出异议的，主要是针对所申请注册的商标可能违反社会公序良俗，危害社会公共利益的情形。当商标的注册申请所侵害的主要是特定私主体的民事权益时，只有相关权利人或者利害关系人能提出异议，其他不相关的主体不能提出异议。而当商标的注册申请可能危害社会公共利益，造成不良影响时，则不受此限制。

根据该条规定，在先权利人、利害关系人可以提出异议的情形主要包括以下 6 种情形。

（1）复制、摹仿或者翻译他人未在中国注册的驰名商标，容易导致混淆的；或者就不相同或者不相似商品申请注册的商标是复制、摹仿或者翻译他人已经在中国注册的驰名商标，误导公众，致使该驰名商标注册人的利益可以受到损害的。

（2）商标代理人或者代表人擅自以自己的名义将被代理人或者被代表人的商标进行注册；或者就同一种商品或者类似商品申请注册的商标与他人在先使用的未注册商标相同或者近似，申请人与该他人具有除代理、代表关系以外的合同、业务往来关系或者其他关系而明知该他人商标存在。

（3）商标中有商品的地理标志，而该商品并非来源于该标志所标示的地区，误导公众的，不予注册并禁止使用；但是，已经善意取得注册的继续有效。

（4）申请注册的商标，不符合该法有关规定或者同他人在同一种商品或者类似商品上已经注册的或者初步审定的商标相同或者近似的。

（5）两个或者两个以上的商标注册申请人，在同一种商品或者类似商品上，以相同或者近似的商标申请注册的，初步审定并公告申请在先的商标；同一天申请的，初步审定并公告使用在先的商标，驳回其他人的申请，不予公告。

（6）申请注册的商标损害了他人现有的在先权利，或者申请注册的商标是以不正当手段抢先注册他人已经使用并有一定影响的商标。

任何人都可以提出异议的情形则主要包括以下 5 种情形。

（1）不以使用为目的的恶意商标注册申请。

（2）有害于社会主义道德风尚或者有其他不良影响的。

（3）标志缺乏显著特征的。

（4）以三维标志申请注册商标，其形状仅由商品自身的性质产生、为获得技术效果而需要或者使商品具有实质性价值。

（5）商标代理机构申请注册除其代理服务外的其他商标。

结合该案的具体情况可知，该案主要属于第三人胡某在后申请的商标涉嫌损害原告梦工厂现有的在先权利的情形。

首先，虽然被异议商标与引证商标较为类似（甚至可以说相同），但由于两者申请时所指定使用的商品种类从某种程度上来讲不相同或者不类似，因此该案的情况并不属于在同一种商品或者类似商品上以相同或者近似的商标申请注册，或者对于是否属于这一情况具有较大的争议。引证商标所指定使用的商品种类为第 28 类"活动玩偶玩具"；而被异议商标则拟指定使用在第 27 类"浴室防滑垫；汽车毡垫；地毯"等商品上。严格意义上来讲，这两类商品并不相同或者类似，公众并不会对这两类商品产生一定的联想。但结合现实情况来看，很多动画作品除电视剧、电影等视听作品外，还会进行相应的"周边"产品开发，诸如出品玩具、玩偶、装饰品等，或者与其他品牌等进行联名。知名动画公司迪士尼就是非常著名和典型的实例，其旗下不仅有许多广为人知的动画类视听作品，还针对许多经典的动画角色开发了玩偶、钥匙链、玩具等"周边"产品，同时还对其他服装品牌等进行授权或者联名。因此，从这一点来看，如果说第 27 类商品种类与第 28 类商品种类完全没有不相同或者不相似显得有点呆板。第 27 类"浴室防滑垫；地毯；汽车毡垫"等商品虽然具有一定的功能或者实用性，但也讲究美观性，可以同一些玩偶一样起到一定的装饰作用，与此同时，有些动漫或者动画的权利人也会开发一些兼具装饰性和实用性的产品，例如文具、水杯、被单枕套等。虽然"玩偶玩具"与"地毯"等归属于不同的商品类型，但在这两类商品上注册使用相同或者类似的商标在某些情况下仍容易导致消费者的误认和混淆。

其次，原告作为动画电影《功夫熊猫》系列的出品方，享有与动画电影《功夫熊猫》相关的权利，包括电影本身的著作权、电影中相关美术作品的著作权等。第三人胡某以"功夫熊猫 KUNGFUPANDA"作为商标进行申请，损害了原告梦工厂对于《功夫熊猫》所享有的这些相关权利。因该案中原告主张保护的权益为"商品化权"，故下文将围绕"商品化权"进行重点分析。

二、关于商品化权

从我国现行的相关规定来看，我国并未在法律条文中明确规定"商品化权"，对其的讨论则常见于学术界。世界知识产权组织（World Intellectual Property Organization，WIPO）于 1994 年发布了《角色商品化报告》，对角色商品化及角色商品化的相关权利特征等概念和范畴进行了界定："由虚构角色的创作者或真人，或者由其许可的第三方，对某一角色的重要人格特征，比如姓名、形象或外观等，在商品或者服务上进行利用或者二次开发，使潜在的消费者出于对该角色的喜爱而愿意购买这些商品或接受这类服务。"这里的角色分为虚拟角色和真实人物两种类型。❶ 现实中，很多作品或者真实人物会因为各种各样的原因吸引到一部分群体的眼光，甚至受到其喜爱和追捧。就作品而言，其中的角色形象，甚至是某种特定物品，也可能成为特定群体所喜爱和追捧的对象，或者广为人知。在这种情况下，很多作品会延伸出一系列关于这些作品、角色形象、人物等的"周边"或者品牌等，前者如动漫作品中特定人物的"手办"，后者如知名运动员李宁所创立的同名运动品牌"李宁"，这些都属于"商品化"的范畴。

无论是虚拟角色还是真实人物，其之所以能够被"商品化"，离不开前期对该虚拟角色或真实人物等的投入和付出。以该案为例进行说明，《功夫熊猫》系列是梦工厂诸多作品中较为出名和成功的 IP 之一，其在中国甚至是世界上都比较受欢迎。除在宣传和推广方面的大力投入外，《功夫熊猫》系列本身的故事情节、角色形象设计及画面制作等方面也比较精良，可以说在拍摄、制作及推广《功夫熊猫》系列的过

---

❶ 孔祥俊. 作品名称与角色名称商品化权益的反思与重构：关于保护正当性和保护路径的实证分析 [J]. 现代法学，2018 (2)：57 - 74.

程中，背后的团队付出了非常多的心血，投入了非常多的资源。也正是因为这样，《功夫熊猫》本身以及其中的诸多动画角色，例如"阿宝"（故事主角，一只熊猫）、浣熊师父、"骄骄虎"（主角之一，一只老虎）等受到人们的喜爱和欢迎。在这种情况下，出于对《功夫熊猫》本身及其中动画角色的喜爱，"粉丝"群体会对与其相关的产品或服务形成一定的购买意愿，相关权利人又可以通过售卖与这一 IP 相关的周边产品或提供相关服务进而获利。虽然我国法律并未对权利人在将作品、角色等"商品化"进而获利过程中可能涉及的利益进行明文规定，但并不意味着就不对其进行保护。无论是从朴素的道德层面出发，还是从法理角度出发，都应当对权利人的劳动成果进行保护，同时保护其基于劳动成果所获得的收益机会和相关权益。如果允许他人实施"搭便车"的行为，一方面有违公平正义，另一方面可能扰乱市场秩序，同时不利于营造鼓励、保护创造创新的良好氛围。因此，即使我国现有法律并未明确规定"商品化权"，但二审法院还是支持了原告梦工厂的诉讼请求。在二审法院看来，"当电影名称或电影人物形象及其名称因具有一定知名度而不再单纯局限于电影作品本身，与特定商品或服务的商业主体或商业行为相结合，相关公众将其对于电影作品的认知与情感投射于电影名称或电影人物名称之上，并对与其结合的商品或服务产生移情作用，使权利人据此获得电影发行以外的商业价值与交易机会"。值得注意的是，二审法院也指出，虽然有必要对"商品化权"进行保护，但出于防止权利滥用等考虑，应当明确其保护范围。在庭审中，二审法院从知名度高低、影响力强弱以及混淆误认的可能性等方面对此进行了分析和说明。

启示与企业应对

一、除"商品化权"外的其他法律救济途径

该案是有关"商品化权"的较为典型的案例之一。虽然该案具有一定的创新性，通过该案可以看到司法实践中存在对"商品化权"较为成功的保护，但援引法律并未明确规定，且更倾向于法益而非权利的"商品化权"，对原告企业来讲其实是有一定的败诉风险的。特别是在该案之后，北京市高级人民法院就曾在有关意见中指出，在我国法律尚未规定"商品化权（益）"的情况下，不宜直接在判决书中使用"商品化权（益）"。首先，我国法院是审判机关而非立法机关，其主要工作是适用法律进行审判。使用一个法律并未明文规定的概念，可能存在"法官造法"的嫌疑。从个案来看可能是公平的，但如果允许这种行为的普遍存在，则难以保证做到每个案件都公平，也难以保证法官不滥用权力。其次，"商品化权"的权利边界并不明确，使用一个权利边界模糊的概念，可能无法对其保护范围和程度进行准确的把握，这样容易使案件结果存在一定的争议。最后，从理论角度来讲，一个权利的设定意味着特定的主体需要承担一定的义务。该案中原告享有"商品化权"，意味着其他人在

通常情况下不得实施妨碍原告行使"商品化权"的行为，这其实是对他人行为和自由的一种限制，会给他人造成一定的负担。综上，虽然"商品化权（益）"值得保护，但是在实践中直接使用这一表述仍具有一定的风险。那么这是否意味着这一权益被侵犯时无法得到救济呢？其实不然，结合知识产权的相关制度，我们仍可以在其他法律法规中找到救济的途径。

就该案的情况而言，由于所涉及的主要是文学、艺术等领域的表达，因此可以结合著作权的相关规定寻求救济途径。此外，知识产权与经济活动、市场经营等密切相关，很多侵犯他人知识产权的行为也同时构成不正当竞争，因此还可以考虑结合《反不正当竞争法》寻求救济。

（一）《著作权法》的救济

我国《商标法》规定申请商标注册不得损害他人现有的在先权利，这里的"在先权利"包括他人的著作权。商标本身是具有显著性的标志等客体，而标志等在其表达本身具有独创性的情况下又可能构成著作权的客体，即作品。因此，特定的表达有时候不仅可以得到《商标法》的保护，还可以得到《著作权法》的保护。那么，该案中的"功夫熊猫""KUNGFUPANDA"等作为表达，是否可能构成著作权法意义上的作品呢？这一点其实有一定的不确定性（可能也是为什么原告梦工厂在后续向法院起诉时放弃这一理由的原因）。从日常表达来看，一般不会存在将"功夫""熊猫"等词汇进行组合的日常表达；且"功夫"与"熊猫"之间并没有什么紧密的联系，也不容易形成联想。从这一角度来看，似乎这一表达具有一定的独创性，可以构成作品。然而，"功夫熊猫"只是"功夫"与"熊猫"的简单组合，是针对相关动画角色或者说故事情节的简单描述，甚至可以说看了这个电影的人可以自然而然地说出"功夫熊猫"这一表达。相比起《功夫熊猫》电影本身，"功夫熊猫"这一表达篇幅太短，其留下的创造性空间太少甚至没有。因此，主张"功夫熊猫""KUNGFUPANDA"的在先著作权也是存在一定风险的。

（二）《反不正当竞争法》的救济

除上述途径外，还可以考虑通过《反不正当竞争法》寻求救济。从一些实践情况来看，很多侵犯知识产权的行为也是一种不正当竞争的行为，因此，在提起知识产权侵权诉讼时也可以考虑同时提起不正当竞争之诉。

该案中第三人胡某在《功夫熊猫》风头正盛时申请注册被异议商标，其名称、构成等与原告的知名 IP《功夫熊猫》高度相似（甚至可以说一模一样）。虽然所指定使用的商品种类不同，但如前所述，很难说现实中不会有消费者因此产生混淆误认。从第三人的这些行为来看，其实可以初步推定其注册原告的商标具有恶意。此外，原告在诉讼中曾指出，第三人除申请注册"功夫熊猫 KUNGFUPANDA"外，还申请注册模仿了其他知名电影的商标。至此，已经可以比较肯定第三人具有恶意，其行为具有不正当竞争的嫌疑。

根据我国《反不正当竞争法》第 2 条的规定，经营者在生产经营活动中，应当遵循自愿、平等、公平、诚信的原则，遵守法律和商业道德。除此之外，《反不正当竞争法》第 2 章第 6～12 条还列举了几种具体的不正当竞争行为，其中第 6 条列举了针对商品名称、企业名称、域名等标识或名称的不正当竞争行为。结合该案，原告可以第三人胡某的行为涉嫌违反《反不正当竞争法》第 2 条相关规定为由寻求救济，即胡某申请注册被异议商标的行为有违诚实信用原则，属于不正当竞争的行为。另外，还可以通过第 6 条的兜底条款，即经营者不得实施"其他足以引人误认为是他人商品或者与他人存在特定联系的混淆行为"。

不过原告并未以不正当竞争为由寻求救济，可能源于《反不正当竞争法》所针对的主体主要是经营者。正如其第 2 条所说，经营者在生产经营活动中，应当遵循自愿、平等、公平、诚信的原则，遵守法律和商业道德。如果第三人胡某以此主张其不属于经营者，或者相关机构认定胡某不属于经营者，此时就可能难以援引《反不正当竞争法》支持原告的主张。还有可能就是第三人胡某申请注册商标的行为暂时不构成生产经营活动。

以上分析了该案除主张"商品化权"外可能寻求的其他救济途径。当然，情况不同所存在的救济途径也可能不同，企业可以对此多加以了解。上述救济途径中所提到的"具有一定风险"并不是指这种救济途径一定不可靠或者除此之外的其他途径一定可靠，只要是诉讼就有胜诉的可能，也有败诉的风险，很难保证某种途径是十全十美的。企业可以在维护自己的合法权益时结合实际情况进行综合考量，在合理合法的前提下依据自己的经营策略选择一种或者多种救济途径。

二、企业要注意做好知识产权布局

除《功夫熊猫》外，在司法实践中还可以看到其他未经许可擅自使用他人作品名称、角色名称、道具名称等，以用于注册商标，或用于创作新作品（比如同人作品等），或用于注册企业名称等行为。这主要是因为对作品名称、角色名称等的著作权保护存在一定的不确定性（这不一定是法律的缺陷）。作品名称、角色名称等多认定其是否构成文字作品。要成为著作权法意义上的作品，其重要条件之一在于表达要具有独创性。就文字作品而言，要满足独创性，相关表达就不能太过简短。试想一下，假如只有一个字，如何表现出作者的思想感情呢？虽然也存在短小精悍的文字作品，但在多数情况下，只有表达具有一定的长度时，其才能为创造性留下一定的空间，或者说才会留下更多的创造性空间，进而更容易满足独创性的要求。基于这一原因，一些作品名称、角色名称等在实践中可能会因为其表达过于简短而被认定为不具有独创性，进而无法得到著作权法的保护。

因此，企业在经济活动中要注意做好知识产权布局，结合其自身的发展情况和发展策略灵活运用各种知识产权制度对其合法权益进行保护。以该案为例，对于作品名称、角色名称等无法通过《著作权法》进行保护，或者使用著作权法进行保护不具有确定性的内容，可以考虑通过商标法进行保护（不过如果只注册而不用，除防御商标、联合商标外，商标也可能被撤销）。在申请注册商标时，要注意考虑通过注册防御商标、联合商标等形成"商标网"，进而防止他人在相同或者类似商品或服务上申请注册相同或者类似的商标，或者在不相同或者不相类似的商品上使用、注册自己的驰名商标等。

最后，企业在经营活动中要尽到自己的合理审查义务。现实生活中有部分企业就因为未能尽到合理审查义务，而在商标注册和使用或者商品包装等方面侵犯了他人的在先权益，特别是著作权，进而面临侵权指控，甚至直接失去长期的经营成果。有时候企业可能觉得某幅画好看，或者某个图片好看，就擅自用作自己的商标或者商品外包装，殊不知此时已经为自己的经营和发展埋下了"炸弹"。无论是商标还是商品的外包装，或其他标志，经过日积月累的使用，可能会在消费者心中形成一定的影响，发挥指示作用，即消费者看到某特定的标志，就会联想到来源于特定主体所提供的商品或服务。对于普通商标而言，可能还没有太大的影响，但对于一些已经具有一定影响的商标，或者说驰名商标而言，一旦其商标或者商品外包装涉嫌侵权，或存在权利瑕疵，其之前在这个标志上所积累的商誉，对其的投入等，就可能有所损失，甚至是付诸东流。这方面较为出名的案例就是王老吉和加多宝的红罐之争。为了企业可以实现更好、更长远的发展，建议企业在经营活动中要尽到合理的审查义务和注意义务，做好知识产权风险防控。2022年，国家知识产权局发布《关于商标申请注册与使用如何避免与在先权利冲突的指引》，对《商标法》（2019）第32条规定的在先权利作出了解释，此处"在先权利"是指在商标申请注册日之前已经享有并合法存续的权利或者权益，包括字号权、著作权、外观设计专利权、姓名权、肖像权、地理标志、有一定影响的商品或者服务名称、包装、装潢以及应予保护的其他合法在先权益。该指引列出了商标与在先权利冲突的常见情形并给出事例，是企业在设计和选取商标标识时很好的参考。

（代卓炜）

16　地理标志的保护不以在我国取得商标注册为前提[1]

裁判要旨

地理标志可以作为证明商标或者集体商标申请注册，但我国并不排除对集体商标、证明商标以外的地理标志提供保护。是否为其提供法律保护以及提供何种程度的法律保护，关键在于地理标志本身是否已在相关公众中实际起到了标示商品特定产区来源的作用。地理标志是否已作为集体商标或者证明商标在我国取得商标注册，不应成为其在我国受到法律保护的必要条件。

裁判依据

《商标法》（2001）第 16 条、第 10 条第 2 款、第 10 条第 1 款（8）项、第 41 条第 1 款

基本案情

第 9037930 号"罗曼尼·康帝"商标（以下简称"争议商标"）由该案第三人吴某于 2011 年 1 月 10 日提出注册申请，后核准注册，专用权期限至 2022 年 1 月 20 日，核定使用在第 33 类"烧酒；苹果酒；葡萄酒；酒（利口酒）；白兰地；威士忌酒；含水果的酒精饮料；米酒；伏特加酒；黄酒"商品上。原告法国国家产品原产地与质量管理局对商评字〔2017〕第 109592 号关于诉争商标无效宣告的请求裁定（以下简称"被诉裁定"）不服，以原国家工商行政管理总局商标评审委员会为被告提起诉讼，请求撤销被诉裁定，判令被告重新作出裁定。

被诉裁定认定：原告法国国家产品原产地与质量管理局所称诉争商标违反《商标法》（2001）第 16 条的规定缺乏事实依据；法国国家产品原产地与质量管理局所

---

[1]　法国国家产品原产地与质量管理局与中国国家工商行政管理总局商标评审委员会商标权无效宣告请求行政纠纷案。一审：（2018）京 73 行初 397 号。二审：（2019）京行终 1343 号。

提交的在案证据不足以证明"Romanee – Conti""罗曼尼·康帝"在诉争商标申请日前已成为中国公众知晓的外国地名,故诉争商标未构成《商标法》(2001)第 10 条第 2 款所指情形;诉争商标的注册亦未违反《商标法》(2001)第 10 条第 1 款(8)项、第 41 条第 1 款的规定;对诉争商标予以维持。

原告法国国家产品原产地与质量管理局认为,地理标志的保护并非以在国内注册为要件,诉争商标完整包含法国国家产品原产地与质量管理局的原产地名称/地理标志"Romanee – Conti"对应的中文音译,而使用该诉争商标的商品并非来源于法国国家产品原产地与质量管理局地理标志所标示的地区,误导消费者,违反《商标法》(2001)第 16 条的规定;"Romanee – Conti"为公众广为知晓的外国地名,诉争商标的注册违反《商标法》(2001)第 10 条第 2 款的规定;诉争商标注册在其核定使用商品上易引发公众对产品质量、产地等的混淆和误认,违反《商标法》(2001)第 10 条第 1 款(8)项的规定;第三人吴某抢注了多个与"Romanee – Conti"(罗曼尼·康帝)近似的商标,扰乱了商标注册秩序,违反了《商标法》(2001)第 41 条第 1 款的规定。

被告原国家工商行政管理总局商标评审委员会辩称:被诉裁定认定事实清楚、适用法律正确、程序合法,请求法院驳回原告的诉讼请求。第三人吴某述称:同意被诉裁定,请求驳回原告的诉讼请求。

争议焦点

该案的争议焦点为:诉争商标是否违反《商标法》(2001)第 16 条、第 10 条第 2 款、第 10 条第 1 款(8)项和第 41 条第 1 款的规定。

一、一审法院观点及理由

(一)关于诉争商标是否违反《商标法》(2001)第 16 条的规定

一审法院认为,虽然《商标法》(2001)第 16 条第 2 款并未就地理标志在不同语言文字环境下的保护问题作出明确规定,但是从其现有规定可知,地理标志本质上是能够体现来自特定地区且具有特定品质的商品与该地区自然或人文因素之间的关联关系的标志,因此,无论该标志以何种具体形式呈现出来,只要其能够体现出商品品质与自然人文因素之间的关联关系,就可以作为地理标志予以保护。相应地,在不同语言文字相互转换的环境下,亦应当承认和尊重地理标志的不同表现形式。对于源自其他国家并以中文以外的其他语言文字表现的地理标志,如果中国相关公众已经将其与特定的中文标志建立起稳定的对应关系,则对该中文标志的保护当然亦属于对该地理标志予以保护的应有之义。

该案中,原告法国国家产品原产地与质量管理局提交的 2 份法国官方公报载明,与"Romanee‑Conti"地理区域相联系的自然因素为:"地理区域位于夜丘产区,由地质构造产生的笔直的地势起伏线大致沿南北走向延伸大约25千米。此地理区域的气候属于温带海洋性气候,表现为适中且有规律的降雨(约每年750mm),夏季无干旱,年平均气温为10.5摄氏度。被划定的葡萄收获的小片土地位于山坡的山麓地带、向东倾斜的缓坡上,海拔高度为260米至270米,巴柔的泥灰岩层造成的沟壑上。这里的土地几乎没有经过演变,普遍碳酸化且薄,以极高的黏土含量为特征。尽管如此,它的排水性优良,这都归功于地下层的天然石灰岩。而其中丰富的氧化铁含量使土地呈现出特有的红色。"其人文因素包括:"大约在十二世纪时,圣‑维旺克鲁尼修道院从勃艮第公爵乌格斯二世处收得一块葡萄酒酿制区域,其中一处'CrosdesCloux'葡萄园经1676年的公证件得名'Romanee',这是一个古法语词,在文学作品里较为常见,指一种神秘的酒,具有传奇意味的酒。1760年葡萄园以极高的价格出售给路易十五的表亲——康帝王,遂被更名为'Romanee‑Conti'。之后虽再多次易手,但葡萄园的名称一直未变,并在1816年作为一级葡萄酒列入勃艮第地区'优质葡萄酒',于1936年9月11日经法令受到原产地保护。"由此可见,"Romanee‑Conti"所指区域具备鲜明的自然属性与人文特征,结合原告提交的国家图书馆相关检索报告等证据,能够证明"Romanee‑Conti"符合《商标法》(2001)第16条第2款的规定,属于葡萄酒商品上的地理标志。原告提交的中华人民共和国国内贸易行业标准SB/T 11122—2015进口葡萄酒相关术语翻译规范相关摘页、相关报道等证据能够证明"Romanee‑Conti"与中文"罗曼尼·康帝"之间存在稳定的对应关系,因此,在中文"罗曼尼·康帝"与"Romanee‑Conti"地理标志存在稳定对应关系的情形下,对"罗曼尼·康帝"亦应作为葡萄酒商品上的地理标志予以保护。

诉争商标由中文"罗曼尼·康帝"构成,完整包含了与"Romanee‑Conti"地理标志具有稳定对应关系的中文标志"罗曼尼·康帝",因此,诉争商标在葡萄酒商品上的注册违反了《商标法》(2001)第16条第1款的规定。诉争商标核定使用的"葡萄酒"商品以外的其他商品,与"葡萄酒"商品虽然并非相同商品,但均属于含有酒精成分的饮料,与"葡萄酒"商品存在较为密切的关联,因此,将与"Romanee‑Conti"地理标志存在对应关系的"罗曼尼·康帝"使用在上述商品上,容易导致相关公众误认为该产品来源于该地区并因此具有特定的质量、信誉或者其他特征,属于《最高人民法院关于审理商标授权确权行政案件若干问题的规定》第17条第1款规定的应予无效的情形。故诉争商标的申请注册违反了《商标法》(2001)第16条的规定。

(二)关于诉争商标是否违反《商标法》(2001)第10条第2款的规定

一审法院认为,对于公众知晓的外国地名,应当以中国一般社会公众的普遍认知情况作为判断依据,特定商品或者服务领域中相关公众的认知情况并不能成为判断相关标志是否属于一般公众知晓的外国地名的依据。该案中，虽然原告法国国家产品原产地与质量管理局提交了葡萄酒领域相关公众对"Romanee – Conti""罗曼尼·康帝"认知情况的证据，包括国家图书馆检索报告、相关葡萄酒专业书籍、互联网文章打印件等，但上述证据体现的均主要是葡萄酒领域相关公众将"Romanee – Conti""罗曼尼·康帝"作为葡萄酒品牌或者葡萄酒庄园名称进行识别，因此上述证据尚不足以证明"Romanee – Conti""罗曼尼·康帝"属于中国一般公众所知晓的外国地名，诉争商标并未违反《商标法》（2001）第 10 条第 2 款的规定。

（三）关于诉争商标是否违反《商标法》（2001）第 10 条第 1 款（8）项的规定

一审法院认为，该案中，诉争商标由中文"罗曼尼·康帝"构成，该标志并不会对我国的政治、经济、文化、宗教、民族等社会公共利益和公共秩序产生消极、负面影响。原告法国国家产品原产地与质量管理局主张诉争商标注册在核定商品上易引发公众对产品质量、产地等的混淆和误认，实质上属于《商标法》（2001）第 16 条规制的内容，故一审法院对原告关于诉争商标违反《商标法》（2001）第 10 条第 1 款（8）项的主张不予支持。

（四）关于诉争商标是否违反《商标法》（2001）第 41 条第 1 款的规定

一审法院认为，鉴于诉争商标已经通过《商标法》（2001）其他条款对原告权利予以保护，故不再适用该条款。

综上所述，一审法院判决：①撤销被告原国家工商行政管理总局商标评审委员会作出的商评字〔2017〕第 109592 号关于第 9037930 号"罗曼尼·康帝"商标的无效宣告请求裁定；②被告原国家工商行政管理总局商标评审委员会就原告法国国家产品原产地与质量管理局针对第 9037930 号"罗曼尼·康帝"商标提出的无效宣告请求重新作出裁定。

二、二审法院观点及理由

二审法院认为，根据法国国家产品原产地与质量管理局在该案中提交的法国官方公报、中国国家图书馆科技查新中心检索报告、相关葡萄酒专业书籍中的介绍、互联网上相关文章介绍、中华人民共和国国内贸易行业标准 SB/T 11122—2015 进口葡萄酒相关术语翻译规范等证据，能够证明"Romanee – Conti"是标示来源于法国特定地区葡萄酒商品的标志，而该商品的特定质量、信誉或者其他特征主要由该地区的自然因素或者人文因素所决定，国家知识产权局和吴某亦未提交充分证据对此加以反驳，因此，一审法院基于在案证据认定"Romanee – Conti"属于葡萄酒商品上的地理标志并无不当。虽然"Romanee – Conti"并未在我国作为地理标志商标申请注册，但《商标法》（2001）并未将此作为地理标志保护的前提条件，且该案中"Romanee – Conti"亦非作为注册商标请求保护，国家知识产权局关于"Romanee – Conti"虽然在其原属国已经获得葡萄酒原产地名称的保护但该商标作为地理标志尚未在我国获准注册的上诉理由缺乏事实和法律依据，二审法院对此不予支持。同时，法国国家产品原产地与质量管理局在该案中提交的前述证据亦能够证明"Romanee – Conti"与"罗曼尼·康帝"已形成较为稳定的对应关系，国家知识产权局关于在案证据不能证明"Romanee – Conti"与"罗曼尼·康帝"已形成对应关系的上诉理由缺乏事实依据，二审法院对此亦不予支持。

该案中，诉争商标由中文"罗曼尼·康帝"构成，核定使用在第 33 类"烧酒；苹果酒；葡萄酒；酒（利口酒）；白兰地；威士忌酒；含水果的酒精饮料；米酒；伏特加酒；黄酒"商品上。在诉争商标中完整包含与葡萄酒商品上的地理标志"Romanee – Conti"具有稳定对应关系的中文译文"罗曼尼·康帝"的情况下，诉争商标核定使用在葡萄酒商品上，容易误导公众，使相关公众误认为使用该商标的商品来源于该地理标志所标示的地区或具备相关品质特征。因此，诉争商标在葡萄酒商品上的注册违反了《商标法》（2001）第 16 条第 1 款的规定。诉争商标核定使用的葡萄酒商品以外的其他商品，与葡萄酒商品具有较为密切的关联，诉争商标使用在上述商品上仍然容易导致相关公众误认为该产品来源于该地区并因此具有特定的质量、信誉或者其他特征，一审法院据此认定诉争商标在葡萄酒商品之外的其他商品上的注册亦违反《商标法》（2001）第 16 条第 1 款的规定亦无不当，二审法院予以维持。

综上所述，二审法院判决：驳回上诉，维持原判。

案例评析

该案涉及的是国外地理标志的保护问题。《商标法》（2019）第 16 条与《商标法》（2001）第 16 条的规定一致，具体内容为："商标中有商品的地理标志，而该商品并非来源于该标志所标示的地区，误导公众的，不予注册并禁止使用；但是，已经善意取得注册的继续有效。前款所称地理标志，是指标示某商品来源于某地区，该商品的特定质量、信誉或者其他特征，主要由该地区的自然因素或者人文因素所决定的标志。"根据上述规定，地理标志的保护并不以其在中国获得商标注册为前提，但应当符合《商标法》（2001）第 16 条第 2 款规定的地理标志的认定条件。在司法实践中，对于地理标志的保护，不拘泥于其语言文字的表现形式，而是重在审查该标志能否体现来自特定地区的商品品质与该地区自然因素或者人文因素之间的关联关系。对于源自其他国家的外文地理标志，如果中国相关公众已经将其与特定的中文标志建立起稳定的对应关系，则对该中文标志的保护当然也属于对该地理标志予以保护的应有之义。

早在"香槟"案[1]中，法院已指出《商标法》（2001）第 16 条是我国对地理标

---

[1] 北京知识产权法院（2020）京 73 民初 371 号民事判决书。

志保护的法律依据,《商标法实施条例》第 4 条在此基础上进行了细化规定,地理标志可以作为证明商标或集体商标申请注册,但并不排除对集体商标、证明商标以外的地理标志的提供保护。

《最高人民法院关于审理商标授权确权行政案件若干问题的规定》第 17 条第 1 款规定:"地理标志利害关系人依据商标法第十六条主张他人商标不应予以注册或者应予无效,如果诉争商标指定使用的商品与地理标志产品并非相同商品,而地理标志利害关系人能够证明诉争商标使用在该产品上仍然容易导致相关公众误认为该产品来源于该地区并因此具有特定的质量、信誉或者其他特征的,人民法院予以支持。"由此规定可知,地理标志的保护不限于相同商品,关键在于标志本身是否已在相关公众中实际起到了标示商品特定产区来源的作用,是否会误导公众。地理标志是否已作为集体商标或证明商标在我国取得商标注册,不应成为在我国受到法律保护的必要条件。

具体到该案中,申请人提交的证据能证明"Romanee – Conti"符合《商标法》(2001)第 16 条第 2 款的规定,属于葡萄酒商品上的地理标志,亦能够证明"Romanee – Conti"与"罗曼尼·康帝"在中国相关公众中已建立较为稳定的对应关系。因此,在中文"罗曼尼·康帝"与"Romanee – Conti"存在稳定对应关系的情形下,"罗曼尼·康帝"亦应作为葡萄酒商品上的地理标志被予以保护。诉争商标为汉字组合"罗曼尼·康帝",与"Romanee – Conti"地理标志具有稳定对应关系的中文标志"罗曼尼·康帝"的文字构成及呼叫相同,且核定使用在葡萄酒商品上,容易误导公众,使相关公众误认为使用该商标的商品来源于该地理标志所标示的地区或具备相关品质特征。因此,诉争商标在葡萄酒商品上的注册构成《商标法》(2001)第 16 条第 1 款所指不予注册并禁止使用之情形。诉争商标核定使用的葡萄酒商品以外的其他商品与葡萄酒商品具有同一性或较为密切的关联,使用在上述商品上仍然容易导致相关公众误认为该产品来源于该地区并因此具有特定质量或其他特征,在上述商品上的注册亦构成前述条款所指情形。综上,该案审理认定诉争商标的注册已构成《商标法》(2001)第 16 条第 1 款所指"商标中有商品的地理标志,而该商品并非来源于该标志所标示的地区,误导公众的"情形的,应不予注册并禁止使用。

启示与企业应对

地理标志,是指标示某商品来源于某地区,而该商品的特定质量、信誉或者其他特征主要由该地区的自然因素或者人文因素所决定的标志。该案涉及的是外国地理标志在我国的保护条件和保护程度的问题,并确立了"地理标志是否已作为集体商标或证明商标在我国取得商标注册,不应成为在我国受到法律保护的必要条件"

这一裁判规则，对《商标法》（2001）第 16 条第 1 款规定的国外地理标志在我国的具体保护方式具有一定的指导意义。

在我国，对地理标志的保护相对多样。除了被认定为地理标志，也可以通过注册集体商标、证明商标来保护。如果该地理标志已经被注册为集体商标或者证明商标，那么相关权利人或者利害关系人可另行依据《商标法》（2001）第 13 条、第 30 条的规定等主张权利。而当地理标志未注册成为商标时，则需要依据《商标法》（2001）第 16 条的规定进行保护。值得权利人注意的是，尽管该案确立了"地理标志是否已作为集体商标或者证明商标在我国取得商标注册，不应成为其在我国受到法律保护的必要条件"的裁判规则，但由于我国采用在先申请原则，站在权利人的角度，作为国外地理标志的权利人应尽早在我国进行商标注册，以免降低国外地理标志受保护的程度。另外，建议权利人对外文商标同时注册对应的中文商标，否则一旦商标被抢注，后期维权成本将会大大增加。波尔多葡萄酒行业联合委员会诉国家知识产权局商标驳回复审行政纠纷案是外国地理标志申请注册集体商标的典型案件，该案裁判明确了外国地理标志商标申请的审查标准，即以地理标志作为集体商标申请注册的，需要提交以下证据材料：①主体资格证明文件并应当详细说明其所具有的或者其委托的机构具有的专业技术人员、专业检测设备等情况，以表明其具有监督使用该地理标志商品的特定品质的能力；②管辖该地理标志所标示地区的人民政府或者行业主管部门的批准文件，外国人或者外国企业的，应当提供该地理标志以其名义在其原属国受法律保护的证明；③该地理标志所标示的商品的特定质量、信誉或其他特征，以及上述特征与该标志所标示的地区的自然因素或人文因素关系的证明文件；④有关诉争商标所标示商品的生产地域范围的证明文件；⑤集体商标的使用管理规则。❶

（肖恭晴）

---

❶ 北京知识产权法院（2017）京 73 行初 9192 号行政判决书。

商业秘密篇

17 单一潜在客户的采购意向是否构成商业秘密[1]

裁判要旨

　　商业秘密，是指不为公众所知悉、能为权利人带来经济利益、具有实用性并经权利人采取保密措施的技术信息和经营信息。从"不为公众所知悉""能为权利人带来经济利益、具有实用性""经权利人采取保密措施"三个方面来审查，若该单一潜在客户的采购意向符合商业秘密的构成要件，则该经营信息应当作为商业秘密受到保护。

裁判依据

　　《反不正当竞争法》（2017）第9条
　　《最高人民法院关于审理不正当竞争民事案件应用法律若干问题的解释》第9条、第10条、第11条

基本案情

　　上诉人（一审原告）：马格内梯克控制系统（上海）有限公司（以下简称"马格内梯克公司"）
　　上诉人（一审被告）：李某
　　上诉人（一审被告）：张某
　　上诉人（一审被告）：埃姆埃（香港）自动化控制技术与服务有限公司［MA（HK）AUTOCONTROL TECHNOLOGY&SERVICE CO.，LIMITED］（以下简称"MA香港公司"）
　　上诉人（一审被告）：懋拓自动化控制系统（上海）有限公司（以下简称"懋拓公司"）

----

　　[1]　马格内梯克控制系统（上海）有限公司与李某等侵害商业秘密不正当竞争纠纷案。一审：（2016）沪0110民初6392号。二审：（2017）沪73民终250号。

上诉人（一审被告）：潘某

上诉人（一审被告）：朱某

被上诉人（一审被告）：施某

原告马格内梯克公司授权深圳达实智能股份有限公司（以下简称"达实公司"）参与深圳地铁项目的投标。被告李某、张某、施某为原告的员工，其劳动合同中约定了保密义务。被告李某利用担任原告销售经理的便利向达实公司称被告 MA 香港公司是原告的关联公司，最终达实公司与 MA 香港公司签约。经查，MA 香港公司系李某前妻被告朱某担任唯一股东的公司。被告李某、张某、施某从原告处辞职后到被告懋拓公司工作，懋拓公司协助 MA 香港公司履行合同。被告懋拓公司的股东和法定代表人为被告李某的父亲被告潘某。原告认为李某、张某、施某违法将原告的商业秘密泄露给朱某及 MA 香港公司并允许其使用，懋拓公司、潘某提供配合与协助，七被告的行为已严重侵害原告的商业秘密，且违反诚实信用原则和商业道德，构成不正当竞争，故向法院提起诉讼，请求法院判令被告停止侵权，共同赔偿原告经济损失及合理费用。

争议焦点

法院认为，该案的争议焦点为：①"达实公司的采购意向"是否属于马格内梯克公司的涉案商业秘密；②相关主体是否侵害了马格内梯克公司的涉案商业秘密。

一审法院认为，原告实际掌握的经营信息即达实公司的采购意向，符合《反不正当竞争法》第 10 条第 3 款的规定，属于原告的商业秘密。李某、张某向 MA 香港公司披露并许可其使用马格内梯克公司的涉案商业秘密。MA 香港公司在明知所获知的信息系马格内梯克公司涉案商业秘密的情况下，仍使用上述信息与达实公司签订涉案合同。懋拓公司在明知所获知的信息系马格内梯克公司涉案商业秘密的情况下，仍使用上述信息协助 MA 香港公司履行涉案合同。李某、张某、MA 香港公司、懋拓公司的上述行为共同侵害了马格内梯克公司的涉案商业秘密，应当共同承担相应的民事责任。当事人不服一审判决，提起上诉。二审法院经审理认为，马格内梯克公司所主张的经营信息具有秘密性、价值性和保密性的特点，构成商业秘密。该案各被告未能提供充分证据证明其通过合法方式取得涉案商业秘密，且各被告共同侵害了马格内梯克公司的涉案商业秘密，其应就此向马格内梯克公司承担连带赔偿责任，遂判决驳回上诉，维持原判。

案例评析

在该案中，法院对涉案信息是否属于商业秘密，以及相关主体是否侵犯商业秘密的问题进行了详细论述。

一、采购意向的经营信息是否属于商业秘密

商业秘密，是指不为公众所知悉、能为权利人带来经济利益具有实用性并经权利人采取保密措施的技术信息和经营信息。判定马格内梯克公司在该案中主张的经营信息是否构成商业秘密，应当从"不为公众所知悉""能为权利人带来经济利益、具有实用性""保密措施"三个方面来审查。

（一）关于"不为公众所知悉"

《最高人民法院关于审理不正当竞争民事案件应用法律若干问题的解释》第9条规定，有关信息不为其所属领域的相关人员普遍知悉和容易获得，应当认定为《反不正当竞争法》第10条第3款规定的"不为公众所知悉"。该案原告所主张的经营信息，属于特定主体之间的特定采购意向。一般情况下，发生在特定主体之间的特定采购意向仅为交易双方所掌握，难以为其所属领域的相关人员普遍知悉和容易获得。该案中，从公开渠道仅能获知达实公司系深圳地铁项目的总承包商，并没有证据表明达实公司为深圳地铁项目进行的特定行人通道扇门模块产品采购的信息已被公开，故该案中应当认定马格内梯克公司实际掌握的"达实公司的采购意向"属于马格内梯克公司不为公众所知悉的经营信息。而原告主张的产品性能数据、业绩证明等信息，属于容易获得或者从其他公开渠道可以获得的信息，法院认定这类信息不具有秘密性。

（二）关于"能为权利人带来经济利益、具有实用性"

该案中，达实公司一旦根据马格内梯克公司实际掌握的"达实公司的采购意向"的经营信息与马格内梯克公司签订合同、采购商品，则该信息显然可以为马格内梯克公司带来经济利益，具有实用性。故马格内梯克公司实际掌握的"达实公司的采购意向"的经营信息符合《反不正当竞争法》第10条第3款的规定，能为权利人带来经济利益、具有实用性。

（三）关于"保密措施"

《最高人民法院关于审理不正当竞争民事案件应用法律若干问题的解释》第11条规定，权利人为防止信息泄露所采取的与其商业价值等具体情况相适应的合理保护措施，应当认定为《反不正当竞争法》第10条第3款规定的"保密措施"。该案中，李某、张某、施某与马格内梯克公司签订的劳动合同均约定，李某、张某、施某必须为马格内梯克公司保守商业秘密。马格内梯克公司实际掌握的"达实公司的采购意向"的经营信息显然属于该公司非对外公开的信息。因此，应当认为马格内梯克公司对其实际掌握的"达实公司的采购意向"的经营信息通过签订劳动合同中约定保密条款的方式，采取了合理的保密措施。

综上，法院认为，马格内梯克公司实际掌握的经营信息符合《反不正当竞争法》

第 10 条第 3 款的规定，属于马格内梯克公司的商业秘密。

二、是否构成侵害商业秘密的行为

《反不正当竞争法》规定，违反约定或者违反权利人有关保守商业秘密的要求，披露、使用或者允许他人使用其所掌握的商业秘密，属于侵害他人商业秘密的不正当竞争行为；第三人明知或者应知前款所列违法行为，获取、使用或者披露他人的商业秘密，视为侵犯商业秘密。当事人指称他人侵犯其商业秘密的，应当对其拥有的商业秘密符合法定条件、对方当事人的信息与其商业秘密相同或者实质相同以及对方当事人采取不正当手段的事实负举证责任。在审判实践中，是否侵害权利人商业秘密的相关规则，可以总结为"接触＋相同或实质相同－合法来源"，即分别判断行为人是否接触并知晓该商业秘密，行为人所掌握的商业秘密是否与权利人的商业秘密在内容上相同或者实质相同，最后还需要判断行为人知晓该商业秘密是否具有合法来源，如果无法证明其合法性，即认定行为人侵犯了权利人的商业秘密。

启示与企业应对

该案对于单一潜在客户的采购意向是否构成侵害商业秘密的行为进行了深入分析，准确把握了商业秘密构成的实质要件，认定此类信息可为权利人带来一定的价值或竞争优势，若符合秘密性、价值性和保密性的特征，可以认定构成商业秘密。同时在实践中侵害商业秘密的行为具有一定复杂性和隐蔽性，作为企业应当注重对自身商业秘密的保护，通过合同约定等方式约束员工行为，从各个环节加以防范，防止商业秘密泄露给自身带来巨大损失。

具体而言，企业应当采取一系列应对措施，以保护自身的商业秘密，同时遵守商业道德，避免侵犯他人的合法权益。

一是加强员工行为约束。员工是企业商业秘密的第一接触者，企业应当通过合同约定、规章制度等方式，明确员工在任职期间及离职后对商业秘密的保护义务。此外，企业还应加强对员工的培训，提高员工的保密意识，使员工充分认识到商业秘密的重要性，自觉遵守保密规定。

二是完善商业秘密保护体系。受我国法律保护的信息包括：①技术信息，是指与技术有关的结构、原料、组分、配方、材料、样品、样式、植物新品种繁殖材料、工艺、方法或其步骤、算法、数据、计算机程序及其有关文档等信息；②经营信息，是指与经营活动有关的创意、管理、销售、财务、计划、样本、招投标材料、客户信息、数据等信息，其中客户信息包括客户的名称、地址、联系方式以及交易习惯、意向、内容等信息。❶ 企业应从商业秘密保护的各个环节入手，构建完善的保护体

---

❶《最高人民法院关于审理侵犯商业秘密民事案件适用法律若干问题的规定》第 1 条。

系，包括：加强商业秘密的创造和研发环节，鼓励创新，同时确保研发过程中的商业秘密不被泄露；建立商业秘密的获取、使用、存储、传输和销毁制度，确保商业秘密在流转过程中的安全；强化商业秘密的审批和权限管理，确保商业秘密的访问、使用和传播得到有效控制；建立商业秘密的泄露应急处理机制，一旦发现商业秘密泄露，能够迅速采取措施，降低损失。

三是遵守商业道德，尊重他人合法权益。企业在开展商业活动时，不得采用不正当手段获取他人的商业秘密，不得侵犯他人的知识产权。企业应树立正确的商业道德观念，遵循公平竞争原则，与他人共同发展。

四是加强与合作方的保密协议。企业在与其他企业、合作伙伴开展合作时，应签订保密协议，明确双方在合作过程中对商业秘密的保护义务。此外，企业还应关注合作伙伴的保密能力和商业道德，确保合作过程中的商业秘密得到有效保护。总之，企业应采取一系列应对措施，加强商业秘密的保护。同时，企业还应遵守商业道德，尊重他人的合法权益，以实现可持续发展。在当今激烈的市场竞争中，企业只有做好商业秘密保护工作，才能保持核心竞争力，不断发展壮大。

（张莘媛）

18 企业如何维护商业秘密 [1]

裁判要旨

（1）诉讼时效的起算应满足两个条件：一是权利人知道或应当知道权利受到侵害；二是权利人知道或应当知道具体侵权行为主体。其中的"应当知道"指的是以一般人的认知水平，推定权利人在当时的情况下知道权利受到侵害。

（2）对于当事人提出的鉴定申请，人民法院一般应着重从以下四方面予以审查：一是关联性，申请鉴定的事项与案件有待查明的事实是否具有关联；二是必要性，即是否必须通过特殊技术手段或者专门方法才能确定相应的专门性问题，是否通过其他的举证、质证手段仍然对专门性问题无法查明；三是可行性，对于待鉴定的专门性问题，是否有较为权威的鉴定方法和相应有资质的鉴定机构，是否有明确充分的鉴定材料；四是正当性，鉴定申请的提出是否遵循了相应的民事诉讼规则，在启动鉴定之前是否已充分听取各方当事人的意见，以确保程序上的正当性。

（3）在商业秘密侵权案件中，在权利人已证明被诉侵权人利用的信息与其商业秘密相同或实质相同且被诉侵权人实际接触或具有接触商业秘密的机会、渠道的情况下，可以初步认定被诉侵权人采取不正当手段获取商业秘密的事实成立；如被诉侵权人主张其利用的信息具有正当来源的，则应当对此承担证明责任。

（4）针对多主体的商业秘密侵权案件，各被诉侵权人具有侵害技术秘密的共同意思联络，主观上彼此明知，彼此先后实施相应的侵权行为形成完整的侵害技术秘密的侵权行为链，客观上已形成分工协作，应当属于共同故意实施侵权行为。构成共同故意实施侵权行为并不以各参与者事前共谋、事后协同行动为限。各参与者彼此之间心知肚明，先后参与、相互协作，亦可构成共同实施侵权行为。

（5）侵权人构成共同侵权的，应当依法承担连带责任。因各侵权人各自实施的侵权行为均是共同侵权中可或缺的一环，造成同一损害后果且损害后果具有不可分割性，故各侵权人应当就共同侵权行为所造成的损失全额承担连带赔偿责任。

---

[1] 四川金象赛瑞化工股份有限公司、北京烨晶科技有限公司与山东华鲁恒升化工股份有限公司、宁波厚承管理咨询有限公司、宁波安泰环境化工工程设计有限公司、尹某侵害技术秘密纠纷案。一审：（2017）川01民初2948号。二审：（2022）最高法知民终541号。

（6）当制造者使用的技术秘密是制造产品的必要条件且该产品为使用该技术秘密所直接获得的产品时，其销售该产品的行为应当是同一侵权主体实施的制造行为的自然延伸和必然结果，禁止使用的范围应当包括禁止该制造者使用该技术秘密制造产品后进行销售。

（7）权利人请求销毁载有技术秘密信息的载体的方式的，人民法院可以综合考虑载体的性质、技术秘密的内容等情况对销毁的具体方式予以指明。

裁判依据

《侵权责任法》第 8 条、第 15 条

《民法通则》（2009）第 135 条、第 140 条

《民法总则》第 196 条

《民事诉讼法》（2017）第 148 条第 1～2 款、第 148 条第 3 款、第 253 条

《反不正当竞争法》（2017）第 9 条第 1 款（1）～（3）项、第 2～3 款，第 17 条第 3 款

《最高人民法院关于适用〈中华人民共和国民法总则〉诉讼时效制度若干问题的解释》第 2 条

《反不正当竞争法》（2019）第 9 条第 1 款（3）～（4）项、第 3～4 款，第 17 条第 3～4 款，第 32 条

《民法典》第 1167～1168 条

《最高人民法院关于审理侵犯商业秘密民事案件适用法律若干问题的规定》第 3～7 条、第 9 条、第 13 条、第 18 条、第 20 条第 2 款

《最高人民法院关于知识产权民事诉讼证据的若干规定》第 13 条

《民事诉讼法》（2021）第 67 条第 1 款、第 153 条第 1 款、第 177 条第 1 款（2）项、第 260 条

《最高人民法院关于适用〈中华人民共和国民事诉讼法〉的解释》（2022）第 93 条、第 121 条第 1 款

基本案情

原告四川金象赛瑞化工股份有限公司（以下简称"金象赛瑞公司"）是中国及全球最大的三聚氰胺生产企业，拥有尿素、三聚氰胺等整个循环经济产业链各环节的核心技术，为采用加压气相淬冷法生产蜜胺的方法及使用该方法的生产系统相关技术秘密的权利人。尹某作为原告金象赛瑞公司控股的合资公司的总工程师，其利用职务之便〔尹某曾为北京烨晶科技有限公司（以下简称"北京烨晶公司"）员工，

四川玉象蜜胺科技有限公司（以下简称"四川玉象公司"）的总工程师兼技术中心主任，是涉案技术秘密的主要研发人员之一]，以不正当手段擅自取得了金象赛瑞公司的大量核心技术秘密。尹某在以不正当手段获取技术秘密后，将之披露给山东华鲁恒升化工股份有限公司（以下简称"华鲁恒升公司"）、宁波厚承管理咨询有限公司（以下简称"宁波厚承公司"）、宁波市化工研究设计院有限公司（以下简称"宁波设计院公司"）等多个被告。在获取了尹某掌握的商业秘密后，宁波厚承公司、宁波设计院公司基于非法获取的原告金象赛瑞公司的技术方案，设计了有关三聚氰胺的工艺及其设备图纸、技术资料，并应用于华鲁恒升公司的三聚氰胺一期项目，获得了巨大的商业利益。金象赛瑞公司遂提起侵害技术秘密诉讼。

争议焦点

一、一审法院适用法律是否正确

法律以不溯及既往为原则，溯及既往为例外。

关于《反不正当竞争法》的适用问题❶，其一，该案中，一审法院于 2017 年 8 月 28 日立案，《反不正当竞争法》（2017）修改内容尚未施行，但被诉侵权行为作为一个未间断的行为已持续至《反不正当竞争法》（2017）修改内容的施行期间，且金象赛瑞公司主张的损害赔偿责任计算期间截至 2018 年 12 月 30 日，涵盖了《反不正当竞争法》（2017）修改内容施行后的一段时间，故该案可以适用《反不正当竞争法》（2017）。其二，虽然被诉侵权行为一直持续至《反不正当竞争法》（2019）修改内容的施行期间，但鉴于金象赛瑞公司提起该案诉讼针对的被诉侵权行为以及损害赔偿责任计算期间均不包括 2019 年以后的行为，且适用《反不正当竞争法》（2017）等当时有效的相关法律足以保护当事人的合法权益，故该案应当适用《反不正当竞争法》（2017）。

基于相同的理由，金象赛瑞公司提起该案诉讼所针对的系《民法典》❷ 施行前的被诉侵权行为，且其主张的损害赔偿期间亦不包括《民法典》施行后的相应期间，故根据《最高人民法院关于适用〈中华人民共和国民法典〉时间效力的若干规定》第 1 条第 2 款的规定，该案应适用当时的法律、司法解释。

二、关于金象赛瑞公司的诉讼请求是否超过诉讼时效

（一）关于停止侵害的诉讼请求

《民法总则》第 196 条规定："下列请求权不适用诉讼时效的规定：（一）请求停止侵害、排除妨碍、消除危险；（二）不动产物权和登记的动产物权的权利人请

---

❶ 《反不正当竞争法》（2017）修改内容于 2018 年 1 月 1 日起施行；《反不正当竞争法》（2019）修改内容于 2019 年 4 月 23 日起施行。

❷ 《民法典》2020 年 5 月 28 日通过，自 2021 年 1 月 1 日起施行。

求返还财产;(三)请求支付抚养费、赡养费或者扶养费;(四)依法不适用诉讼时效的其他请求权。"诉讼时效的适用对象通常是债权请求权,停止侵害、排除妨碍、消除危险、返还财产等绝对权请求权不适用诉讼时效。因此,金象赛瑞公司在该案中关于停止侵害其技术秘密的诉讼请求不应适用诉讼时效的规定。

(二)关于赔偿损失的诉讼请求

诉讼时效的起算通常应满足两个条件:一是权利人知道或应当知道权利受到侵害;二是权利人知道或应当知道具体侵权行为主体。

其一,在该案中,金象赛瑞公司于2014年4月了解到华鲁恒升公司三聚氰胺一期项目投产后,进行调查、核实,后于2014年8月18日向眉山市公安局报案指控尹某出售其技术秘密给华鲁恒升公司。在报案时,金象赛瑞公司已知道权利受到侵害,但所知侵害人仅是华鲁恒升公司与尹某,并不包括宁波厚承公司、宁波设计院公司。

其二,"应当知道"是指以一般人的认知水平,推定权利人在当时的情况下知道权利受到侵害。而从金象赛瑞公司报案经过来看,在2014年4月,金象赛瑞公司所能了解到的仅是其竞争对手具有相关设备,并不能直接确认该设备侵害其技术秘密,也无从知晓侵害其技术秘密的具体行为主体,认定金象赛瑞公司在2014年4月或更具体的2014年4月30日知道或应当知道权利受到侵害有失准确。

其三,根据已查明的事实,金象赛瑞公司对于其技术秘密受到侵害的范围、途径和具体侵权行为主体的认知实际为一个渐进的过程。该案可以2014年8月18日金象赛瑞公司向公安机关报案称尹某出售技术秘密给华鲁恒升公司的时间点作为金象赛瑞公司知道其技术秘密被侵害的诉讼时效起算点,至2016年3月14日金象赛瑞公司向眉山市中级人民法院起诉华鲁恒升公司、宁波厚承公司、宁波设计院公司、尹某侵害技术秘密,并未超过当时施行的《民法通则》第135条规定的2年诉讼时效,故诉讼时效在此时发生中断。❶眉山市中级人民法院于2017年8月18日裁定准许金象赛瑞公司撤回起诉,诉讼时效应当自此开始重新计算。金象赛瑞公司随即向一审法院起诉,同年8月28日立案受理,起诉时未超过当时《民法通则》规定的2年诉讼时效。因此,金象赛瑞公司提起该案诉讼时其损害赔偿请求权的诉讼时效期间尚未届满。

其四,《最高人民法院关于适用〈中华人民共和国民法总则〉诉讼时效制度若干问题的解释》第2条规定:"民法总则施行之日,诉讼时效期间尚未满民法通则规定的二年或者一年,当事人主张适用民法总则关于三年诉讼时效期间规定的,人民法院应予支持。"《民法总则》于2017年10月1日起施行,故该案可以同时适用《民法总则》规定的3年诉讼时效。

---

❶ 权利人提出诉讼后,在诉讼程序进行过程中,权利人仍然在主张权利,该过程应作为诉讼时效持续中断期间,故诉讼时效期间的重新起算点应从诉讼程序终结时重新计算。

其五，诉讼时效制度的立法目的之一在于督促权利人及时行使权利。该案中，金象赛瑞公司客观上始终在积极维权，只是基于侵害技术秘密案件中普遍存在的"确定和证明侵害人、侵害行为、被侵害的技术秘密范围等"的困难，才无法准确针对华鲁恒升公司、宁波厚承公司、宁波设计院公司、尹某更早提起侵害涉案技术秘密的诉讼。

综上，金象赛瑞公司提出的诉讼请求并未超过诉讼时效。

三、关于该案相关程序问题

（一）关于该案是否应当中止审理

首先，该案与尹某所涉侵犯商业秘密罪刑事案件指控的对象不同。该案中，金象赛瑞公司共起诉了华鲁恒升公司、宁波厚承公司、宁波设计院公司、尹某四个侵权人。刑事案件的被告人仅尹某一人。其次，两案需查明的事实及适用的证明责任不同，刑事案件与民事案件审理的法律关系和证明标准均有不同。在该案中判断被诉侵权的四个主体是否构成技术秘密侵权、是否构成共同侵权以及应当承担何种侵权责任时所要查明的事实以及所依据的证明标准与刑事案件中认定被告人尹某是否构成侵犯商业秘密罪的事实和证明标准并不完全相同。因此，该案审理并非必须以尹某所涉刑事案件的审理结果为依据，无须中止审理。

（二）关于当事人在该案中提出的鉴定申请是否应予准许

司法鉴定是指在诉讼活动中鉴定人运用科学技术或者专门知识对诉讼涉及的专门性问题进行鉴别和判断并提供鉴定意见的活动。而鉴定结论需经各方当事人质证后，再由人民法院决定是否予以采纳。当事人申请鉴定并不必然启动鉴定程序，人民法院仍需根据对相关事实的认定需要作出是否启动鉴定程序的决定。

在该案中，华鲁恒升公司提出的技术秘密鉴定的申请已明显超过举证期限，且其多次明确拒绝查阅金象赛瑞公司提交的保密证据，未提出有针对性的反驳意见。华鲁恒升公司自己实质上放弃了对技术信息的保密证据进行质证的诉讼权利，其鉴定申请既无必要，也缺少程序正当性。

针对华鲁恒升公司、宁波厚承公司提出对电脑操作痕迹的鉴定申请，在案证据可以认定该证据是在正常业务活动中形成、传输和存储的电子数据，且与网易邮箱储存的电子数据互相印证，可以确定其记载的创建时间和修改时间的真实性，在没有反驳或相反证据支持两公司质疑的情况下，没有启动鉴定程序的必要。

针对华鲁恒升公司、宁波厚承公司提出的对眉山市公安局扣押的笔记本电脑、调取的电子数据载体以及眉山市中级人民法院保全的电子数据载体等进行痕迹鉴定的申请，上述证据均由相关部门按照法定程序调取或保全，两公司并未对鉴定的必要性提供相应证据，对其鉴定申请不予准许。

（三）关于一审法院对证据的采信是否符合法律规定

针对尹某在刑事程序中的讯问笔录、金象赛瑞公司报案人报案所作询问笔录能否作为该案证据采信，首先，该案中的相关讯问笔录、询问笔录均系华鲁恒升公司在一审中作为其第一组证据提交的证据材料，华鲁恒升公司上诉质疑该证据不符合民事诉讼的诚信原则。其次，该证据材料与该案事实的查明具有较大关联，具有一定的证明力，在符合民事诉讼证据规则的情况下，可以采纳。最后，该组证据已经经过质证、举证程序，对该证据予以采纳，在程序上并无不当。

四、金象赛瑞公司是否为涉案技术信息的权利人

2010年，四川金圣赛瑞化工有限责任公司（更名前的金象赛瑞公司，以下简称"金圣公司"）吸收合并四川玉象公司，年产10万吨三聚氰胺项目同时纳入。2010年，金圣公司与北京烨晶公司通过签订技术秘密转让合同的方式对"加压气相淬冷工艺生产三聚氰胺"技术的归属予以约定，明确约定由北京烨晶公司将之无偿转让给金圣公司。因此，金象赛瑞公司对涉案技术享有权利。

五、金象赛瑞公司主张的技术信息是否构成技术秘密

该案主要涉及五类技术秘密载体，即设备图及工艺数据表、管道仪表流程图（PID图）、设备布置图、管道布置图、工艺操作指南。其上所载信息均属于技术秘密。具体分析如下。

其一，上述设备图等均为相对独立的技术单元，属于技术信息。如设备图及工艺数据表承载了具有特定结构、能够完成特定生产步骤的非标设备或者设备的工作性能参数信息；设备布置图、管道仪表流程图、管道布置图记载了相关工序、工艺所需的设备及其位置和连接关系等信息；工艺操作指南承载了针对相应设备的操作步骤、正常操作参数和指标等信息。

其二，上述设备图等均属于不为公众所知悉的技术信息。首先，涉案技术信息是企业自行设计的非标设备及工艺流程参数信息。其次，不同三聚氰胺生产企业适用的生产设备及其连接方式、工艺流程的步骤和控制方法各有不同，如金象赛瑞公司的设备图、管道仪表流程图是根据其自身生产工艺对参数优选数值的有机组合，需要经过大量技术研发试验、检验筛选才能够获得，且涉案技术信息无法从公开渠道获取。各方当事人所提出的证据并不能证明其公开时间早于被侵权行为发生时，且公开文章中的数据参数并不相同，并不涉及金象赛瑞公司主张的秘密技术信息。

其三，金象赛瑞公司的涉案技术信息具有价值性。涉案技术信息涉及的加压气相淬冷工艺生产三聚氰胺技术大幅提升了单一生产线的产能，降低了生产能耗和设备投资，减少了日常维护频率和成本，为金象赛瑞公司带来了经济利益和竞争优势。此外，华鲁恒升公司的设计专篇中明确记载了第三代气相淬冷法技术（5万吨/年装置成功运行）在业内具有的里程碑意义，亦可佐证涉案技术信息在行业内具有较高商业价值。

其四，金象赛瑞公司采取了相应的保密措施。首先，权利人与员工签订有保密

条款或单独的保密协议，并支付一定的保密费用。2006～2009年，尹某与其在职的北京烨晶公司共签订3份工作合同，均就公司的技术和商务机密负有保密义务予以了约定。尹某作为当时涉案技术信息主要研发者之一，2008年任四川玉象公司的总工程师兼技术中心主任，所涉的保密信息的内容已经包含涉案技术信息。北京烨晶公司已将涉案技术信息的相关权利转让给四川玉象公司，四川玉象公司被金象赛瑞公司吸收合并，这不影响尹某负有对涉案技术秘密应当承担的约定及法定的保密义务，也不影响金象赛瑞公司对涉案技术信息采取保密措施的认定。其次，权利人与可能获悉涉案技术信息的合作方签订有保密协议。金圣公司与相关合作方签订技术保密协议，明确约定应对"加压气相淬冷工艺生产三聚氰胺技术"等技术秘密予以保密，涵盖了金象赛瑞公司在该案中主张的涉案技术信息。

综上，涉案技术信息系不为公众所知悉、具有商业价值并经权利人采取相应保密措施的技术信息，符合技术秘密的法定构成要件，依法应受法律保护。

六、华鲁恒升公司等四者是否实施了侵害涉案技术秘密的行为以及四者是否构成共同侵权并应否承担连带责任

（一）关于华鲁恒升公司等被诉侵权人是否存在侵害涉案技术秘密的行为

在商业秘密侵权案件中，权利人已证明被诉侵权人利用的信息与其商业秘密相同或实质相同且被诉侵权人实际接触或具有接触商业秘密的机会、渠道的情况下，可以初步认定被诉侵权人采取不正当手段获取商业秘密的事实成立；如被诉侵权人主张其利用的信息具有正当来源的，则应当承担证明责任。

首先，涉案技术秘密与被诉侵权技术信息构成实质相同，根据法律规定在被诉侵权信息与涉案商业秘密间不存在实质性区别的，可以认定为两者构成实质上相同。该案中，将尹某被扣押笔记本电脑中的被指侵权的图纸和资料所记载的技术信息、宁波设计院公司的管道仪表流程图记载的技术信息以及华鲁恒升公司的设计专篇记载的技术信息与金象赛瑞公司主张权利的涉案技术秘密中的相应技术信息进行对比后，可认定构成实质相同。

其次，尹某曾为北京烨晶公司员工、四川玉象公司的总工程师兼技术中心主任，是四川玉象公司项目的技术负责人，系涉案技术秘密的主要研发人员之一，能够直接接触涉案技术秘密。结合尹某在相关刑事案件中的供述、眉山市公安局扣押的尹某的笔记本电脑中存有华鲁恒升公司的相关技术资料的事实以及宁波厚承公司、宁波设计院公司与华鲁恒升公司之间签订的工程设计合同的实际履行情况，可证明宁波厚承公司、宁波设计院公司、华鲁恒升公司通过尹某已实际接触了金象赛瑞公司的涉案技术秘密。

被诉侵权人主张技术信息合法权利或来源，但并没有提供证据证明。其中华鲁恒升公司主张自己通过收购德州德丰化工有限公司（以下简称"德丰化工公司"），

合法取得德丰化工公司及其关联公司成熟的三聚氰胺生产线及技术秘密，并通过自身研发实现的 5 万吨级的技术改进，但德丰化工公司仅有 1 万吨级的装置。华鲁恒升公司就其技术研发改进并没有提供证据证明。

（二）关于华鲁恒升公司等被诉侵权人是否构成共同侵权

依据《侵权责任法》第 8 条，共同侵权要求数人共同不法侵害他人权益造成损害。构成共同侵权需要满足四个要件：一是侵权主体的复数性；二是共同实施侵权行为；三是受害人具有损害，且损害具有不可分割性；四是各行为人的侵权行为均与损害后果之间具有因果关系。

在该案中，侵权主体的复数性显而易见。华鲁恒升公司等被诉侵权人构成共同故意实施侵权行为，即主观上彼此明知，行为上分工协作。华鲁恒升公司、宁波厚承公司、宁波设计院公司、尹某之间具有侵害涉案技术秘密的共同意思联络，主观上彼此明知，彼此先后实施相应的侵权行为，形成了完整的侵害涉案技术秘密的侵权行为链，客观上已形成分工协作，属于共同故意实施被诉侵权行为。并且，构成共同故意实施被诉侵权行为并不以各参与者事前共谋、事后协同行动为限。各参与者彼此之间心知肚明、心照不宣，先后参与、相互协作，亦可构成共同实施被诉侵权行为。该案中，华鲁恒升公司等被诉侵权人实施共同侵权行为的过程即属于后者情形，其各自实施的行为均属于实施共同侵权行为的关键环节且为不可或缺的组成部分。此外，无损害，不救济。华鲁恒升公司等被诉侵权人共同故意实施侵害金象赛瑞公司的涉案技术秘密的行为显然已造成了损害后果。金象赛瑞公司原本因涉案技术秘密而享有的竞争优势被削弱，其潜在或预期可得的市场份额丧失。并且四个侵权主体实施共同侵权行为使得华鲁恒升公司生产三聚氰胺的产量大幅增长、销售获利增加。因此，该案侵权损害后果主要体现在华鲁恒升公司销售涉案三年聚氰胺产品的获利，且该损害结果具有不可分割性。最后，前述华鲁恒升公司等侵权主体彼此先后实施相应的侵权行为形成了完整的侵害涉案技术秘密的侵权行为链，缺一不可，与损害后果之间均具有直接的因果关系。因此，四者主观上存在意思联络，客观上形成了分工协作，共同实施了侵害涉案技术秘密的行为，造成了不可分割的损害后果，且损害后果与该四者实施的侵权行为之间均具有直接的因果关系，构成共同侵权。

（三）关于华鲁恒升公司等被诉侵权人应否承担连带责任

华鲁恒升公司等被诉侵权人构成共同故意侵权。根据《侵权责任法》规定，四者应当承担连带责任。该案中，华鲁恒升公司等被诉侵权人各自实施的侵权行为均是共同侵权中不可或缺的一环，该四者的行为缺一不可且均造成了同一损害后果，该损害后果与该四者的行为之间均具有直接的因果关系，故各被诉侵权人理应就共同侵权行为所造成的损失全额承担连带赔偿责任。

七、该案停止侵害和赔偿损失的责任具体应如何承担

根据《侵权责任法》第 15 条的规定，金象赛瑞公司在该案中主张的侵权责任主要为停止侵害、赔偿损失，具体承担如下。

（一）关于停止侵权的侵权责任

首先，华鲁恒升公司等被诉侵权人共同实施了侵害涉案技术秘密的行为，应当立即停止披露、使用、允许他人使用的涉案技术秘密，停止侵害的时间应持续到涉案技术秘密已为公众知晓之日。

其次，作为制造者的侵权人在技术秘密侵权案件中的侵权行为通常表现为使用技术秘密制造产品，对其利用技术信息制造的产品进行销售是侵权主体制造行为的自然延伸，两者都需要禁止。该案中，华鲁恒升公司使用涉案技术秘密建设被诉侵权生产系统，在被诉侵权生产系统建成后，继续使用承载有涉案技术秘密的侵权生产系统和使用涉案技术秘密中的生产工艺制造三聚氰胺产品并进行销售。其中，设备的选择、设备的结构、尺寸、生产工艺参数等技术信息都是建造被诉侵权生产系统的必须技术信息，使用涉案技术秘密必然直接获得三聚氰胺。因此，停止销售使用涉案技术秘密生产的三聚氰胺产品实质上应涵盖在要求停止使用涉案技术秘密的范畴内。

最后，关于销毁涉案技术秘密载体的责任。在该案中，权利人金象赛瑞公司诉请判令华鲁恒升公司立即销毁侵权的生产设备及其设备图纸、技术材料。根据法律规定，人民法院一般应予支持❶金象赛瑞公司的诉讼请求。在该案中，其持有的记载或包含涉案技术秘密的载体主要为被诉侵权生产系统以及其向相关行政管理部门备案的图纸或技术资料即该案中的设计专篇，销毁该载体既能停止侵权，亦能有效防止华鲁恒升公司继续使用其承载的技术秘密以及在该生产系统上使用涉案技术秘密中的生产工艺。

（二）关于赔偿损失的侵权责任

因不正当竞争行为受到损失的赔偿数额主要有两种计算方式：一是按照其因被侵权所受到的实际损失确定；二是按照侵权人因侵权所获得的利益确定。❷ 该案中，华鲁恒升公司的侵权获利数额计算期间应当从涉案三聚氰胺一期项目即被诉侵权生产系统投产之日起算，即 2014 年 4 月 30 日至 2018 年 12 月 30 日，利用华鲁恒升公司的年报数据，其间，其销售三聚氰胺的营业收入约为 9.5 亿元。通过考量各侵权人的主观过错、对损害结果的可预见性以及权利人就同一被诉侵权生产系统提出的

---

❶ 《最高人民法院关于审理侵犯商业秘密民事案件适用法律若干问题规定》第 18 条："权利人请求判决侵权人返还或者销毁商业秘密载体，清除其控制的商业秘密信息的，人民法院一般应予支持。"

❷ 《反不正当竞争法》（2017）第 17 条第 3 款："因不正当竞争行为受到损害的经营者的赔偿数额，按照其因被侵权所受到的实际损失确定；实际损失难以计算的，按照侵权人因侵权所获得的利益确定。赔偿数额还应当包括经营者为制止侵权行为所支付的合理开支。"

其他知识产权主张的情况，金象赛瑞公司主张的 9800 万元赔偿数额与案件具体情节相适应，具有合理性和适当性，应全额支持。因此，华鲁恒升公司、宁波厚承公司、宁波设计院公司、尹某应当就其四者的共同侵权行为连带赔偿金象赛瑞公司 9800 万元。

案例评析

该案主要涉及技术信息商业秘密的认定、同业竞争者共同侵权的认定问题，另外，其整体时间跨度广，经历多层诉讼程序，涉及多个法律规定的变化，值得关注。

其一，关于金象赛瑞公司主张的相关信息是否构成商业秘密的认定。《反不正当竞争法》（2017）第 9 条第 3 款规定："本法所称的商业秘密，是指不为公众所知悉、具有商业价值并经权利人采取相应保密措施的技术信息和经营信息。"即商业秘密的成立需要三个要件。一是不为公众所知悉，指有关信息不为其所属领域的相关人员普遍知悉和容易获得。一般说来，普遍知悉或者容易获得只要求该相关信息处于所属领域相关人员想知悉就能知悉或者想获得就能获得的状态，或者所属领域相关人员不用付出过多劳动就能够知悉或者获得该相关信息。二是具有商业价值，一般指有关信息具有现实的或者潜在的商业价值，能为权利人带来竞争优势。商业秘密具有的商业价值并不限于其已经实际产生的价值，还包括其可能带来的价值；同时，其商业价值既包括使用该商业秘密带来的价值增长，也包括使用该商业秘密可避免的价值减损或者成本付出。三是保密措施，一般指权利人为防止信息泄露所采取的与其商业价值等具体情况相适应的合理保护措施，通常根据商业秘密及其载体的性质、商业秘密的商业价值、保密措施的可识别程度、保密措施与商业秘密的对应程度以及权利人的保密意愿等因素，认定权利人是否采取了相应保密措施。

在该案中，如前所述，相关技术信息载体主要包括设备图及工艺数据表、管道仪表流程图、设备布置图、管道布置图、工艺操作指南，其上所载信息均属于技术秘密。上述设备图等均为相对独立的技术单元，属于不为公众所知悉的技术信息；由金象赛瑞公司自行设计非标设备及工艺流程参数信息，生产设备及其连接方式、工艺流程的步骤和控制方法等都需要经过大量技术研发试验、检验筛选才能够获得，且涉案技术信息无法从公开渠道获取；以上技术信息在实践中大幅提升了产能，降低了成本，为金象赛瑞公司带来了经济利益和竞争优势；并且金象赛瑞公司采取了与员工以及可能获悉涉案技术信息的合作方签订保密协议的措施。据此，金象赛瑞公司主张的涉案技术信息系不为公众所知悉、具有商业价值并经权利人采取相应保密措施的技术信息，符合技术秘密的法定构成要件，已然需要受到法律的保护。

其二，关于商业秘密的共同侵权问题。根据《反不正当竞争法》（2017）第 9 条第 1 款规定："经营者不得实施下列侵犯商业秘密的行为：（一）以盗窃、贿赂、欺诈、胁迫或者其他不正当手段获取权利人的商业秘密；（二）披露、使用或者允许他人使用以前项手段获取的权利人的商业秘密；（三）违反约定或者违反权利人有关保守商业秘密的要求，披露、使用或者允许他人使用其所掌握的商业秘密。"该条第2款规定："第三人明知或者应知商业秘密权利人的员工、前员工或者其他单位、个人实施前款所列违法行为，仍获取、披露、使用或者允许他人使用该商业秘密的，视为侵犯商业秘密。"

在该案中，尹某违反与金象赛瑞公司有关保守涉案技术秘密的约定，在宁波厚承公司、宁波设计院公司的高额利诱下，将涉案技术秘密非法披露给宁波厚承公司、宁波设计院公司、华鲁恒升公司并允许该三公司使用，并自己使用涉案技术秘密为华鲁恒升公司涉案三聚氰胺一期项目的建设、使用提供技术指导；宁波厚承公司、宁波设计院公司在明知相应的技术信息系金象赛瑞公司的技术秘密且明知尹某为金象赛瑞公司前员工的情况下以不正当手段从尹某处非法获取涉案技术秘密并用于华鲁恒升公司涉案三聚氰胺一期项目的设计、建造、使用；华鲁恒升公司在明知技术来源非法的情况下获取并使用涉案技术秘密。该四者主观上存在意思联络，客观上形成分工协作，共同实施了侵害涉案技术秘密的行为，造成了不可分割的损害后果，且损害后果与该四者实施的侵权行为之间均具有直接的因果关系，构成共同侵权。其中该案的特殊之处便是在于四个被诉侵权主体形成了相互衔接紧密的行为链条，华鲁恒升公司、宁波厚承公司、宁波设计院公司、尹某之间具有侵害涉案技术秘密的共同意思联络，主观上彼此明知，先后实施相应的侵权行为形成了完整的侵害涉案技术秘密的侵权行为链，客观上分工协作，属于共同故意实施被诉侵权行为。并且，各共同侵权主体应当依法承担连带责任，各侵权人各自实施的侵权行为均是共同侵权中的一环，已造成同一损害后果且损害后果不可分割，应当就共同侵权行为所造成的损失全额承担连带赔偿责任。

其三，关于是否销毁记载涉案技术秘密的载体问题。一审法院从社会资源和生产安全的角度，希望通过判令停止使用但不销毁生产设备的方式，鼓励华鲁恒升公司与金象赛瑞公司达成技术许可。而二审法院基于华鲁恒升公司等被诉侵权人十分明显的主观过错以及较为严重的侵权情节，从依法全面有效保护知识产权的角度出发，判定被诉侵权主体以金象赛瑞公司确认或法院可验证的方式，销毁记载涉案技术秘密的技术资料、生产设备等。这不仅体现了法律保护商业秘密的力度与决心，更是敲响了不法侵害人的警钟，从而既有效制止侵权和保护知识产权，又有利于促使当事人在明了彼此权利和行为边界的基础上开展诚信磋商。

其四，值得注意的是，该诉讼于2017年8月28日立案，当时《反不正当竞争法》（2017）修改内容尚未施行，但被诉侵权行为作为一个未间断的行为已持续至《反不正当竞争法》（2017）修改内容的施行期间乃至《反不正当竞争法》（2019）修改内容的施行期间，但金象赛瑞公司主张的损害赔偿责任计算期间截至2018年12

月 30 日，故该案适用《反不正当竞争法》（2017）。基于同样的理由，金象赛瑞公司提起诉讼所针对的仅为《民法典》施行前的被诉侵权行为，该案不适用《民法典》，仅适用当时的法律与司法解释。

启示与企业应对

2022 年 12 月 26 日，最高人民法院就该案作出判决，全额支持原告诉讼请求，被诉侵权主体共同承担连带责任。这是目前人民法院针对同一工程项目判赔额最高的知识产权侵权案件，权利人金象赛瑞公司为中外合资企业，北京烨晶公司为高新技术民营企业，侵权人之一华鲁恒升公司系国有上市企业。该案裁判不仅彰显人民法院切实加强知识产权司法保护的坚定态度，也充分体现对内资和外资企业、国有和民营企业等各类企业的一体对待、平等保护的决心。除此之外，该案的判决处理也给企业带来以下思考。

一、从权利人的角度看

第一，面对侵害，应当积极维权，坚持依靠法律与法定程序维护自身权益。金象赛瑞公司经历长达 9 年的维权，最终迎来全额赔偿的判决，极大地维护了自身的合法权益。

第二，企业在经营过程中，应当积极维护本公司的商业秘密。企业主体可以设立商业秘密清单，分类分级确定保密事项、接触范围和保护形式，并按照企业商业秘密管理规范的标准要求，建立、实施、保持和持续改进商业秘密管理体系，同时，根据保密事项与社会公知信息变化的情况，调整技术信息的保护范围。

第三，加强商业秘密的管理，企业应建立涉密人员、涉密载体、涉密设备、涉密区域的管理要求，保持商业秘密管理的成文信息。尤其是要重视对涉密人员的管理，签署保密协议、竞业限制协议，约定保密范围与期限，对员工进行保密培训，并加强违反保密义务的违约责任，通过约定的惩罚性手段维护企业技术秘密的价值性，从而不断增强自身的竞争优势。

第四，企业应做好员工的岗位调动与离职管理，对其电脑设备、涉密载体及复制品等进行盘点，强调保密义务，通过面谈和重新评估，确认签署承诺书和履行竞业限制协议，对离职员工定时追踪去向，及时发现泄露和不正当使用商业秘密的行为。

第五，加强侵权风险防范，及时发现，设立应急处理方案或流程，将危害控制在最小范围内，积极寻求司法机关的帮助。

第六，面对侵权行为，确定证据收集的内容、范围和方式，及时请求司法机关依照法定程序保全证据，并积极主张各侵权主体构成共同侵权并承担连带责任，能够最大程度地打击侵权，避免个别侵权主体逃避责任，并通过更加严格的惩罚，降

低侵权人的再犯可能性。❶

二、从被控侵权人的角度看

第一，企业尤其是已上市公司在规划募投项目前，务必做好技术秘密侵权风险识别，形成尊重其他公司的创新成果与知识产权的意识，提高发现、识别、避开与应对风险的能力。该案中的华鲁恒升公司三聚氰胺一期项目的设计、建造、使用，系在明知技术来源非法的情况下获取并使用涉案技术秘密，最后被判侵权，面临产品无法销售、产线被销毁等重大风险。这对上市公司是巨大的商业危机。

第二，企业应当专注自身，提高创新创造能力，利用自身技术优势开展生产经营活动。尤其是化工企业，面对环保、节能减排的政策要求，面对市场竞争压力，应当积极构建企业核心能力，提高原始创新能力，把创新转化为知识产权，通过知识产权来实现市场竞争，推动企业转型。

第三，面临侵权风险，应积极谈判和解，争取达成专利、商业秘密的许可、转让，从而实现利益的长远化发展。

（毛　雪）

---

❶　参见《企业商业秘密管理规范》，中国专利保护协会 2021 年 12 月 31 日发布，2022 年 1 月 1 日起实施。

其他知识产权篇

19 蹭"网红零食"热度是否构成不正当竞争[1]

裁判要旨

对于"知名商品"的认定并不要求该商品的知名度到达驰名状态,其在一定市场范围内具有一定影响力即可。

知名商品特有包装装潢之所以受到保护,是因为其作为商业标识已经在市场中起到了识别作用,相关消费者一旦见到相关包装装潢,即可识别该商品的来源和出处。

裁判依据

《反不正当竞争法》(1993)第5条、第9条、第20条

基本案情

上诉人(一审原告):珍妮曲奇小熊饼干有限公司(以下简称"珍妮曲奇公司")

被上诉人(一审被告):深圳市珍妮食品有限公司(以下简称"深圳珍妮公司")

珍妮曲奇公司是在我国香港特别行政区从事曲奇饼干生产销售的一家公司,其生产的珍妮曲奇饼干在香港地区享有较高知名度。该公司在内地设厂销售前,珍妮曲奇饼干已通过海淘、代购等方式销往内地,并在内地电商平台举办的"全球TOP10零食"网络评选中居第三位。深圳珍妮公司通过实体店和网店,大量销售被诉商品,并以"全球TOP10零食第三位……"作为宣传用语。珍妮曲奇公司认为深圳珍妮公司在被诉商品上擅自使用与其相应产品基本相同的特有包装装潢,盗用珍妮曲奇公司的商誉进行虚假宣传,构成不正当竞争,故提起诉讼,请求深圳珍妮公

---

❶ 珍妮曲奇小熊饼干有限公司诉深圳市珍妮食品有限公司不正当竞争纠纷案。一审:(2016)粤03民初463号。二审:(2019)粤民终1501号。

司停止侵权行为，赔偿珍妮曲奇公司损失。

争议焦点

在该案中，法院将争议焦点归纳为：①珍妮曲奇公司的涉案商品在被诉侵权行为发生前是否已在内地知名；②深圳珍妮公司是否侵害珍妮曲奇公司知名商品特有包装装潢相关权利；③深圳珍妮公司是否构成虚假宣传。

一审法院认为，在被诉侵权行为发生前，涉案商品尚未在内地销售，珍妮曲奇公司就其产品为知名商品举证不足，未认定其产品为在先知名商品，而"特有的包装、装潢"应当以知名商品为前提条件，因此珍妮曲奇公司就涉案商品主张的包装、装潢也不构成"特有的包装、装潢"，进而亦未认定深圳珍妮公司的仿冒行为构成不正当竞争。一审法院认为珍妮曲奇公司未能举证证明深圳珍妮公司的宣传内容对其造成了直接损害，因而未认定深圳珍妮公司构成虚假宣传。此外，一审法院对于珍妮曲奇公司指控深圳珍妮公司冒用其企业名称及商品名称的主张也未予支持。

二审法院认为珍妮曲奇公司的涉案商品在内地已经具有较高知名度和影响力，应当认定为知名商品，被诉侵权商品的包装、装潢，容易造成相关公众的混淆误认，因此认定深圳珍妮公司侵害珍妮曲奇公司知名商品的包装、装潢。深圳珍妮公司在电商平台通过宣传误导消费者，攀附珍妮曲奇公司商誉，构成虚假宣传形式的不正当竞争。二审法院遂撤销一审判决，判令深圳珍妮公司停止侵权并赔偿珍妮曲奇公司经济损失与合理维权费用56万元。

案例评析

第一，珍妮曲奇公司主张知名商品特有包装装潢权益，必须以涉案商品在内地的知名度为前提条件。根据珍妮曲奇公司的举证，可以证明其自2005年以来就在香港地区从事曲奇饼干的生产销售，经过十余年精心经营和宣传维护，其经营的珍妮曲奇饼干早在香港地区享有较高知名度，但是没有在内地设店经营。然而在被诉侵权行为发生前，珍妮曲奇公司的产品已多次通过代购形式销往内地，可见其商品当时已受到内地消费者关注与认同。法院认为《反不正当竞争法》中的"知名商品"并不要求知名度到达驰名状态，其在一定市场范围内具有一定影响力即可。涉案商品是否在内地开设实体店只是考虑知名状态的其中一个因素，而非全部因素，因此认定涉案商品在内地，特别是深圳珍妮公司所在的广东地区具有较高的知名度和一定影响力。

第二，知名商品特有包装装潢之所以受到反不正当竞争法保护，是因为其作为商业标识已经在市场中起到了识别作用，相关消费者一旦见到相关包装装潢，即可识别该商品的来源和出处。该案中珍妮曲奇公司主张其商品上所使用的泰迪熊图案和花环图形为特有包装装潢，法院则认为泰迪熊形象并非由珍妮曲奇公司所创作，亦非具有个性特征的特定个体，而只是种类物，珍妮曲奇公司涉案商品并没有特定的泰迪熊整体形象，不能仅因珍妮曲奇公司涉案商品包装装潢长期以泰迪熊为主角，就认定所有与泰迪熊相关的形象均属于珍妮曲奇公司涉案商品所特有，认定所有以泰迪熊为主角的装潢都构成侵权，否则既不符合反不正当竞争法保护可识别来源的商业标识的制度初衷，也将导致泰迪熊这一种类为珍妮曲奇公司所独占，不利于市场经营者将泰迪熊作为装潢元素进行创新运用。而对于珍妮曲奇公司在涉案商品上长期使用的花环图案，法院认为该图案为珍妮曲奇公司所设计，具有独特性，且经长期使用而具有较高显著性与一定影响力，相关公众看到该花环图形，容易将之识别为珍妮曲奇公司的商品或者联想到珍妮曲奇公司，故其属于知名商品特有包装装潢。位于深圳市的深圳珍妮公司作为同行业经营者，经营地址与珍妮曲奇公司所处的香港地区毗邻，不可能不知悉珍妮曲奇公司涉案商品在港澳地区与广东地区均具有较高知名度与美誉度，其不仅不尽合理避让义务，还擅自使用与珍妮曲奇公司涉案商品基本相同的包装装潢，故意造成相关消费者混淆误认，不正当利用和攫取珍妮曲奇公司知名度的主观恶意明显。并且深圳珍妮公司的原法定代表人陈某的配偶李某长期从事代购珍妮曲奇公司涉案商品业务，陈某本人亦从事知识产权咨询行业，必然熟知涉案商品品牌及标识知名度，其却在内地注册"珍妮曲奇""JennyBakery"商标，许可给其创设的深圳珍妮公司独占使用，并在被诉侵权产品上使用相近似的包装装潢，其侵权行为的发生绝非偶然、孤立，而是深圳珍妮公司及其原法定代表人陈某有预谋、有策划的行为，其侵权主观恶意明显，法院认为应当予以制止。

第三，深圳珍妮公司在网络平台上销售涉案产品时，利用了珍妮曲奇公司的商誉，意在误导相关消费者以为相关网店系珍妮曲奇公司官方网店、被诉侵权产品系珍妮曲奇公司涉案知名商品，导致相关消费者误以为涉案商品系珍妮曲奇公司的知名商品而进行购买，此必将不当掠取珍妮曲奇公司的市场份额并损害珍妮曲奇公司的商誉。珍妮曲奇公司因此受到的直接损害或间接损害是必然存在的，因此法院认定深圳珍妮公司构成虚假宣传。

启示与企业应对

随着互联网经济的快速发展，如今的商品销售和服务提供方式逐渐从线下转为线上。该案中珍妮曲奇公司虽然并未在内地设立相关的实体经营店铺，但其商品通过网络和代购等方式销往内地，法院因此对其商品在内地的知名度进行了确认。《反不正当竞争法》（2017）将商业混淆中商品名称等的"知名"修改为"有一定影响"。如何认定"有一定影响"在《最高人民法院关于适用〈反不正当竞争法〉若干问题的解释》第4条给出了标准，即具有一定的市场知名度并具有区别商品来源的显著特征的标识，人民法院可以认定为《反不正当竞争法》第6条规定的"有一定影响的"标识。人民法院认定《反不正当竞争法》第6条规定的标识是否具有一定的市场知名度，应当综合考虑相关公众的知悉程度，商品销售的时间、区域、数额和对象，宣传的持续时间、程度和地域范围，标识受保护的情况等因素。企业要围绕该标准在日常生产活动中保留相关证据。

在该案中法院还强调了侵权人具有知识产权领域的相关知识，作为同行业的经营者更应当注意履行合理避让的义务。因此企业在销售商品或者提供服务的过程中，应当尊重同行业经营者的知识产权，注意竞争行为的边界，并且通过自身产品和服务的优势进行宣传，积累商誉，而不是"蹭热度，走捷径"，否则不仅无法搭建自身的品牌、提升影响力，还会有损自身的商誉。

具体而言，企业可以从以下几个方面加强自身管理。

首先，尊重同业竞争者的知识产权是企业发展的基石。知识产权是企业核心竞争力之一。企业应在充分了解和掌握相关法律法规的基础上，对同业竞争者的知识产权保持尊重，避免侵权行为的发生。这不仅有助于企业树立良好的社会形象，还能降低法律风险，为企业的长远发展创造有利条件。

其次，企业应通过自主创新实现商誉的积累。商誉是企业无形资产的重要组成部分，是指企业在市场上获得的声誉和认可。企业应将创新作为核心竞争力，不断提高产品质量、服务水平和技术水平，以满足消费者的需求。同时，企业还应加强品牌建设，通过宣传推广提升品牌知名度和美誉度，从而实现商誉的自主积累。

最后，企业还可以通过提高自身竞争力，实现商誉的积累。一是人才培养与激励方面，企业应重视人才培养，提高员工素质，为企业的创新发展提供人才支持，同时通过设立激励机制，鼓励员工积极投身创新工作，为企业创造更多价值。二是精细化管理方面，企业应加强内部管理，提高管理效率，降低成本，提升企业盈利能力。精细化管理有助于提高产品质量，优化服务质量，从而提升企业商誉。三是跨界合作方面，企业应积极开展跨界合作，与其他行业或企业共享资源，互补优势，实现共同发展。跨界合作有助于企业拓展市场，提高品牌影响力，为商誉的积累创造条件。

（张莘媛）

20 混淆行为的认定^❶

裁判要旨

在企业名称、网站域名中使用他人字号，引起消费者误认为存在二者之间特定联系的行为，属于混淆行为，构成不正当竞争。

利用前述特定联系进行宣传，足以欺骗、误导消费者的，构成虚假宣传。

裁判依据

《反不正当竞争法》第 2 条、第 6 条、第 8 条

《最高人民法院关于审理涉及计算机网络域名民事纠纷案件适用法律若干问题的解释》第 4 条

《商标法》第 58 条

基本案情

该案两原告均是米高梅集团旗下公司。米高梅集团是 20 世纪初美国好莱坞八大电影公司之一。米高梅集团及其关联公司使用的英文企业字号为 METRO – GOLDWYN – MAYER，简称 MGM。在中国，米高梅集团的中文字号为"米高梅"，其雄狮标识也一直被米高梅集团使用至今。被告原企业名称为深圳市贤兴数码影院有限公司，后变更企业名称为深圳市米高梅影业有限公司（以下简称"深圳米高梅公司"），注册域名 mgmchn. com、mgmchn. cn 并使用，在网站、微博、微信公众号以及宣传名册等中使用"MGM"等标识用于宣传推广其加盟、开办米高梅影城业务，并以"米高梅中国""米高梅（中国）影业""米高梅影业""米高梅"等自称，运用相关文字描述，使用米高梅集团旗下知名艺人经典合影以及"电影百年米高梅"视频等，明示或暗示其与米高梅集团及两原告存在授权许可或其他特定关系，并申请注册多个与

---

❶　米高梅电影公司与深圳市米高梅影业有限公司不正当竞争纠纷案。一审：（2017）沪 0115 民初 85362 号。

原告米高梅公司注册商标相同或近似的商标等。两原告认为被告的前述行为构成不正当竞争，遂诉至上海市浦东新区人民法院。

争议焦点

法院认为，深圳米高梅公司在没有任何授权及与两原告关联关系的情况下变更企业名称使用"米高梅"字号，在经营中使用"米高梅""METROGOLDWYNMAYER""MGM"等标识，并注册、使用 mgmchn. cn、mgmchn. com 域名，从事授权加盟、开办米高梅影城项目等行为，足以引人误认为其与米高梅集团及两原告存在特定联系，产生混淆，构成不正当竞争。同时，被告在其网站，微博，微信公众号及办公场所的装潢、悬挂证书，发放的副券、名片及宣传册中，明示或暗示其与米高梅集团及两原告存在授权许可或其他特定关系。前述行为足以欺骗、误导消费者，构成虚假宣传。就原告申请注册多个与米高梅公司注册商标相同或近似的商标的行为，由相应行政机关、司法机关依据《商标法》等法律进行认定和规范，法院认为该部分行为不构成不正当竞争。最终法院判令被告深圳米高梅公司停止实施不正当竞争行为，将域名 mgmchn. cn、mgmchn. com 移转至原告名下，变更企业名称并不得在变更后的企业名称中使用"米高梅"字样，消除影响，并对原告主张的赔偿经济损失及合理开支予以全额支持，共计 300 万元。

案例评析

在该案中，深圳米高梅公司主要实施了两类不正当竞争行为。

一、混淆行为

被告深圳米高梅公司使用"米高梅"字号以及 "METROGOLDWYNMAYER""METRO‑GOLDWYN‑MAYER"标识行为构成不正当竞争。根据我国《反不正当竞争法》第6条（2）项的规定，经营者擅自使用他人有一定影响的企业名称（包括简称、字号等）、社会组织名称（包括简称等）、姓名（包括笔名、艺名、译名等），引人误认为他人商品或者与他人存在特定联系，属于混淆行为，构成不正当竞争。该案中原告米高梅集团的中文字号"米高梅"、英文字号"METRO‑GOLDWYN‑MAYER"以及英文字号简称"MGM"经过米高梅集团及两原告在国内长时间的持续使用和广泛宣传，具有很高知名度，属于有一定影响的企业名称。而被告深圳米高梅公司与米高梅集团及两原告没有任何授权及关联关系的情况下，使用了"米高梅"字号、"METROGOLDWYNMAYER""METRO‑GOLDWYN‑MAYER"标识，足以引人误认为其与米高梅集团及两原告存在特定联系，产生混淆，因此构成不正当竞争。

深圳米高梅公司注册、使用 mgmchn. cn、mgmchn. com 域名的行为构成不正当竞争。根据我国《反不正当竞争法》第 6 条（3）项的规定，经营者擅自使用他人有一定影响的域名主体部分、网站名称、网页等，引人误认为他人商品或者与他人存在特定联系，属于混淆行为，构成不正当竞争。并且根据《最高人民法院关于审理涉及计算机网络域名民事纠纷案件适用法律若干问题的解释》第 4 条的规定，人民法院审理域名纠纷案件，对符合以下各项条件的，应当认定被告注册、使用域名等行为构成侵权或者不正当竞争：①原告请求保护的民事权益合法有效；②被告域名或其主要部分构成对原告驰名商标的复制、模仿、翻译或音译；或者与原告的注册商标、域名等相同或近似，足以造成相关公众的误认；③被告对该域名或其主要部分不享有权益，也无注册、使用该域名的正当理由；④被告对该域名的注册、使用具有恶意。根据前述要件对被告行为正当性进行判断：第一，根据商标注册情况，米高梅公司在中国享有"MGM"注册商标专用权。"MGM"英文企业名称简称经米高梅集团及两原告的持续经营及使用，在娱乐业领域，特别是电影业领域享有很高知名度，为相关公众所知悉，具有一定影响。因此，可以认定米高梅集团及两原告对"MGM"享有合法有效的民事权益。第二，涉案被控侵权域名主要以及具有显著性的部分"mgm"与两原告享有合法权益的"MGM"在文字构成、排列顺序上完全相同，仅存在字母大小写的差别，足以造成相关公众的误认。第三，深圳米高梅公司对"mgm"不享有权益，也无注册、使用该域名的正当理由。第四，深圳米高梅公司为商业目的使用"mgm"注册域名，故意造成与米高梅集团及两原告提供服务的混淆，主观上具有攀附米高梅集团及两原告商誉的恶意。因此，被告深圳米高梅公司注册、使用上述域名的行为构成不正当竞争，应当受到《反不正当竞争法》第 6 条（3）项的规制。

二、虚假宣传行为

根据我国《反不正当竞争法》第 6 条第 1 款，经营者不得对其商品的性能、功能、质量、销售状况、用户评价、曾获荣誉等作虚假或者引人误解的商业宣传，欺骗、误导消费者。该案中，被告深圳米高梅公司在其网站，微博，微信公众号及办公场所的装潢、悬挂证书，发放的副券、名片及宣传册中，使用"米高梅品牌背景""米高梅发展历史""米高梅与奥斯卡""米高梅目前与美国米高梅电影公司等国际权威机构建立多元化合作伙伴关系"等文字描述，使用米高梅集团旗下知名艺人经典合影以及"百年电影百年米高梅"视频等用于宣传，明示或暗示其与米高梅集团及两原告存在授权许可或其他特定关系。而事实上，深圳米高梅公司与两原告及米高梅集团并无关联。故上述行为属虚假或者引人误解的商业宣传，足以欺骗、误导消费者，已构成虚假宣传的不正当竞争行为。

混淆行为通过擅自使用他人有一定影响的商品标识、主体标识等为手段，形成商品来源混淆或特定联系混淆的结果，阻碍相关公众对经营者主体身份的正确识别，意在攀附其他经营者业已形成的市场影响力。虚假宣传一般针对商品或服务传递虚假或引人误解的信息内容，以期错误地影响相关公众对商品或服务的选择决策。该案中被告实施这两种行为均是为了利用两原告在市场上的知名度和影响力，跨越商誉积累这一步，以实现自身的商业目的，严重侵害了两原告的合法权益。

米高梅集团作为"好莱坞老字号"，其中文字号"米高梅"、英文字号"METRO – GOLDWYN – MAYER"及英文字号简称"MGM"获得法院判决的全面保护。该案彰显了中国司法对中外主体知识产权的平等保护。

启示与企业应对

混淆行为通常是经营者为了争夺竞争优势，使自己的商品或者服务与他人经营的商品、服务相混淆，利用其他经营者已有的品牌优势，引起消费者的误认。部分经营者还会虚假宣传，加深消费者的误解，扩大自身的影响力，以此牟取不正当利益。混淆行为是不正当竞争行为中最为普遍的一类，极易扰乱市场经济秩序。企业在建立自身品牌时应当注意尊重他人知识产权，特别是当前越来越多的企业走出国门，更应当对该问题引起重视。

作为外向型企业，无论是初创型或是成立已久的企业，首先，不能有"搭便车"的思想，进行商业宣传时应当注意尊重其他企业的知识产权。其次，企业在经营中应当注意避免混淆，以预防纠纷的发生。最后，企业应当注重运用合法正当的方式进行商誉的积累，提升自身的知名度和市场影响力。

（张莘媛）

21　知识产权侵权警告及投诉行为是否构成商业诋毁[❶]

——企业自力救济行为与不正当竞争行为的边界

裁判要旨

同业经营者之间具有竞争关系，能够成为反不正当竞争法领域的行为主体及责任主体。

认定被诉行为是否构成商业诋毁，可以从行为方式、信息内容及性质、行为结果及目的正当性等方面进行综合评判。

裁判依据

《反不正当竞争法》第 2 条、第 11 条

《商标法实施条例》第 77 条

基本案情

原告：重庆金大州食品有限公司（以下简称"重庆金大州公司"）

被告：成都金大洲实业发展有限公司（以下简称"成都金大洲公司"）

重庆金大州公司受案外人许可，在其生产销售的腌制食品上使用"金大卅 GOLD THIRTY"商标。成都金大洲公司通过微信朋友圈、向零售商发传单等方式，称重庆金大州公司生产的"金大卅 GOLD THIRTY"系列腌制食品模仿其注册商标是假冒其"金大州"商标的产品。重庆金大州公司认为成都金大洲公司的前述行为造成重庆金大州公司与多家经销商、零售采购商解约，致使重庆金大州公司遭受重大经济损失，构成商业诋毁的不正当竞争行为，遂诉至法院。

---

❶　重庆金大州食品有限公司与成都金大洲实业发展有限公司不正当竞争纠纷案。一审：（2019）川 01 民初 645 号。

争议焦点

成都市中级人民法院审理认为,成都金大洲公司合法享有"金大州"注册商标专用权,其针对权利可能受损而向其经销商以及被控侵权产品的生产加工者等发布声明、律师函,向工商行政管理部门投诉均陈述涉嫌侵权产品是侵犯其商标权的商品,明确记载了所涉商标的名称、涉嫌侵权的商品名称以及受函客户涉嫌侵权的性质,披露主张构成商标侵权的具体理由及相关法条,在发送给销售商的声明中还对涉嫌侵权的产品提供了附图,让销售者更为直观地进行分辨和作出判断。其自力救济的行为尽到了应有的审慎注意义务,其行为未违反法律或违背基本商业道德,亦未获取不正当利益,不具有干预他人市场交易和牟取竞争优势的不正当目的,不存在使重庆金大州公司的商业信誉、商品声誉受到损害的情况。法院判决驳回重庆金大州公司的全部诉讼请求。

案例评析

该案的争议焦点在于成都金大洲公司实施的行为是否构成商业诋毁,需要从以下两个方面进行考察。

一、原告、被告之间是否存在同业竞争关系,是否受到《反不正当竞争法》规制

我国《反不正当竞争法》第2条规定:"经营者在生产经营活动中,应当遵循自愿、平等、公平、诚信的原则,遵守法律和商业道德;本法所称的不正当竞争行为,是指经营者在生产经营活动中,违反本法规定,扰乱市场竞争秩序,损害其他经营者或者消费者的合法权益的行为;本法所称的经营者,是指从事商品生产、经营或者提供服务(以下所称商品包括服务)的自然人、法人和非法人组织。"该案中,成都金大洲公司与重庆金大州公司均系从事即食金针菇产品生产销售的经营主体,两者具有竞争关系,属于同业经营者,能够成为反不正当竞争法领域的行为主体及责任主体。

二、成都金大洲公司行为性质的界定,其行为是否构成商业诋毁

根据我国《反不正当竞争法》第11条的规定,经营者不得编造、传播虚假信息或者误导性信息,损害竞争对手的商业信誉、商品声誉。《商标法实施条例》第77条规定,对侵犯注册商标专用权的行为,任何人可以向工商行政管理部门投诉或者举报。成都金大洲公司的行为是属于商业诋毁,还是合法的维权行为,其性质的界定需要从以下几个方面进行考察。

首先,从行为方式来看,针对违法行为向有关行政主管部门投诉是公民、法人

等所享有的权利。商标权人发送律师函或声明等侵权警告是其维护自身合法权益的自力救济行为，目的是让对方知悉存在可能侵害他人权利的事实，自行停止侵权或与权利人积极沟通、协商解决纠纷，允许以此种方式解决争议有利于降低维权成本、提高纠纷解决效率和节约司法资源。法律对于在法院侵权判决之前商标权人自行维护其权益的行为并无禁止性规定，商标权人可以针对已经法院判决认定的侵权行为向被诉侵权行为人发送侵权警告或进行投诉，也可以在提起商标侵权诉讼之前发送侵权警告或进行投诉以维护自身权益。同时，由于商标侵权的认定具有一定的专业性和复杂性，不能过高要求权利人对其投诉或警告的行为一定构成侵权的确定程度，否则会妨碍该类制度的正常效用，有悖于此类制度的初衷。

其次，对于行为主体发布或提供信息是否属于虚假或误导性质，则应依法予以判断。《反不正当竞争法》第 11 条中所涉及的虚假或误导性信息，不应仅仅以信息的客观真实与否作为判断标准，而应当综合考量内容和接受对象等因素。从内容看，权利人必须以具体侵权事实为依据，并且对所警告的行为构成侵权尽审慎注意义务，对所涉侵权的具体事实进行充分考量，内容不应空泛和笼统，对于权利人的身份、所主张的权利的有效性、权利的保护范围以及其他据以判断被警告行为涉嫌构成侵权的必要信息应当予以披露。从接受对象看，权利人对待生产者与销售商应当具有不同的注意义务。一般而言，涉嫌侵权商品的制造者作为侵权源头对被认为侵权的行为更为熟悉，而销售商通常对是否侵权的判断能力相对较弱，对所涉侵权的具体情况知之较少，但同时它们的避险意识较强，更容易受到影响，可能选择将所涉商品下架、退货等处理方式，因此权利人在对销售商进行投诉或侵权警告时应当施以更高审慎注意义务。在该案中，成都金大洲公司合法享有"金大州"注册商标专用权，其针对权利可能受损而对其经销商，以及被控侵权产品的生产加工者等发布声明、律师函，乃至向工商行政管理部门投诉均陈述涉嫌侵权产品是侵犯其商标权的商品，明确记载了所涉商标的名称、涉嫌侵权的商品名称以及受函客户涉嫌侵权的性质，披露主张构成商标侵权的具体理由及相关法条，在发送给销售商的声明中还对涉嫌侵权的产品进行了附图，让销售者更为直观地进行分辨和作出判断。因此，法院认为成都金大洲公司发送声明、律师函及投诉的内容对必要信息予以了披露，尽到了应有的审慎注意义务，并不属于《反不正当竞争法》中规定的虚假信息或者误导性信息。

最后，基于商业竞争发布或提供的信息，若造成竞争对手的合法权益损害，具有不正当性，则符合商业诋毁行为的实质性要件，还需要判断行为是否为进行正当竞争所必要，或者是否超过了正当竞争目的而扰乱了市场竞争秩序。针对投诉行为而言，接受投诉的行政机关通常不能认定为《反不正当竞争法》中针对商业信誉、商品声誉作出评价的相关公众。行政机关接到投诉后需依法进行调查处理，所以投诉行为所产生的后果具有不确定性，不能仅根据存在投诉行为就直接推定重庆金大州公司的商业信誉、商品声誉受损，而是编造虚假信息或者误导性信息进行投诉导致行政机关采取了不必要的执法措施或者作出了错误的处理决定从而损害了竞争对手的商业信誉、商品声誉时，才可能认为该投诉行为构成商业诋毁。重庆市相关部门在收到成都金大洲公司的投诉之后通知了被投诉方即重庆金大州公司，后者亦向工商机关提交了针对投诉的情况说明，之后由于双方针对侵权与否产生诉讼，工商机关并未作出相应处理结果，不存在使重庆金大州公司的商业信誉、商品声誉受到损害的事实情况，故成都金大洲公司的投诉行为并未损害重庆金大州公司的商业信誉、商品声誉。针对发送声明和律师函的行为而言，所涉侵权行为并不会因向发送声明或律师函而当然停止，是否停止所涉侵权行为由声明或律师函的接受者自行决定。在权利人发送内容得当、发送行为不存在过错时，当事方作出退货或解约的行为系其独立考量后基于自身可承受商业风险的评估作出，并不会损害重庆金大州公司的商业信誉、商品声誉。同时，从正当性目的的角度分析，成都金大洲公司作为"金大州"商标权利人，针对涉嫌侵权的行为向工商行政部门进行投诉，要求行政查处，以及针对产品经销者发送声明、针对产品生产者发送律师函，均系采取合法手段维护自身权益的正当行为，并未违反法律或违背基本商业道德，亦未获取不正当利益。且就案外人申请注册的诉争侵权商标，成都金大洲公司亦于涉案声明、律师函等发布之前，提出无效宣告请求，积极争取通过合法途径解决相关争议。因此，成都金大洲公司发布声明、律师函的行为或实施投诉行为，不具有干预他人市场交易和谋取竞争优势的不正当目的。

综上，被告成都金大洲公司的行为并不构成商业诋毁。

启示与企业应对

随着知识产权保护体系愈发完善，市场主体的维权意识不断增强，但应当注意的是权利人发送侵权警告要适当，不能滥用侵权警告而损害他人合法权益、扰乱市场竞争秩序。如果权利人为谋求市场竞争优势或者破坏竞争对手的竞争优势，以不正当方式滥用侵权警告，损害竞争对手合法权益，则超出权利行使的范围，可以构成商业诋毁或其他不正当竞争行为。

该案为涉知识产权侵权警告及投诉行为是否构成商业诋毁的典型案例。在该案中，法院既认可企业自力救济行为存在的必要性，又强调其与不正当竞争行为的边界。在判断被诉行为是否构成商业诋毁的不正当竞争行为时应注意从行为方式、信息内容及性质、行为结果及目的正当性等方面进行综合评判。企业在遇到侵权时，可以积极运用各种自力救济方式维护自身合法权益，但是同时也要注意维权的方式不能超出必要的限度，以免侵害其他主体的合法权益。

（张莘媛）

22　注册商标专用权和企业名称权的冲突[1]

裁判要旨

将他人在行业内具有影响力的商标注册为企业名称，本质上是利用他人商标声誉开展经营活动，具有主观恶意，违反了诚实信用原则和公认的商业道德，构成不正当竞争。

裁判依据

《反不正当竞争法》第 2 条

《最高人民法院关于审理注册商标、企业名称与在先权利冲突的民事纠纷案件若干问题的规定》第 4 条

基本案情

上诉人（一审原告）：科恩有限公司（以下简称"科恩公司"）

上诉人（一审原告）：通力电梯有限公司（以下简称"通力电梯公司"）

被上诉人（一审被告）：四川绵州通力电梯有限公司（以下简称"绵州通力公司"）

科恩公司是一家芬兰公司，于 1984 年向原国家工商行政管理局商标局申请注册了"KONE"商标。通力电梯公司是科恩公司在中国的全资子公司，受科恩公司授权生产"KONE"电梯和自动扶梯。2011 年，通力电梯公司注册了"通力"文字商标。2017 年 7 月 27 日，该注册商标被转让给了科恩公司。2007～2016 年，"KONE"商标多次获得"江苏省著名商标""江苏省知名商标""江苏名牌产品称号"等荣誉。绵州通力公司于 2013 年 8 月 14 日成立，于 2016 年注册了"MZKOME"商标，在其制造、销售的电梯上有"绵州通力电梯有限公司"字样，在其厂址、工厂外墙有"MZKOME""绵州通力电梯"等字样，在其网站 www.mzkome.com 上使用了"公司

---

[1] 科恩有限公司、通力电梯有限公司与四川绵州通力电梯有限公司不正当竞争纠纷案。一审：（2017）川 07 民初 13 号。二审：（2018）川民终 1126 号。

传承芬兰电梯百余年制造技艺"字样的报道,公司宣传主页左上角书写为"绵州通力电梯",在网页宣传内容上偶有使用"绵州通力"简称字样。科恩公司、通力电梯公司认为绵州通力公司的行为构成不正当竞争,遂向四川省绵阳市中级人民法院起诉。

争议焦点

一审法院认为绵州通力公司的行为不构成不正当竞争,驳回了科恩公司、通力电梯公司的诉讼请求。两原告不服该判决,遂向四川省高级人民法院提起上诉。四川省高级人民法院审理认为,经过科恩公司、通力电梯公司对涉案商标多年的使用、广告宣传以及拥有的良好产品质量和商业信誉,科恩公司、通力电梯公司及科恩公司享有的"KONE 及图""通力"商标在相关公众中享有了较高的知名度和影响力。绵州通力公司成立在后,且与科恩公司同属电梯制造行业,应当对"通力"商标有所认知。绵州通力公司将与上述注册商标相同的文字注册为企业字号,有着明显的利用上述商标的声誉开展经营活动的主观意图。在未能对其注册字号行为作出合理解释的情况下,可以认定绵州通力公司的上述行为具有主观恶意,违反了诚实信用原则和公认的商业道德,构成不正当竞争。绵州通力公司在其网站、产品以及厂址外墙等使用"绵州通力电梯""绵州通力""绵州通力电梯有限公司""MZKOME"等标识,侵害了科恩公司的商标权。法院判决绵州通力公司停止侵权并赔偿科恩公司、通力电梯公司经济损失及维权合理费用 100 万元。

案例评析

在该案中,一审法院与二审法院的主要不同之处在于对绵州通力公司行为性质的认定。

首先,绵州通力公司与科恩公司同属电梯制造行业。作为同业竞争者,它们之间的竞争行为应当受到《反不正当竞争法》的规制。

其次,该案适用《反不正当竞争法》(1993)。根据《反不正当竞争法》(1993)第 2 条第 1 款的规定,经营者在市场交易中,应当遵循自愿、平等、公平、诚实信用的原则,遵守公认的商业道德。注册商标专用权和企业名称权均是依照相应法律程序获得的标志权利,应当依照相应法律予以保护。对于商标与企业名称之间的冲突,应当区分不同情况,按照诚实信用、维护公平竞争和保护在先权利等原则,依法进行处理。如果注册使用企业名称的行为本身并不具有恶意,只是在实际使用过程中,由于企业名称的简化使用、突出使用等不规范使用行为,导致相关公众将其与他人注册商标产生混淆误认的,可以根据相关法律规定,要求相关企业规范使用其企业名称。如果注册使用企业名称的行为本身缺乏正当性，不正当地将他人具有较高知名度的在先注册商标作为字号注册登记为企业名称，即使规范使用仍足以产生市场混淆的，可以按照不正当竞争行为加以处理。《最高人民法院关于审理注册商标、企业名称与在先权利冲突的民事纠纷案件若干问题的规定》第4条规定："被诉企业名称侵犯注册商标专用权或者构成不正当竞争的，人民法院可以根据原告的诉讼请求和案件具体情况，确定被告承担停止使用、规范使用等民事责任"。

在该案中，"KONE"及"通力"商标经过科恩公司、通力电梯公司的多年使用、广告宣传，已经拥有的良好产品质量和商业信誉，在相关公众中享有了较高的知名度和影响力。作为同属于电梯制造行业的绵州通力公司，应当对"通力"商标知名度有一定程度的认知，但其仍然与科恩公司已经使用并有较高知名度的注册商标相近似的文字作为企业字号，并在相同商品上使用，意在攀附科恩公司、通力电梯公司业已形成的市场影响力，使相关公众产生误认。该行为在客观上损害科恩公司以及通力电梯公司的合法权益，主观具有恶意，因此绵州通力公司的行为不具有正当性，构成不正当竞争。

启示与企业应对

商标权和企业名称权作为两种不同的知识产权，均依法受到法律保护，其取得和使用都必须遵循《商标法》《反不正当竞争法》中的诚实信用原则，并不得侵害他人的合法在先权利。如果企业间的商标和企业名称在标识产品或服务的来源时使相关公众产生混淆，则有可能构成不正当竞争。

在该案中，法院依法保护外国企业科恩公司的商标权，判令侵权人停止侵权并赔偿损失。随着四川省"一带一路"建设和自由贸易试验区建设深入推进，加强知识产权保护需求更加迫切。随着对知识产权保护强度的提升以及市场竞争秩序维护的加强，企业应当强化自身的知识产权保护意识。企业名称权与商标权都是企业经营过程中重要的无形资产。企业在不断提升品牌价值、累积良好商誉的过程中，应当积极重视对作为其载体的商标、企业名称的保护，要及时登记注册，避免被他人抢注，对于他人抢注商标、将自己的商标注册为企业名称等行为，应当积极通过相关的行政程序、司法程序进行维权。对于企业名称，无论是否先于商标权取得，均应当规范使用，简化使用应当经过备案，否则有可能构成对他人注册商标专用权的侵犯或不正当竞争。

（张莘媛）

23 大量使用网站点评信息是否构成不正当竞争

——网络数据抓取行为的正当性[1]

裁判要旨

在使用其他网络经营者的数据时应当注意使用的数量、比例以及使用方式，如果对他人的相关服务已经构成实质性替代，则会侵害相关主体的利益。在使用他人所获取的信息时应当遵循公认的商业道德，在合理范围内使用。

裁判依据

《反不正当竞争法》第 2 条

基本案情

上诉人（一审被告）：北京百度网讯科技有限公司（以下简称"百度公司"）

被上诉人（一审原告）：上海汉涛信息咨询有限公司（以下简称"汉涛公司"）

汉涛公司是大众点评网的经营者。大众点评网为网络用户提供商户信息、消费评价、优惠信息、团购等服务。百度公司是百度网的经营者，开发并运营电脑端和手机端的百度地图应用，该应用除提供定位、地址查询、路线规划、导航等常用地图服务外，还为网络用户提供商户信息查询、团购等服务。百度地图具有点评功能，其注册用户可以对应用中包含的商户进行评论。汉涛公司认为百度公司未经许可，在百度地图、百度知道中大量抄袭、复制大众点评网点评信息，直接替代了大众点评网向用户提供内容，由此获得用户和流量，攫取汉涛公司市场份额，削减汉涛公司的竞争优势及交易机会，给汉涛公司造成了巨额损失。汉涛公司认为百度公司的前述行为均构成不正当竞争，遂向上海市浦东新区人民法院提起诉讼。

---

[1] 上海汉涛信息咨询有限公司与北京百度网讯科技有限公司等不正当竞争纠纷案。一审：（2015）浦民三（知）初字第 528 号。二审：（2016）沪 73 民终 242 号。

上海市浦东新区人民法院一审认为，百度公司未经许可在百度地图和百度知道中大量使用来自大众点评网的信息，实质性地替代了原告网站，具有不正当性，判决百度公司停止侵害，赔偿经济损失人民币 300 万元。百度公司不服一审判决，提起上诉。上海知识产权法院二审认为，根据二审中补充查明的事实，首先，百度公司在其产品中使用大众点评网信息的数量和比例以及使用方式，已对大众点评网的相关服务构成实质性替代，必然会使汉涛公司的利益受到损害；其次，百度公司的行为已经违反诚实信用原则和公认的商业道德。涉案的评论信息只是汉涛公司的劳动成果，虽然对于未经许可使用或利用他人劳动成果的行为不能当然地认定为构成不正当竞争，但这并不意味着市场主体在使用他人所获取的信息时没有边界。其仍要遵循公认的商业道德，在相对合理的范围内使用。在行为是否违反商业道德的判断上，要兼顾信息获取者、信息使用者和社会公众三方的利益，同时要考虑产业发展和互联网所具有的互联互通的特点，在综合考量各种因素的基础上进行判断。百度公司的行为虽然在一定程度上丰富了消费者的选择，但大量全文使用信息的行为已经超出必要的限度，不仅严重损害了汉涛公司的利益，也破坏了公平竞争的市场秩序。故二审判决驳回上诉，维持原判。

综合一审和二审的对于该案的审理，争议焦点均在百度公司使用大众点评网点评信息的行为是否构成不正当竞争，对此需要从以下三个方面进行考察。

一、百度公司和汉涛公司是否存在竞争关系

汉涛公司经营的大众点评网向网络用户提供商户基本信息及点评信息。百度公司是搜索引擎服务商。百度地图、百度知道提供信息亦是其百度搜索服务的一部分。百度地图主要提供基于位置的服务。从这个层面看，两公司似乎在经营范围上并无交叉，但是在现代市场经营模式尤其是互联网经济蓬勃发展的背景下，市场主体从事多领域业务的情况实属常见。对于竞争关系的判定，不应局限于相同行业、相同领域或相同业态模式等固化的要素范围，而应从经营主体具体实施的经营行为出发加以考量。《反不正当竞争法》所调整的竞争关系不限于同业者之间的竞争关系，还包括为自己或者他人争取交易机会所产生的竞争关系以及因破坏他人竞争优势所产生的竞争关系。竞争本质上是对客户即交易对象的争夺。在互联网行业，将网络用户吸引到自己的网站是经营者开展经营活动的基础。即使双方的经营模式存在不同，只要双方在争夺相同的网络用户群体，即可认定为存在竞争关系。在该案中，百度

地图除了提供传统的地理位置服务如定位、导航等，还为网络用户提供商户信息及点评信息，并提供部分商户的团购等服务，其与汉涛公司在为用户提供商户信息和点评信息的服务模式上近乎一致，存在直接的竞争关系，因此双方之间的竞争受到《反不正当竞争法》的规制。

二、百度公司实施的被控行为是否构成不正当竞争行为

《反不正当竞争法》第2条规定，经营者在市场交易中，应当遵循自愿、平等、公平、诚实信用原则，遵守公认的商业道德；违反该法规定，损害其他经营者的合法权益，扰乱社会经济秩序的行为属于不正当竞争。该条款系《反不正当竞争法》的一般条款，适用应满足以下三个要件：一是法律对该种竞争行为未作出特别规定；二是其他经营者的合法权益确因该竞争行为而受到了实际损害；三是该种竞争行为因确属违反诚实信用原则和公认的商业道德而具有不正当性或者说可责性。就上述要件的适用而言，各方当事人的主要争点在于，一是汉涛公司的利益是否因百度公司的行为受到损害，二是百度公司的行为是否违反诚实信用原则和公认的商业道德。以下分别进行评述。

（一）汉涛公司的利益是否因百度公司的行为受到损害

该案中，汉涛公司的大众点评网站通过长期经营积累了大量的用户点评信息，这些点评信息可以为其网站带来流量，同时这些信息对于消费者的交易决定有一定的影响，本身具有较高的经济价值。汉涛公司以此谋求商业利益的行为应受保护，他人不得以不正当的方式侵害其正当权益。但是用户在百度地图和百度知道中搜索某一商户时，尤其是餐饮类商户时，所展示的用户评论信息大量来自大众点评网，这些信息均全文显示且主要位于用户评论信息的前列，并附有"来自大众点评"的跳转链接。虽然百度公司在百度地图和百度知道产品中使用涉案信息时提供了跳转链接，但基于日常消费经验，消费者逐一阅读所有用户评论信息的概率极低，对于相当数量的消费者而言，在百度地图和百度知道中阅读用户评论信息后，已经无需再跳转至大众点评网阅看更多的信息。就提供用户评论信息而言，百度公司该行为已对大众点评网构成实质性替代，这种替代必然会使汉涛公司的利益受到损害。

（二）百度公司的行为是否违反诚实信用原则和公认的商业道德

在自由、开放的市场经济秩序中，经营资源和商业机会具有稀缺性，经营者的权益并非可以获得像法定财产权那样的保护强度，经营者必须将损害作为一种竞争结果予以适当的容忍。该案中，汉涛公司所主张的应受保护的利益并非绝对权利，其受到损害并不必然意味着应当得到法律救济。只要他人的竞争行为本身是正当的，该行为即不具有可责性。因此，判断百度公司的行为是否构成不正当竞争，还需考虑其行为是否具有不正当性，是否违反诚实信用原则和公认的商业道德。

该案中，大众点评网上的用户评论信息是汉涛公司付出大量资源所获取的，且

具有很高的经济价值，是汉涛公司的劳动成果。百度公司未经汉涛公司的许可，将其在百度地图和百度知道产品中进行大量使用，这种行为本质上属于"未经许可使用他人劳动成果"。当某一劳动成果不属于法定权利时，对于未经许可使用或利用他人劳动成果的行为，不能当然地认定为构成反不正当竞争法意义上的"搭便车"和"不劳而获"，这是因为"模仿自由"，以及使用或利用不受法定权利保护的信息是基本的公共政策，也是一切技术和商业模式创新的基础，否则将在事实上设定了一个"劳动成果权"。但是，随着信息技术产业和互联网产业的发展，尤其是在"大数据"时代的背景下，信息所具有的价值超越以往任何时期，愈来愈多的市场主体投入巨资收集、整理和挖掘信息，如果不加节制地允许市场主体任意地使用或利用他人通过巨大投入获取的信息，将不利于鼓励商业投入、产业创新和诚实经营，最终损害健康的竞争机制。因此，市场主体在使用他人所获取的信息时，仍然要遵循公认的商业道德，在相对合理的范围内使用。

商业道德本身是一种在长期商业实践中所形成的公认的行为准则，但互联网等新兴市场领域中的各种商业规则整体上还处于探索中，市场主体的权益边界尚不清晰，某一行为虽然损害了其他竞争者的利益，但可能同时产生促进市场竞争、增加消费者福祉的积极效应，对于诸多新型的竞争行为是否违反商业道德在市场共同体中并没有形成共识。就该案而言，对于擅自使用他人收集的信息的行为是否违反公认的商业道德的判断上，一方面，需要考虑产业发展和互联网环境所具有信息共享、互联互通的特点；另一方面，要兼顾信息获取者、信息使用者和社会公众三方的利益，既要考虑信息获取者的财产投入，还要考虑信息使用者自由竞争的权利以及公众自由获取信息的利益，在利益平衡的基础上划定行为的边界。只有准确地划定正当与不正当使用信息的边界，才能达到公平与效率的平衡，实现反不正当竞争法维护自由和公平的市场秩序的立法目的。这种边界的划分不应完全诉诸于主观的道德判断，而应综合考量上述各种要素，相对客观地审查行为是否扰乱了公平竞争的市场秩序。在判断百度公司的行为是否违反商业道德时，应综合考虑以下几个因素。

首先，百度公司的行为是否具有积极的效果。市场经济鼓励的是效能竞争，而非通过阻碍他人竞争、扭曲竞争秩序来提升自己的竞争能力。如果经营者是完全攫取他人劳动成果，提供同质化的服务，则这种行为对于创新和促进市场竞争没有任何积极意义，有悖商业道德。该案中，当用户在百度地图上搜索某一商户时，不仅可以知晓该商户的地理位置，还可了解其他消费者对该商户的评价，这种商业模式的创新在一定程度上提升了消费者的用户体验，丰富了消费者的选择，具有积极的效果。

其次，百度公司使用涉案信息是否超出了必要的限度。该案中，汉涛公司对涉案信息的获取付出了巨大的劳动，具有可获得法律保护的权益，而百度公司的竞争行为亦具有一定的积极效果，在此情况下应当对两者的利益进行一定平衡。百度公司在使用来自大众点评网的评论信息时，理想状态下应当遵循"最少、必要"的原则，即采取对汉涛公司损害最小的措施。但是要求百度公司在进行商业决策时逐一考察各种可能的行为并选择对汉涛公司损害最小的方式，在商业实践中是难以操作的。但如果存在明显对汉涛公司损害方式更小的方式而未采取，或者其欲实现的积极效果会严重损害汉涛公司利益的情况下，则可认定为使用方式已超过必要的限度。该案中，百度公司通过搜索技术抓取并大量全文展示来自大众点评网的信息，其行为已经超过必要的限度，理由为：第一，百度公司的行为已经实质替代了大众点评网的相关服务，其欲实现的积极效果与给大众点评网所造成的损失并不符合利益平衡的原则；第二，百度公司明显可以采取对汉涛公司损害更小并能在一定程度上实现积极效果的措施。事实上，百度地图在早期版本中所使用的来自大众点评网信息数量有限，且点评信息未全文显示，这种使用行为尚不足以替代大众点评网提供用户点评信息服务，也能在一定程度上提升用户体验，丰富消费者选择。

再次，超出必要限度使用信息的行为对市场秩序所产生的影响。百度公司超出必要限度使用涉案信息，这种行为不仅损害了汉涛公司的利益，也可能使得其他市场主体不愿再就信息的收集进行投入，破坏正常的产业生态，并对竞争秩序产生一定的负面影响。同时，这种超越边界的使用行为也可能损害未来消费者的利益。消费者利益的提高来自经济发展，而经济的持续发展必然依赖于公平竞争的市场秩序。就该案而言，如果获取信息投入者的利益不能得到有效保护，则必然使得进入这一领域的市场主体减少，消费者未来所能获知信息的渠道和数量亦将减少。

最后，对百度公司所采取的"垂直搜索"技术是否影响竞争行为正当性的判断。百度公司在该案中辩称其使用的是垂直搜索技术，这种搜索机制决定了最终所展示的信息必然集中来自大众点评网等少数网站，且垂直搜索是直接向用户呈现的信息。垂直搜索技术作为一种工具手段在价值上具有中立性，但这并不意味着技术本身可以作为豁免当事人法律责任的依据。无论是垂直搜索技术还是一般的搜索技术，都应当遵循搜索引擎服务的基本准则，即不应通过提供网络搜索服务而实质性替代被搜索方的内容提供服务。该案中百度公司使用涉案信息的方式和范围已明显超出了提供网络搜索服务的范围。

综上所述，百度公司的行为损害了汉涛公司的利益，且其行为违反公认的商业道德，构成不正当竞争。

启示与企业应对

当前背景下，互联网行业的竞争十分激烈，充分的竞争促使互联网企业不断进行技术和商业模式的创新。作为企业而言，应当抓住机遇，积极创新，大胆探索新的技术以及商业模式，促进自身发展。自全面进入大数据时代以来，数据在市场竞争中的价值愈发凸显。如何在现行法律框架下保护数据信息，促进数据的收集、分享、运用，对于保障大数据产业的发展具有重要意义。该案强调了对未经许可使用他人数据信息不能当然地认定为构成不正当竞争，而需要结合个案情况综合考虑各种因素来划定行为的边界。对于企业而言，要秉持诚实经营的原则，尊重其他市场主体为数据收集、挖掘、整理所付出的劳动，注意使用他人收集数据行为的边界，遵守公认的商业道德，共同维护良好的市场竞争秩序。

企业应积极应对大数据时代的挑战，做到创新与合规并重。具体而言，一是要抓住大数据时代机遇，积极创新。企业应充分利用大数据技术，收集和分析行业趋势、消费者需求、市场竞争等信息，以数据为依据进行决策，提高决策效率和准确性；根据大数据分析结果，优化产品设计，提升服务质量，满足消费者个性化需求。企业可以尝试基于数据的业务模式，如数据服务、智能化解决方案等，实现业务拓展和盈利多元化。二是要尊重他人数据信息和劳动成果，合规经营。企业应遵守相关法律法规，合理使用网络爬虫技术，不得侵犯他人数据权益。企业在收集数据时，应明确收集范围和目的，避免过度收集和滥用用户数据。企业应尊重他人的知识产权，不得擅自使用他人的数据信息和劳动成果。三是要共同维护良好市场竞争秩序。企业应制定完善的数据管理和合规制度，确保企业经营活动合规、稳健。企业应积极参与行业组织，共同推动行业合规发展，维护良好的市场竞争秩序。总之，在大数据时代，企业应抓住机遇，积极创新，同时严守合规底线，共同维护良好的市场竞争秩序。只有这样，企业才能在激烈的市场竞争中立于不败之地，实现可持续发展。

（张莘媛）

24 企业名称能不能"搭便车"[1]

裁判要旨

知识产权的归属和内容适用被请求保护地法律；知识产权的侵权责任适用被请求保护地法律。

相关行业经营者将他人在行业内具有一定影响力的企业名称注册为其企业字号，且未能作出合理解释，明显存在攀附商誉牟取经济利益的故意，具有不正当性，构成不正当竞争。

裁判依据

《反不正当竞争法》第2条、第6条

《最高人民法院关于适用〈中华人民共和国反不正当竞争法〉若干问题的解释》第9条

《涉外民事关系法律适用法》第50条

基本案情

原告：西门子股份公司（以下简称"西门子公司"）

被告一：嘉兴市靓派电器有限公司（以下简称"靓派公司"）

被告二：胡某

被告三：广东西门子日用科技有限公司（以下简称"广东西门子日用公司"）

被告四：翁某

被告五：李某

被告六：湖南东临建材有限公司

该案原告西门子公司是依据德国法律注册成立的股份公司，是"西门子"商标

---

[1] 西门子股份公司、嘉兴市靓派电器有限公司等不正当竞争纠纷。一审：（2022）浙0411民初1001号。

的注册人。被告广东西门子日用公司法定代表人为翁某,其与另一被告李某均为该公司股东。被告靓派公司法定代表人为胡某。被告广东西门子日用公司在向工商部门注册时,以"西门子"作为其企业字号,并和靓派公司签订了商标许可使用许可合同,约定广东西门子日用公司将已申请注册的企业字号许可被告靓派公司使用在产品包装、说明书及宣传资料上。两公司在其共同生产的被诉侵权产品的外包装上标注"西门子",并以"西门子"字样进行宣传。原告认为被告的行为侵犯其合法权益,构成不正当竞争,遂诉至法院。

争议焦点

靓派公司、广东西门子日用公司不当注册西门子公司的企业名称的行为是否构成不正当竞争。

法院经审理认为,被告靓派公司、广东西门子日用公司在其共同生产的被诉侵权产品的外包装上标注前者不正当注册的企业名称,有违诚实信用原则,使相关公众对产品的来源产生误认,引起市场混淆,构成不正当竞争。同时,被告在明知"西门子"字号知名度的情况下,以存在授权为名生产销售自身的产品,具有明显主观恶意,其行为构成具有意思联络的共同侵权,应共同承担侵权责任。

案例评析

首先,对案件的管辖。法院认为原告的注册地是德国,故该案为涉外知识产权民事纠纷案件。《涉外民事关系法律适用法》第48条规定:"知识产权的归属和内容,适用被请求保护地法律。"第50条规定:"知识产权的侵权责任,适用被请求保护地法律……。"被控侵权行为发生在中华人民共和国浙江省嘉兴市秀洲区,原告向我国法院提起诉讼,故该案应适用中华人民共和国的法律。

其次,该案属于不正当竞争纠纷。《反不正当竞争法》第2条规定:"经营者在生产经营活动中,应当遵循自愿、平等、公平、诚信的原则,遵守法律和商业道德。"第6条第1款(2)项规定:"经营者不得实施下列混淆行为,引人误认为是他人商品或者与他人存在特定联系:……擅自使用他人有一定影响的企业名称(包括简称、字号等)、社会组织名称(包括简称等)、姓名(包括笔名、艺名、译名等)。"原告西门子公司的"西门子"字号经多年使用和宣传,已具备较高的显著性和知名度,已为电子电气领域的消费者所熟知,而灯具、集成吊顶的消费者与之有较多重合,该字号在灯具、集成吊顶商品消费者中亦具有较高的知晓程度。被告靓派公司、广东西门子日用公司作为相关行业经营者,理应对原告西门子公司的产品、品牌的知名度、影响力及蕴含的商业价值有一定的认知。但被告广东西门子日用公司在 2019 年向工商部门注册时，仍然以"西门子"作为其企业字号，且未能对该行为作出合理解释，明显存在攀附原告商誉牟取经济利益的故意，具有不正当性。而被告靓派公司、广东西门子日用公司在其共同生产的被诉侵权产品的外包装上标注前者不正当注册的企业名称，以"西门子"字样进行宣传，意欲借助"西门子"品牌的高知名度混淆市场以获取竞争优势。该行为有违诚实信用原则，客观上将使相关公众对上述产品的来源产生误认，引起市场混淆，构成不正当竞争。被告靓派公司、广东西门子日用公司在明知"西门子"字号知名度的情况下，以存在授权为名生产销售带有"广东西门子日用科技有限公司"字样的产品，具有明显主观恶意，其行为构成具有意思联络的共同侵权，应共同承担侵权责任。

启示与企业应对

企业名称侵权行为在实践中时有发生。企业将他人注册在先并已享有相当信誉的商品或服务商标在相关行业领域内或不同领域内作为企业名称中的字号加以注册和使用。这种行为虽然短期内有助于企业经济效益的提高，但是本质上是侵犯他人合法权益的行为，不利于企业的长期发展。

企业名称是企业依法拥有的在经营活动中标识自己的特定标志性名称。企业名称有以下特征：一是企业特定化并区别于其他民事主体的标记；二是企业在营业上所用的名称；三是必须依法获得。企业名称具有识别功能，通过其独特的称谓将自己提供的商品或服务与其他企业区别开来，防止对消费者和社会公众造成混淆。同时，企业名称是企业作为独立民事主体身份的一种标记。企业的对外交往活动、企业的形象和信誉都需要通过企业名称予以展现。企业作为名称权的所有者，应当增强对企业名称权的保护意识，充分利用法律赋予的权利，在合理合法的范围内采取有效措施增强自我保护能力。比如可以将知名企业商号、字号作为商标注册，使企业名称权与其商标权保护有机结合起来，形成坚实的、有效的保护屏障，增强保护强度。在出现侵犯企业名称权的具体行为时，权利人可根据侵权行为的性质和后果寻求不同的法律保护。例如其他经营者擅自使用其企业名称非法牟利的，可依据《反不正当竞争法》追究其民事责任。当其他企业擅自将企业名称注册为商标时，可以依据《商标法》规定申请撤销已注册商标，利用法律武器保护自身在企业名称方面的投入与付出。对于初创企业而言，不能借助市场上已有的知名品牌谋取竞争优势，不可触及法律的红线。

（张莘媛）

25　涉外标准必要专利垄断纠纷管辖权的确定❶

裁判要旨

鉴于标准必要专利许可市场的特殊性，被告已在其他国家提起专利侵权诉讼，可能对原告参与国内相关市场的竞争造成直接、实质、显著的排除与限制竞争效果。该案法院认为我国作为侵权结果发生地，依法具有管辖权。

裁判依据

《反垄断法》第 2 条

《最高人民法院关于审理因垄断行为引发的民事纠纷案件应用法律若干问题的规定》第 4 条

《民事诉讼法》第 28 条

《最高人民法院关于适用〈中华人民共和国民事诉讼法〉的解释》第 24 条

基本案情

上诉人（一审被告）：西斯威尔国际有限公司（以下简称"西斯威尔公司"）、西斯威尔香港有限公司（以下简称"西斯威尔香港公司"）

被上诉人（一审原告）：OPPO 广东移动通信有限公司（以下简称"OPPO 公司"）、OPPO 广东移动通信有限公司深圳分公司（以下简称"OPPO 深圳分公司"）

OPPO 公司和 OPPO 深圳分公司是全球性智能终端制造商和移动互联网服务提供商，共同向广州知识产权法院提起诉讼，主张西斯威尔公司及其子公司西斯威尔香港公司拥有无线通信领域相关标准必要专利，具有市场支配地位，在标准必要专利❷

---

❶　西斯威尔滥用市场支配地位纠纷案。一审管辖权异议裁定：（2020）粤民初 451 号。一审补充裁定：（2020）粤 73 民初 451 号之一。二审：（2020）最高法知民辖终 392 号。

❷　指实施某项技术标准过程中所必须使用的专利。

的许可协商中违反了公平、合理和无歧视（FRAND）的原则❶，实施了收取不公平高价许可费等滥用市场支配地位的行为，并就相同专利在不同国家提起诉讼，给OPPO公司、OPPO深圳分公司的经营行为造成负面影响和经济损失。西斯威尔方提出管辖权异议，主张在案证据不足以证明广州知识产权法院对该案具有管辖权，西斯威尔方已就标准必要专利许可问题在英国法院提起诉讼，该案应由英国法院审理。

争议焦点

广州知识产权法院驳回了西斯威尔方的管辖权异议。西斯威尔方不服，提起上诉。最高人民法院二审认为，鉴于标准必要专利许可市场的特殊性，结合西斯威尔公司已在其他国家提起专利侵权诉讼，可能对 OPPO 公司等参与国内相关市场的竞争造成直接、实质、显著的排除与限制竞争效果，OPPO 公司住所地广东省东莞市可以作为该案侵权结果发生地，广州知识产权法院对该案具有管辖权。

案例评析

《反垄断法》第 2 条规定："……中华人民共和国境外的垄断行为，对境内市场竞争产生排除、限制影响的，适用本法。"上述规定明确了《反垄断法》的域外适用原则。同时，上述规定也表明，垄断纠纷案件的管辖可以被诉垄断行为产生排除、限制竞争影响的结果地作为管辖联结点。《最高人民法院关于审理因垄断行为引发的民事纠纷案件应用法律若干问题的规定》第 4 条规定："垄断民事纠纷案件的地域管辖，根据案件具体情况，依照民事诉讼法及相关司法解释有关侵权纠纷、合同纠纷等的管辖规定确定。"该案中，OPPO 公司、OPPO 深圳分公司注册地址和主要经营场所均在中国，其起诉主张西斯威尔公司、西斯威尔香港公司滥用市场支配地位的行为包括收取不公平的高价专利许可费、捆绑销售过期专利以及对相同专利进行重复收费等，对 OPPO 公司、OPPO 深圳分公司在中国市场产生排除、限制竞争效果并造成经济损失，中国法院对此具有管辖权。

《民事诉讼法》第 28 条规定："因侵权行为提起的诉讼，由侵权行为地或者被告住所地人民法院管辖。"《最高人民法院关于适用〈中华人民共和国民事诉讼法〉的解释》第 24 条规定："民事诉讼法第二十八条规定的侵权行为地，包括侵

---

❶ 公平、合理和无歧视原则为国际范围内标准化组织公认的许可原则，又称为 FRAND 原则。"公平、合理"原则主要指标准必要专利权人在遵循 FRAND 原则的前提下，有权就其研发投入和技术创新获得回报，但专利权人的许可回报应维持在合理范围内。"无歧视"原则指标准必要专利权人对处于实质相同或相似条件的实施者，应以实质相同或相似的条件进行许可，不得无故拒绝许可或附加不合理的许可条件；若许可条件或条款存在显著差异则应作出合理解释，避免使实质相同或相似条件的实施者处于竞争不利的地位。

权行为实施地、侵权结果发生地。"据此，对于垄断民事纠纷案件，被诉侵权行为实施地、侵权结果发生地、被告住所地人民法院均有权管辖。在管辖权异议案件中，人民法院只需审理与建立案件管辖联结点相关的事实。如果与建立管辖连结点相关的事实同时涉及案件实体争议内容的，只需审查案件初步证据是否能够证明一个可争辩的管辖连结点事实即可，一般不对案件实体争议内容作出明确认定。该案中，OPPO 公司、OPPO 深圳分公司提交的初步证据证明西斯威尔公司、西斯威尔香港公司可能存在基于标准必要专利相关的市场支配地位，并实施收取不公平的高价专利许可费、捆绑销售过期专利等滥用市场支配地位的行为。鉴于标准必要专利许可市场的特殊性，结合西斯威尔公司已在其他国家提起对 OPPO 公司的专利侵权诉讼，可能对 OPPO 公司、OPPO 深圳分公司参与国内相关市场的竞争造成直接、实质、显著的排除与限制竞争效果，OPPO 公司住所地广东省东莞市可以作为该案侵权结果发生地，一审法院对该案行使管辖权并无不当。至于相关被诉垄断行为是否成立，属于该案实体审理问题，在管辖权异议程序阶段不再予以评述。

启示与企业应对

该案涉及与标准必要专利有关的滥用市场支配地位垄断纠纷管辖问题。该案裁定以《反垄断法》第 2 条规定的域外适用原则为依据，对垄断纠纷的域外管辖问题进行了探索，明确了涉国际标准必要专利垄断纠纷案件的管辖规则。随着经济发展，我国企业与外国公司的经济交往与联系日渐密切。该案中西斯威尔公司滥用其市场支配地位，损害 OPPO 公司权益，并且主张我国法院对案件并无管辖权。企业需要明确如果正当权益受到侵害，即使垄断行为发生在境外，只要对境内市场竞争产生排除、限制影响，对于涉外主体的起诉依然可以适用我国的《反垄断法》，在我国法院进行维权诉讼。

在全球化的浪潮中，跨国企业的垄断行为有时会对我国市场竞争造成不利影响。即便这些行为发生在境外，我国的法律和企业在维护自身合法权益方面也可以有所作为。一是理解滥用市场支配地位的跨境影响。跨国企业若在境外市场滥用其支配地位，例如通过操纵价格、限制竞争等手段，可能对我国市场产生排除和限制的影响。这种情况下，虽然行为发生在中国境外，但其后果却波及国内的消费者和企业。因此，我国法律有责任对此类行为进行规制，保护国内市场的公平竞争。二是我国法律的适用性和维权途径。根据我国相关法律规定，如《反垄断法》等，如果境外垄断行为对我国企业或消费者造成了损失，我国企业可以在中国境内提起诉讼，寻求法律救济。三是提高企业自身的竞争力。在应对国际垄断行为的同时，我国企业还应专注于自身竞争力的提升，其中包括加大研发投入、提高产品质量，以及通过创新开辟新的市场空间，这也是企业在国际化竞争中立足的关键。

（张莘媛）